江苏档案精品选编纂委员会

江苏省明清以来档案精品选

泰州卷

江苏人民出版社

《江苏省明清以来档案精品选》
编委会

总 目

序

谢 波

  档案馆作为永久保管档案的基地，是人类文化传承的重要载体和思想文化创新的重要源泉。

  编纂《江苏省明清以来档案精品选》，是全省档案系统共同开展的一项档案文化建设重点工程，是我省档案部门履行"为党管档、为国守史、为民服务"使命要求，围绕中心、服务大局的一项重要举措，根本目的是整合全省档案精品资源，集中公布江苏档案资源建设的丰硕成果，展示江苏历史、人文的丰厚底蕴，服务社会主义文化大发展大繁荣。

  江苏物华天宝，人杰地灵，养育了一代又一代勤劳智慧、心灵手巧的人民，创造出了辉煌灿烂的物质文明和精神文明。自明清以来，江苏的综合实力在中国的省级政区中就一直居于前列。新中国成立后特别是改革开放以来，江苏各项事业高速发展，在经济、政治、社会、文化等各方面均处于全国领先位置，积累了雄厚的经济文化实力。这一领先的进程，真实地定格于档案中，保存于全省各级各类档案馆里。

  这些档案，浩如烟海。丰富翔实的档案史料，客观记载了江苏各项事业发展演化的脉络，反映了历史发展变化的内在规律，是我们今天多角度深入了解和研究明清以来江苏政治、经济、军事、文化以及社会情况的第一手珍贵资料。特别是中国共产党成立以来形成和保存下来的大量珍贵档案，再现了江苏人民在党的领导下开展革命斗争、社会主义建设和改革开放，全面建设小康社会、建设美丽江苏的光辉历程，这是国家珍贵的文化财富、民族的宝贵遗产，是我们今天开展党史研究的宝贵资源和党史教育的重要素材。

  前事不忘，后事之师。记载着历史真实面貌的档案资料，是续写江苏更加辉煌灿烂历史新篇章的重要参考和借鉴。编纂档案文献资料，留存社会发展的足迹，服务今天的经济社会各项事业，是我国档案界、史学界的优秀传统，是中华文明生生不息、不断进步的重要源泉。也正是这一优秀传统，使得中华文明能够随着历史的发展、社会的进步而不断充实新的内容。通过档案工作者有选择地编纂加工，使海量的档案资源更加有序化，为党和政府重大决策提供参考，为人民群众接触档案、了解档案、利用档案提供便利，是档案工作者的职责所在。正是基于这一要求，全省档案部门集中力量，对各级档案馆中的档案进行梳理，编辑出版了《江苏省明清以来档案精品选》。通过本书的编纂出版，整合全省档案精品资源，发挥规模效应，使江苏历史、人文的丰厚底蕴得到集中展示，使档案存史、资政、育人功能得到更好的发挥，同时为我们大力开展爱党、爱国、爱家乡教育提供丰富的第一手教材。这是我省档案部门围绕中心、服务大局的一项重要工作创新，也是档案部门贯彻落实党的十八大精神、服务文化强省建设的具体举措。同时，《江苏省明清以来档案精品选》的编纂出版，定能为学术界开发利用档案创造便利的条件。通过对明清以来历史档案的开发利用，探寻我省近代以来各项事业发展演化的脉络，把握历史发展变化的内在规律，为当代经济社会各项事业发展服务，为建设美丽江苏书写更加辉煌灿烂的新篇章。

2013年7月

前言

　　泰州，是一座历史悠久的城市。7500年前，泰州所在的长江下游冲积平原从海中诞生，始建于宋代的望海楼体现着泰州人永远不变的大海情怀；5700年前，先民在沙岗青墩聚息；2700年前，江淮间第一座城池——天目山古城在姜堰建立。泰州春秋时为吴地，战国时为楚地，吴楚会盟使两地域文化相互交融。秦称海阳，海阳是泰州最早的地名。汉置海陵，元狩六年（公元前117），始见海陵县名，为临淮郡所辖29县之一。东晋设郡，义熙七年（411），海陵由县而郡，下辖建陵、临江、如皋、宁海、蒲涛5县；南朝梁武帝天监元年（502），又辖海陵、临泽2县，海陵为郡历时172年；隋唐分设，现代意义上的如皋、通州、兴化、东台、大丰、泰兴、海安等地，在隋唐时期陆续从海陵郡独立出来；唐武德三年（620）海陵县改称吴陵县；武德七年（624）复称海陵县。南唐升州，唐宋之间的五代十国时期，泰州先属吴国后归南唐，南唐昇元元年（937），海陵县升格为泰州，下辖海陵、盐城、兴化、泰兴4个县。自此，"泰州"一词已沿用了1076年。

　　泰州，是一座文化昌盛的城市。唐代，泰州出了两位著名的书法家——张怀瓘和张怀瑰，玄宗时兄弟俩同在翰林院侍奉，怀瓘还著有《书断》、《书议》、《书估》等书法理论著作。北宋淳化年间，理学先驱、著名教育学家胡瑗（993~1059）诞生于泰州，今天的江苏省泰州中学"安定书院"曾是他讲学的地方；自北宋雍熙元年（984）到南宋淳祐年间的250年中，泰州登上进士黄榜者百余人。之后，涌现出《水浒传》作者施耐庵（1296~1371），"泰州学派"创始人王艮（1483~1541），评话宗师柳敬亭（1587~约1670），清代棋圣黄龙士（1651~不详），"扬州八怪"代表人物郑板桥（1693~1766），京剧艺术大师梅兰芳（1894~1961），《南都帖》书者高二适（1903~1977）等等，他们犹如繁星闪烁，成为泰州文化人的杰出代表；此外，宋代文学家欧阳修为泰州写了《海陵许氏南园记》，康熙年间孔尚任在泰州写成《桃花扇》，他们都与泰州结下了不解之缘。

　　泰州，是一座英雄辈出的城市。三国时，泰州出了一位东吴大司马吕岱（161~256）。北宋天圣六年（1028），兴化知县、西溪盐官范仲淹（989~1052）为泰州重新修成捍海堰——范公堤。建炎四年（1130），27岁的岳飞（1103~1142）任通泰镇抚使兼知泰州，领兵抗金，大败金兵于南坝桥。元至正十三年（1353），张士诚（1321~1367）率盐民在白驹场起义。清道光十五年（1835）七月二十八日，铁腕治税的林则徐（1785~1850）在泰州立下篇幅长达1300多字的《扬关奉宪永禁滕鲍各坝越漏南北货税告示》碑。清道光二十二年（1842）八月，知县杨凤翮领导靖江民众抗击英军并取得胜利，为研究鸦片战争的历史学家所称道。1926年10月，泰州森森庄农民因夏旱发动减租运动，影响很大，被毛泽东写入《江浙农民的痛苦及其反抗运动》一文。1928年5月1日，共产党员沈毅领导如（皋）泰（兴）农民暴动。1949年4月23日，人民海军的前身——华东军区海军在泰州白马庙王氏小楼成立。英勇的泰州人民为共和国的建立，为中国特色社会主义革命和建设事业作出了不可磨灭的贡献，比较典型的有：黄桥战役前，陈毅三进泰州城，联李抗日搞"统战"；七战七捷时，粟裕领兵在苏中，以少胜多创奇篇；渡江作战，泰州人民踊跃支前；抗美援朝，杨根思成为特等功臣……2012年12月27至29日，国家主席胡锦涛回家乡泰州视察并寄予厚望；如今，泰州人民在中共泰州市委领导下，紧密团结在以习近平同志为总书记的党中央周围，为建设文化名城、生态名城、医药名城而不懈奋斗。

基于对泰州历史悠久、文化昌盛、英雄辈出的认可，1995年，泰州成为江苏省第一批历史文化名城；2013年2月10日，国务院批准泰州为国家级历史文化名城。

按照江苏省档案局的统一部署，泰州市档案局（馆）会同有关市（区）档案局（馆）和纪念馆、博物馆等，对馆藏档案进行遴选，编纂成《江苏省明清以来档案精品选·泰州卷》一书。入选该书的档案共57件，其中：清代及以前档案10件，民国档案6件，革命历史档案3件，中华人民共和国成立后档案7件，名人档案5件，志书3件，书画作品19件，书报典籍4件。该书作为泰州市域内馆藏档案精品的集大成者，作为泰州档案资源建设成果的重要载体，对于彰显泰州档案的价值、影响，对于展示泰州历史文化的博大、厚重，必将发挥重要的作用。

编　者

2013年10月

凡例

一、本书定名为《江苏省明清以来档案精品选·泰州卷》。

二、本书档案史料分为档案、资料两类，按形成时间先后顺序排列。

三、本书档案条目内容均来源于市级及辖市区档案馆、博物馆和纪念馆馆藏，使用图片均为档案原件的扫描件或实物拍摄照片。

四、本书档案条目基本展示方式为：条目名称、保管单位、内容及评价、档案内容照片、部分档案全文。

五、本书所公布的档案全文，均原文照录，一般不作删节；为方便阅读，进行了分段、标点；受篇幅所限时，作删节处理，以……标明；遇有因档案缺漏残破难以辨认字迹者，以"□"表示，一个"□"表示一个字。

六、本书采用历史纪年，民国成立前的先写朝代纪年，后括注公元纪年；民国成立后的纪年一律使用公元纪年。

七、本书中的数字标注，按照国家《关于出版物上数字用法的试行规定》执行；文字统一使用简化字。

八、本书对历史上的机构、职官名称一般均沿用当时的规范称谓。

目录
Contents

清代及以前档案
Archives of Qing Dynasty and before

民国档案
Archives of the Republic of China

革命历史档案
Archives of the Revolutionary History

中华人民共和国成立后档案
Archives after the Founding of PRC

名人档案
Archives of Celebrities

志书
Local Record

书画作品
Calligraphy and Painting

书报典籍
Newspapers and Ancient Books

社賣尾住房文契人沈祥雲今將祖遺勝湖里藥珠巷內尾住房壹所其

順五間朝北披屋式間舊山南北牆壹堵上大門壹座檻桔全大門

屋東北二至承業人界西卷界南至朱宅後簷滴水界披屋西南二

介東山至珠宅西山界宅內井二方鋪地磚全磚井一眼上六角井欄一隻

本山棧板房門全東房下磚盤半截上短格式扇腮板全上下七間前後

東裏房鋪地大方磚地無磚餘鋪地磚全西山長檐四扇檻桔

式間街沿磚全四至明白餘裝修在上寸木片尾隻磚一概照舊不動

名下子孫居住永業憑中說合當年時值九制錢壹佰肆拾伍千文整並

佈畫字親房原業搬儀等費錢貳拾伍千文整當日錢契兩交臺無懸欠

逗碍俱係賣主理值與買主無干遵奉憲例一買一賣此係兩愿並非

清代及以前档案

档 中国·江苏 Archival Undertaking in Jiangsu

南唐《泰州重展筑子城记》石碑

保管单位：泰州市博物馆

内容及评价：

泰州古称海陵，南唐（937~975）始称泰州。此碑1955年在泰州北城垣出土，青石质地，详细描述了南唐时泰州筑城的盛况，碑文共23行，计435字。碑文作者是第一任泰州知州褚仁规。泰州古代地方文献没有对此记文的著录。在我国古代城建史上，南唐筑城的实物资料也极为稀少。该石刻记文的出土，弥补了泰州筑城史料的不足，对我国城市建筑史研究有重要的资料价值。

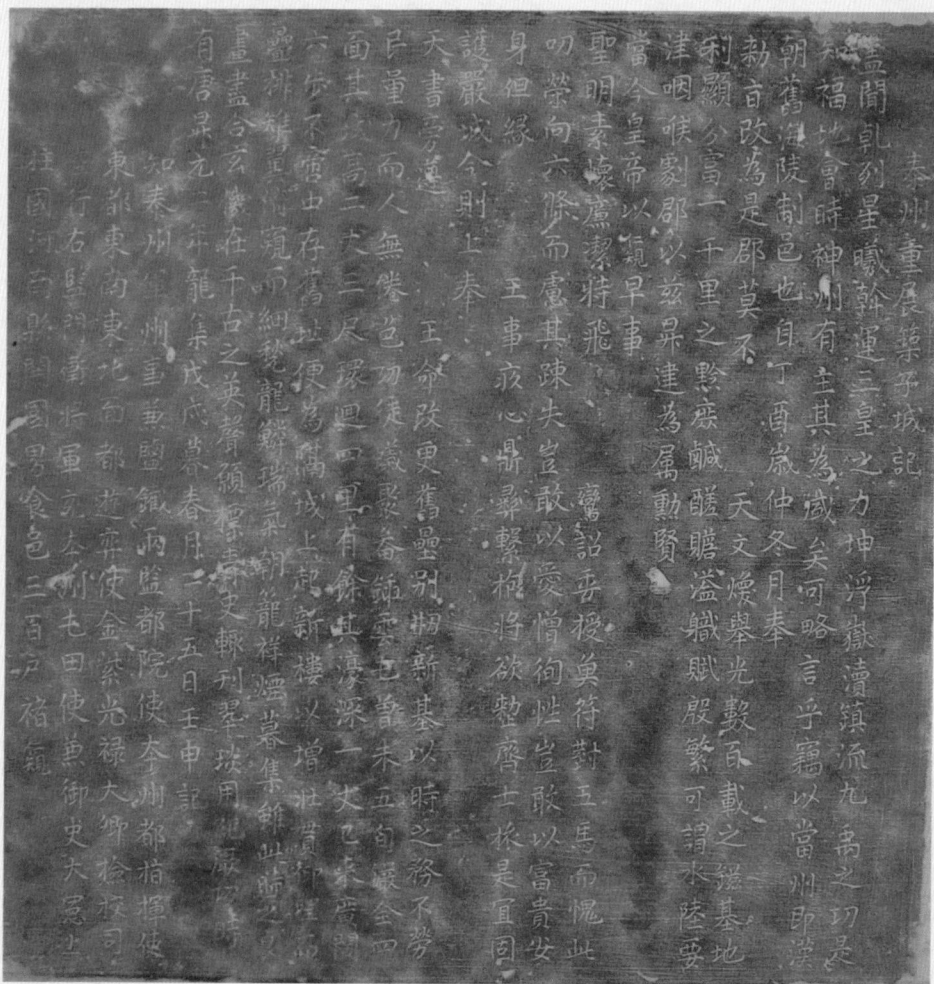

南唐《泰州重展筑子城记》石碑

全文：

泰州重展筑子城记

盖闻乾列星曦，斡运三皇之力；坤浮岳渎，镇流九禹之功。是知福地会时，神州有主，其为盛矣，可略言乎。窃以当州，即汉朝旧海陵制邑也，自丁酉岁仲冬月奉敕旨改为是郡。莫不天文焕举，光数百载之鎡基；地利显分，富一千里之黔庶。咸醢赡溢，职赋殷繁。可谓水陆要津，咽喉剧郡，以兹升建，为属勋贤。当今皇帝以仁规早事圣明，素怀廉洁，特飞鸾诏，委授鱼符。对五马而愧此叨荣，向六条而虑其疏失。岂敢以爱憎徇性，岂敢以富贵安身。但缘王事疚心，鼎彝系抱，欲将整齐士旅，是宜固护严城。今则上奉天书，旁遵王命，更改旧垒，别创新基。以时之务不劳民，量力而人无倦色。功徒蚁聚，畚锸云屯，曾未五旬，俨全四面。其城高二丈三尺，环回四里有余。其濠深一丈已来，广阔六步不啻。中存旧址，便为隔城，上起新楼，以增壮贯。仰望而叠排雉翼，俯窥而细鹜龙鳞。瑞气朝笼，祥烟暮集。虽此时之良画，尽合玄机，在千古之英声，愿标青史。辄刊翠琰，用纪厥功。

时有唐升元二年龙集戊戌暮春月二十五日壬申记

知泰州军州事兼盐铁两监都院使、本州都指挥使、东都东南东北面都游弈使、金紫光禄大卿、检校司空、行右监门卫将军、充本州屯田使兼御史大宪、上柱国河南县开国男食邑三百户褚仁规

北宋税务铜印

保管单位：泰州市国税局

内容及评价：

历史上的泰州曾是全国十大盐监之首。史料记载，唐开元七年（719），海陵监移设如皋，设置西溪盐仓。宋高宗建炎三年（1129），淮南东路提举盐事司设于泰州。提举盐事司是宋代东南海盐区的管理机构，设"提举"长官；又据《道光泰州志》载，宋代提举置罢不常，或专置或兼顾；今据宋陈垓重修淮东提举司记、戴溪提举壁记载，北宋时共有45人任过泰州提举官。宋代的三位名宰相（晏殊、吕夷简、范仲淹）都曾在泰州西溪任过盐税官。据《宋史·食货志》记载："绍兴末年以来，泰州海陵一监，支盐三十余万席，为钱六七百万缗，则是一州之数，过唐举天下之数矣。"当时盐税归中央财政直管，提举官亦系朝廷直接委派，北宋时泰州盐税之丰盛、朝廷之重视，由此可见一斑。

该铜印铸造于北宋庆历七年（1047），全文为篆书，是研究我国古代印章、北宋时期的税收历史，尤其是研究泰州地区的盐税历史的重要实物佐证。

宋庆历七年铸造的税务铜印

北宋税务铜印印文为篆书"泰州西溪镇茶盐酒税务王记"

宋元丰八年马氏四娘子木地券

保管单位：泰州市博物馆

内容及评价：

地券，又称冥契、幽契、地莂、冥券、墓券、幽券、铁业券、石契、买地券等，由买地契约演变而来，自汉代就已经出现，一般多刻在砖上，唐以后多刻在石上。

1951年，泰州森森庄姜仁惠家族墓出土有木俑、四角木头亭子、墓地记、铜钱、金镯子、锡编钟、瓷碗等文物，其中木质墓地记一块半。完整微缺的一块即为此券，一面四边用墨笔画八卦符号，中墨书"殁故马氏四娘子墓地记"10字；另一面为买地记文，墨书12行，每行13至17字不等，书写欠工整，字迹清楚。木质地券非常少见，此方地券对研究泰州宋代地理、墓葬文化等具有很高的价值。

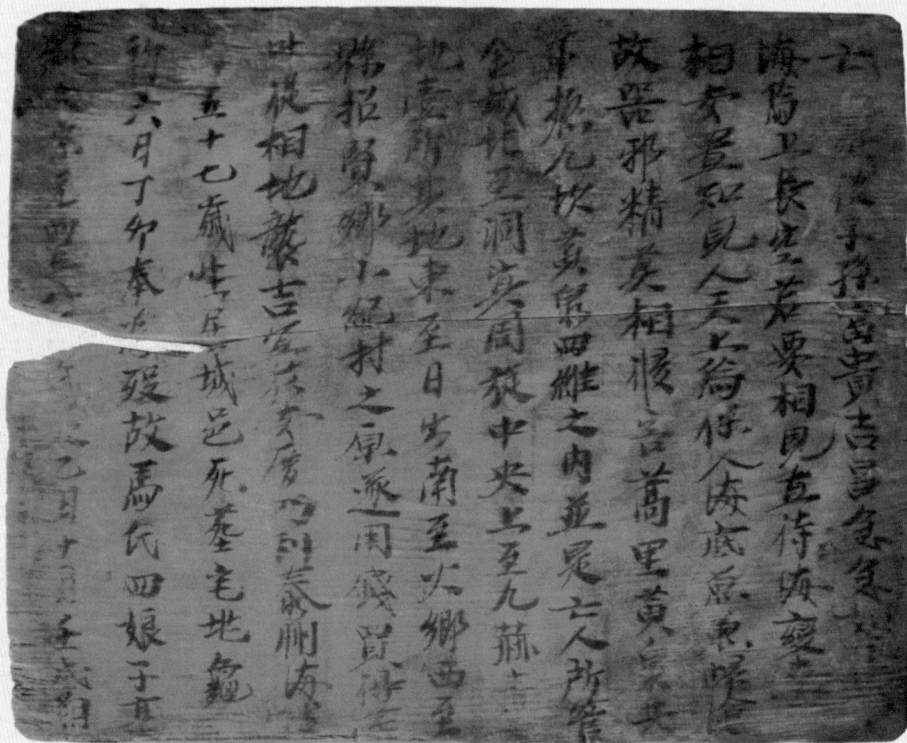

宋元丰八年（1085）马氏四娘子木地券

全文：

　　维大宋元丰八年，岁次乙丑十月壬戌朔初六日丁卯，奉悉殁故马氏四娘子，享五十七岁，生居城邑，死葬宅地，龟筮协从，相地袭吉，宜于安厝，乃到泰州海陵县招贤乡小纪村之原，遂用钱买得葬地壹所，其地东至日出，南至火乡，西至金城，北至洞真，周旋中央，上至九赫青天，下极九坎黄泉，四维之内并是亡人所管，故器邪精，莫相侵害，蒿里黄泉共相安置，知见人天上鸟，保人海底鱼，鱼归沧海，鸟卫长空，若要相见，直待海变，葬亡人墓，使子孙富贵吉昌，急急如律令。

三科两状元档案

保管单位：姜堰区博物馆等

内容及评价：

"五百年衣冠旧第，十七世弓马名家"，为姜堰刘氏一族专用。姜堰刘氏由明及清，走出了数十位举人、进士，煊赫乡里500年之久，特别是出现了中国科举史上罕见的刘荣庆、刘国庆兄弟武状元佳话。

姜堰刘氏始迁祖刘福春，世居苏州，官至明副都指挥使。明永乐年间，刘福春为避祸举家迁至姜堰，于姜堰镇北之刘家埭安家落户，至明万历年间，刘君瑞由刘家埭迁居雁仑庄；清乾隆年间，刘赓歌东迁析居官庄。刘惟馨、刘廷璇、刘廷璜、刘攀桂均为刘赓歌之后。刘惟馨是刘赓歌的次子。刘惟馨之父刘赓歌与刘荣庆、刘国庆之父刘凯歌是同胞兄弟(刘庚歌老大，刘凯歌老三)。刘惟馨与状元刘荣庆、刘国庆则为堂兄弟。刘廷璇、刘廷璜分别是刘惟馨的大儿子、二儿子。《清代官员履历档案全编》载有刘廷璜履历片："刘廷璜，年五十五岁，系江苏扬州府泰州人。由监生遵预束事例，报捐都司即用，赴部候选。于嘉庆二十二年二月选补浙江金华协左营都司。道光七年二月推升湖北提标左营游击。十二年三月选补山东东昌营参将。十七年保荐卓异注册。二十一年经山东巡抚托浑布保列一等给咨送部。于二十二年三月初九日经兵部带领引见。奉旨刘廷璜准其一等注册。钦此。"

姜堰刘氏一族受朝廷封赠的圣旨有50余道，可谓"皇恩浩荡"，惜已大多散佚。姜堰区博物馆现共收藏有5道关于刘氏的圣旨，虽与兄弟武状元无直接联系，但也足以窥见姜堰刘氏"弓马名家"之荣耀。道光八年十一月初九日朝廷的诰命长278厘米，宽33厘米，用满汉两种文字书写。

此外，泰州市博物馆藏有刘荣庆用过的青龙偃月大刀和一套打仗时穿的盔甲；姜堰区博物馆保存着清乾隆、嘉庆、道光诰封刘状元配偶的圣旨；桥头镇收藏着刘状元当年用过的红木架子床、150公斤重的练功石等。三科两状元档案，是姜堰刘氏一族历史的见证，具有珍贵的历史价值。

道光八年（1828）十一月初九日朝廷给刘廷璜之胞兄刘廷璇、嫂田氏的诰命

全文：

奉天诰命

奉天承运

皇帝制曰：委质策名，荣既膺夫簪绂；克家缵绪，光必逮夫门阊。尔前封昭武都尉刘廷璲，乃前任湖北提标左营游击候选参将刘廷璜之胞兄，道足持躬，情殷训弟。经传诗礼，青缃扬雁序之辉；笃庆芝兰，丹绰焕龙章之丽。芳徽允懋，新典宜颁。兹以覃恩，貤封尔为武翼都尉，锡之诰命。于戏！被章服以增荣，聿显友恭之义；承丝纶而无忝，弥彰善庆之风。

制曰：教佐义方，内则允彰夫懿范；荣敷闺阃，朝恩宜体乎私情。尔前封恭人田氏，乃前任湖北提标左营游击候选参将刘廷璜之胞嫂，贞淑性成，徽柔道协。身娴姆训，聿储卓荦之材；志禀慈徽，用衍炽昌之绪。丕昭淑慎，特贲丝纶。兹以覃恩，貤封尔为淑人。于戏！龙章式焕，令仪著美于当时；象服钦承，名德益彰于奕叶。

前任湖北提标
道光捌年拾壹月初玖日
左营游击候选参将刘廷璜之胞兄嫂

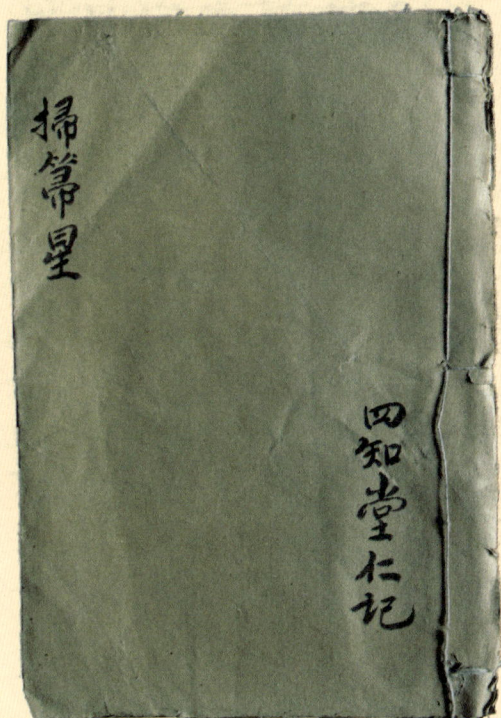

《刘状元捉拿扫帚星》唱本

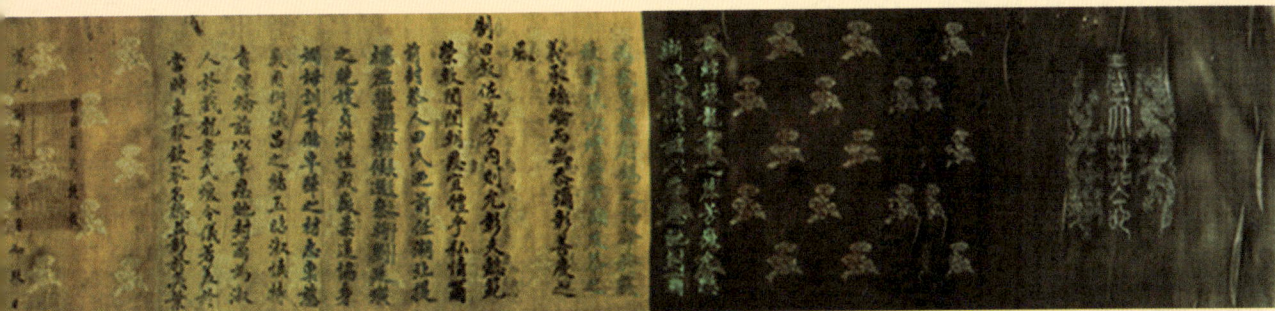

赵观澜买房契约

保管单位: 兴化市档案馆

内容及评价:

赵观澜买房契约是清道光年间买方赵观澜和卖方任景川、沈祥云之间为房屋买卖而订立的契约,内容包括买卖房屋的具体位置、价格、见证人等。清代地契,通常要加盖官方印章,而且官印不是只盖一处,在涉及到价钱、日期的地方都会盖上。某些地契上还会出现只有一半的"骑墙印",这也是当时的一种防伪方法,其做法是将买卖双方一式两份的契约合在一起,同时盖上一个印,辨认真假时,只需将两份地契重新合在一起核对印迹即可。两份契约内容完整,格式规范,对研究清代中晚期房产交易具有较大的参考价值。

全文:

立杜卖瓦房并地基文契人任景川,今将续置胜湖里悦来巷朝东店面三间半,脚石一块,北山墙外至解宅界。随后朝南屋五间,天井二方,砖井一眼,石衣全后檐外西北二至解宅界,天井一方,北至夏宅界,西至袁宅界。又朝东屋一间,后檐朝西屋三间,滴水靠沈姓东山界,北一间滴水外至袁姓堂屋东山界,中一间滴水外至新砌砖墙一堵,东接沈姓后壁东嘴为界,北接袁宅堂屋迎面东嘴为界。又朝西屋二间,北接店南山外至顾宅界,后壁墙外至官街。又朝南屋三间,迎面天井南至顾宅界。又西首朝北屋三间,西山外至沈宅界。又朝北屋三间,西一间至朱姓滴水界,东二间至顾姓滴水界,共计瓦屋二十四间,天井六方,并在上装修,一应不动。情愿立契出卖到赵观澜名下,在上子孙永远为业。

凭中议得特值曹平足色纹银四百二十两整。又议契下拔根折席画押补平引领小礼一切等费共银八十两整。当日银契两交,并无分文悬交。所有亲房原业俱系出笔人承管,与承业人无涉。

此系两相情愿,并非逼勒成交。今欲有凭立此杜卖文契,子孙永远兴旺,如意存照。

道光　年　月　日

立杜卖文契瓦住房地基人　任景川

原中　朱考言　方云门　郑序东　顾朝珍

解寿龄　刘西崖　萧巨勋　董鸣和

李在衡　陈瑞征　孙默林

赵姓子孙永远存执

二十三号

立杜賣无住房并地基文契人任景川今將繼置勝湖里悅來巷朝東店面三間半脚石一塊北山墻外至解
宅界隨後朝南屋五間天井之方磚井一眼石衾全後舊外西至解宅界天井一方北之至夏宅界西至袁宅
界又朝東屋一間後舊朝西屋三間滴水靠沈姓東山界北一間滴水外至袁姓堂屋東山界中一間滴水外至
斬砌磚墻一堵東接沈姓後墻東嘴為界北接袁宅堂屋迎面東嘴為界人朝西屋二間北接店南山外至頷
宅界後壁墻外至官街又朝南屋三間迎面天井南至頷宅界又西首朝北屋三間西山外至沈宅界人朝北屋三間西一
間至朱姓壁墻外至頷姓滴水界東二間至堂屋四方并在上裝修一樣動情頷立契出賣到
趙觀瀾身住上子孫永遠為業憑中議得時值串平之色紋銀肆佰貳拾兩整又議契下拔根折席畫押
補平引領小禮一切等費共銀捌拾兩整當日銀契兩交并無分文懸久所有親房原業俱係本筆人承管與
承業人無涉此係兩相情愿并非逼勒成交令欲有憑立此杜賣文契子孫永遠與趙如意存照

道光　年　月　　日立杜賣文契无住房地基人任景川

原　　　　　　　　　中朱考言
原　　　　　　　　　中方雲門
原　　　　　　　　　中鄭序東
原　　　　　　　　　中頷朝珍
原　　　　　　　　　中鮮壽範
原　　　　　　　　　中劉西崖
原　　　　　　　　　中蕭巨熈
　　　　　　　　　　中董喝和
　　　　　　　　　　中李在衢
　　　　　　　　　　中傳瑞微
　　　　　　　　　　中孫墨林

趙姓子孫永遠存執

赵观澜向任景川买房契约

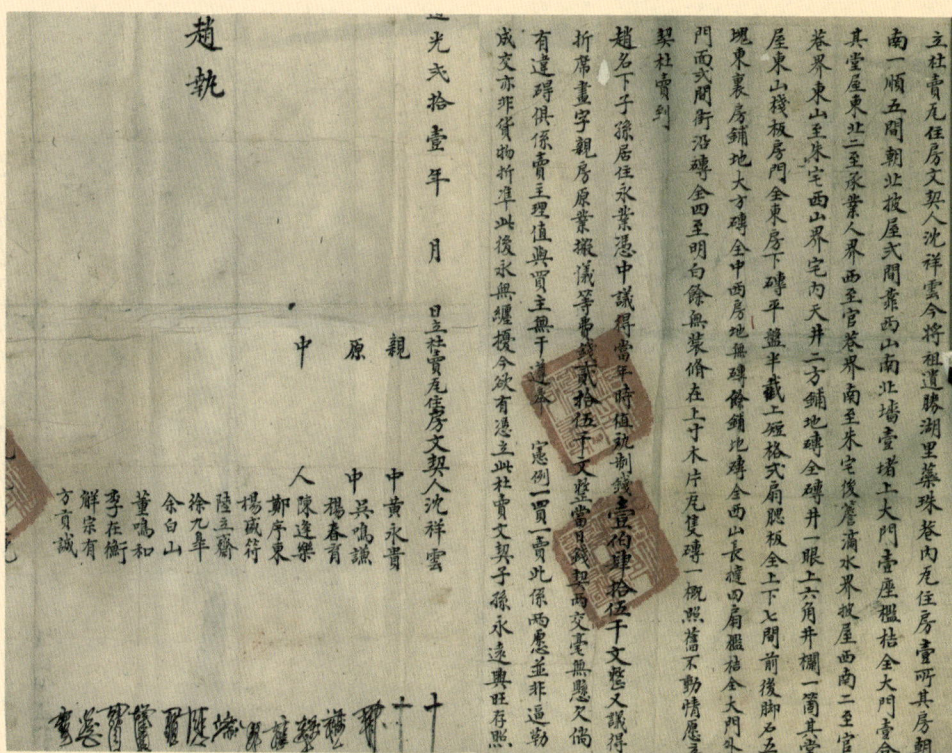

赵观澜向沈祥云买房契约

全文：

立杜卖瓦住房文契人沈祥云，今将祖遗胜湖里药珠巷内瓦住房壹所，其房朝南一顺五间，朝北披屋贰间，靠西山南北墙壹堵，上大门壹座，槛桔全大门壹合。其堂屋东北二至承业人界，西至官巷界，南至朱宅后檐滴水界，披屋西南二至官巷界，东山至朱宅西山界，宅内天井二方，铺地砖全，砖井一眼上六角井栏一筒，其堂屋东山栈板房门全，东房下砖平盘半截上短格贰扇腮板全上下七间，前后脚石五块，东厢房铺地大方砖全，中西房地无砖，余铺地砖全。西山长达四扇槛桔全，大门外门面贰间街沿砖全，四至明白余无，装修在上寸木片瓦双砖一概照旧不动。情愿立契杜卖到赵名下子孙居住永业。凭中议得当年时值□制钱壹佰肆拾伍千文整。又议得折席画字、亲房原业、搬仪等费钱贰拾伍千文整，当日钱契两交毫无悬欠。倘有违碍俱系卖主理值，与买主无干。遵奉宪例一买一卖，此系两愿，并非逼勒成交，亦非货物折准，此后永无缠扰。今欲有凭，立此杜卖文契，子孙永远兴旺存照。

道光贰拾壹年　月　日立杜卖瓦住房文契人　沈祥云
　　　　　　　　　　　　　　　　　　亲中　黄永贵
　　　　　　　　　　　　　　　　原中　吴鸣谦　杨春育
　　　　　　　　　　中人　陈逢乐　郑序东　杨盛符　陆立齐
　　　　　　　　　　　　徐九皋　余白山　董鸣和　李在卫
　　　　　　　　　　　　　　　　解宗有　方贡诚

赵执

清咸丰盐税票

保管单位：泰州市博物馆

内容及评价：

清咸丰三年（1853），太平天国定都南京，沿江州县交通阻滞，一般场商运盐到泰，就坝寻觅仓房储存，请议就场征税，给三联大票赴各岸销售，泰州滕家坝设卡称掣，截票盖钤，仍赴泰坝衙盖印。咸丰四年（1854）设厂抽税，泰州设盐栈，例不销引，均系贫民肩挑零售。咸丰五年（1855）办出口盐税，无论大小贩户，过坝查引票，盐斤包数就栈补税，每石三百五十文。其税票由运司给领，凡行之始在泰州截角，至终止全角截去，票亦缴销。金长福（1797~1871）海陵竹枝词"运盐获照押硃红"，即指盐票盖印满面的意思。清咸丰盐税票为纸质，长方形。该税票是清代盐业发展史的一个重要佐证，具有较高的史料价值。

全文：
两淮都转盐运使司盐运使为给票获运事

照，得场盐壅积，急筹疏通，详奉督盐宪。奏办就场抽税，以一百斤起票，或二百三百递加，至一千斤止。俱准填给一票，不得有数十斤之零，且准一船领票数张，不准一票获运多船。所以淮南引地，除将甘高宝四岸，现已有商专认不准侵销外，其余各岸均准运售，如有越境并盐票离及日久影射情事，均以私论。此系暂时权宜试办，倘有流弊或纲盐开办时即停止。今据该贩赴场买盐行给照，为此照，给该贩领执，运赴淮南各岸销售，凡经过盐卡，持票投验，倘有差役乡保及乡勇人等，籍端讹索，许该贩户执票禀究。此票限三个月，倘销逾限，作为废纸，须至票者。

清咸丰盐税票

计开：贩户刘玉田运　　场盐贰佰伍拾斤计　　包盐税完讫。

咸丰五年叁月十五日给

都转盐运使司

咸丰五年三月十五日出场

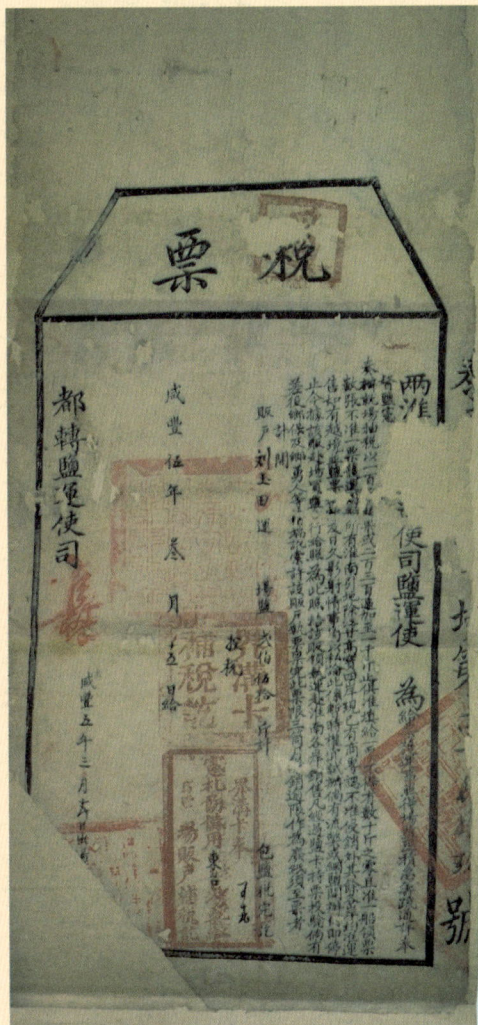

注：票面钤"两淮都转盐运使司之印"、"界沟卡补补税讫"、"界沟卡奉宪札饬备用东台场禀给场贩户补税讫"三个印章。

清代买卖田房的文契及征收契税执照

保管单位：泰州市档案馆

内容及评价：

　　文契是我国古代买卖土地、房屋等实物时，双方订立的协议。该组文契形成于清同治七年（1868）至清光绪二十六年（1900）。该组文契字迹清楚，内容完整，格式规范，保存完好，是研究清晚期泰州地区土地交易的重要参考资料。

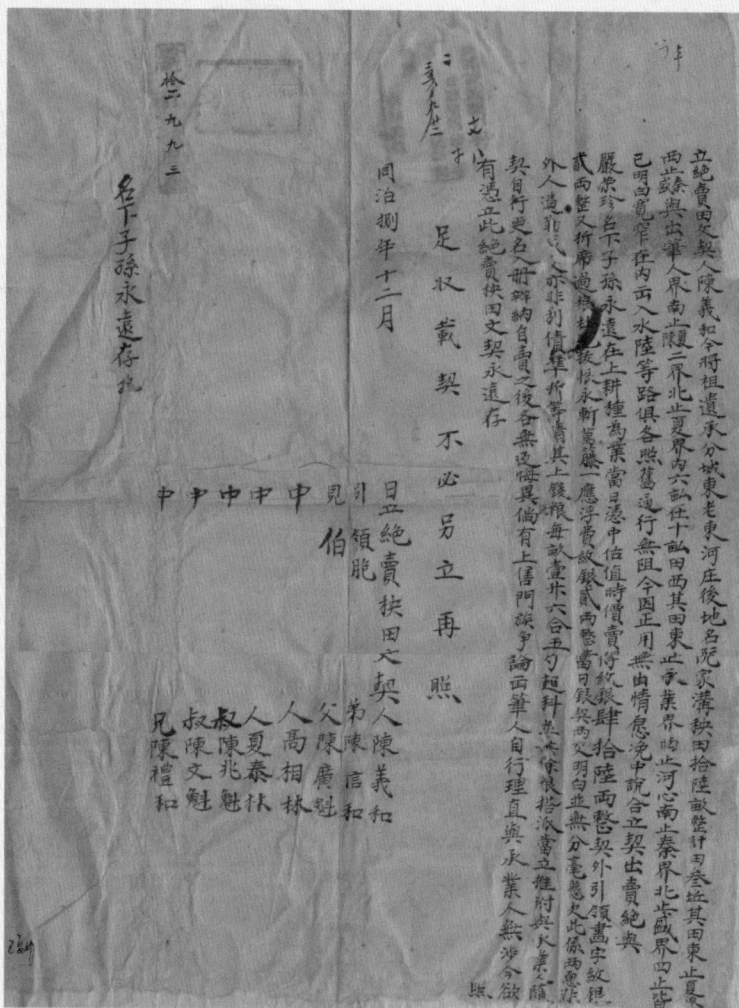

清同治八年（1869）陈义和卖秧田给严荣珍的文契

全文：

立绝卖田文契人陈义和，今将祖遗承分，城东老东河庄后地名阮家沟秧田十六亩整计田三垅。其田东止夏界，西止盛秦与□□人界，南止陈夏二界，北止夏界，内六亩在十亩田西。其田东止承业界，西止河心，南止秦界，北止盛界，四止皆已明白，宽窄在内。出入水陆等路俱备，照旧通行无阻。今因正用无出，情愿免中说合立契出卖绝与严荣珍名下子孙永远在上耕种为业。当日凭中估值时价卖得纹银四十两整，契外引领画字纹银二两整，又折席过粮，杜绝拔粮。永斩葛藤。一切浮费纹银二两整。当日银契两交明白并无分毫悬欠。此系两愿非外人□□□亦非利债准折等情。其上钱粮每亩一升六合五勺起科，并无余粮搭派。当立推附与承业人随契自行更名入册。辩纳自卖之后各无返悔异说。倘有上得门族争论，出笔人自行理直，与承业人无涉。今欲有凭，立此绝卖秧田文契永远存。

足收载契不必另立再照

同治八年十二月　　日

立绝卖秧田文契人　陈义和

引领胞弟　陈信和

见伯父　陈广魁

中人　高相林

中人　夏泰林

中叔　陈兆魁

中叔　陈文魁

中兄　陈礼和

名下子孙永远存执

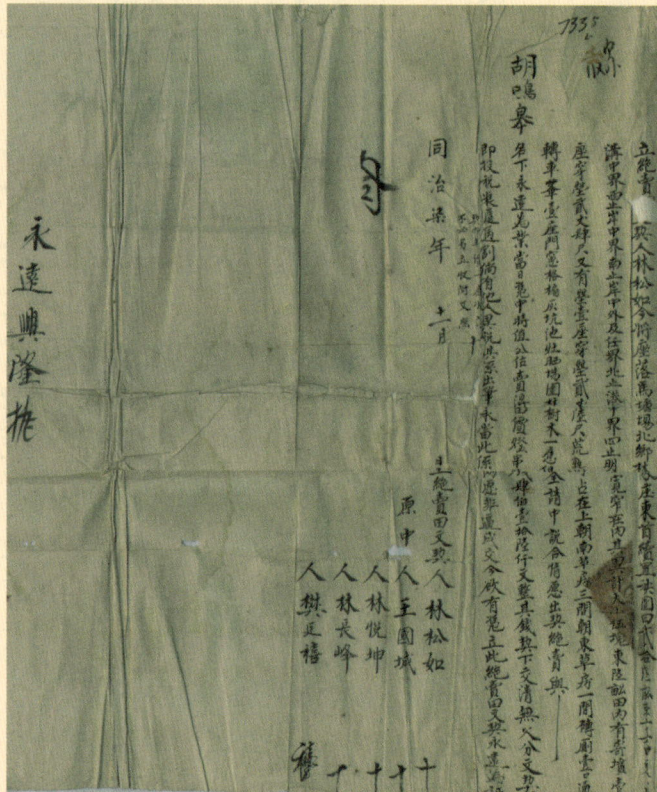

清同治七年（1868）林松如卖房地给胡鸣皋的文契

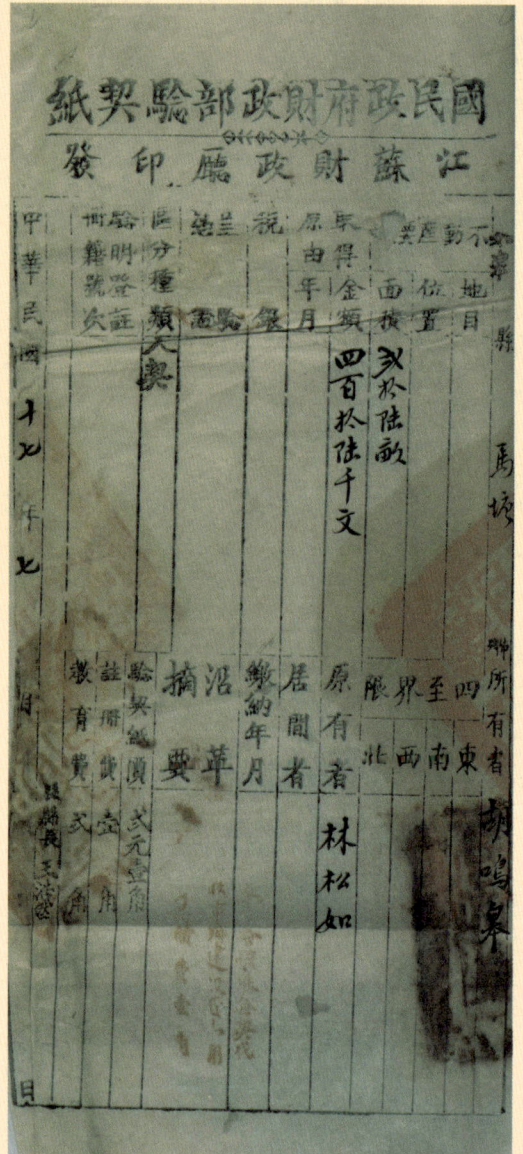

1928年7月国民政府财政部验契纸

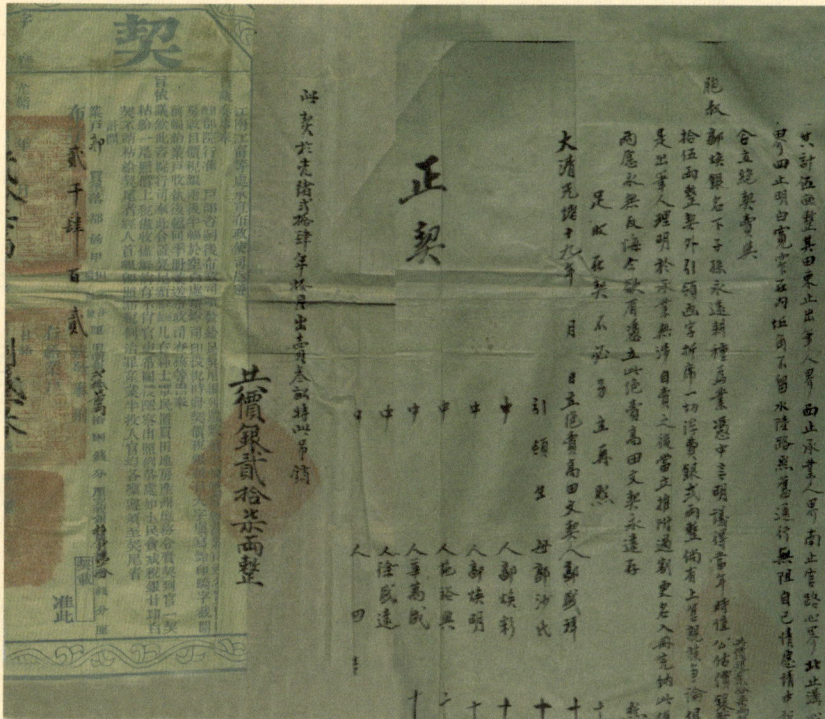

清光绪二十四年（1898）郭盛祥卖地给郭焕银的文契

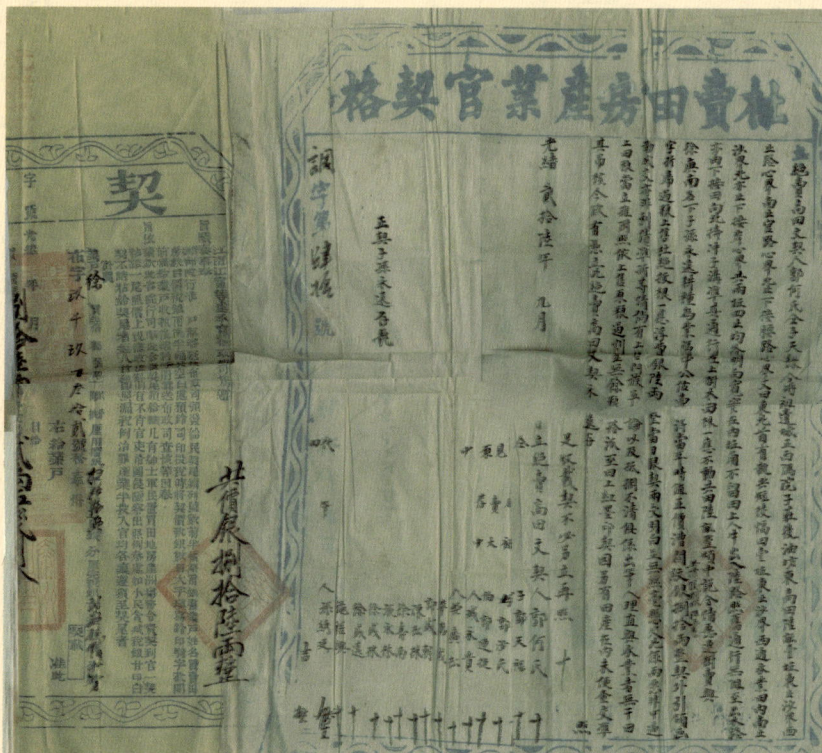

清光绪二十六年（1900）郭何氏同子郭天福卖地给徐庚南的文契

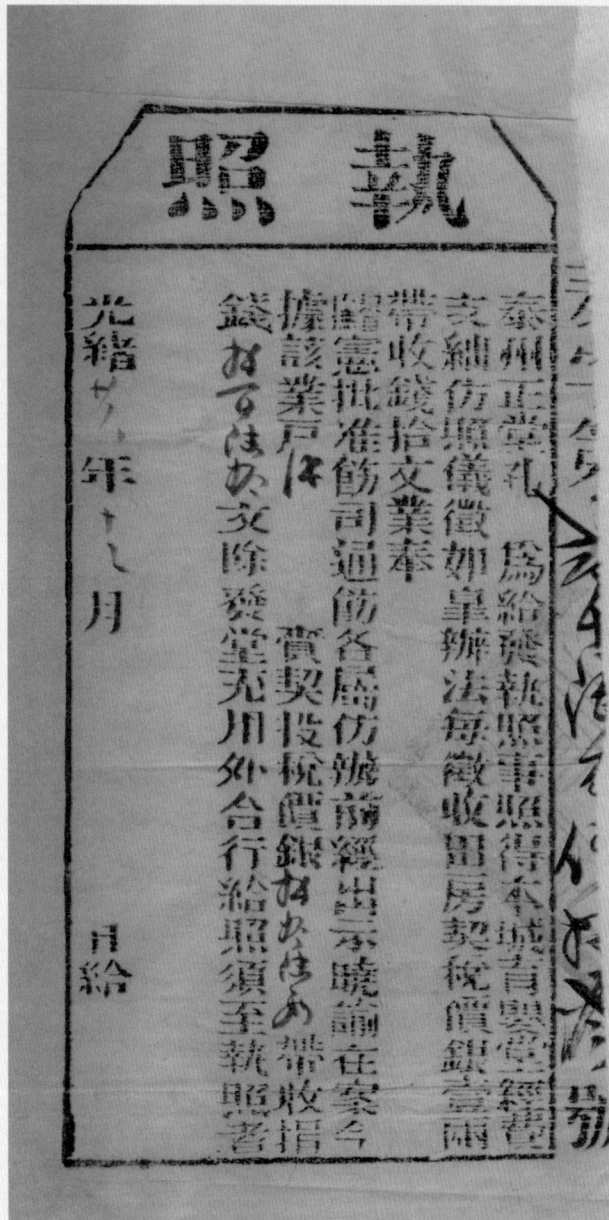

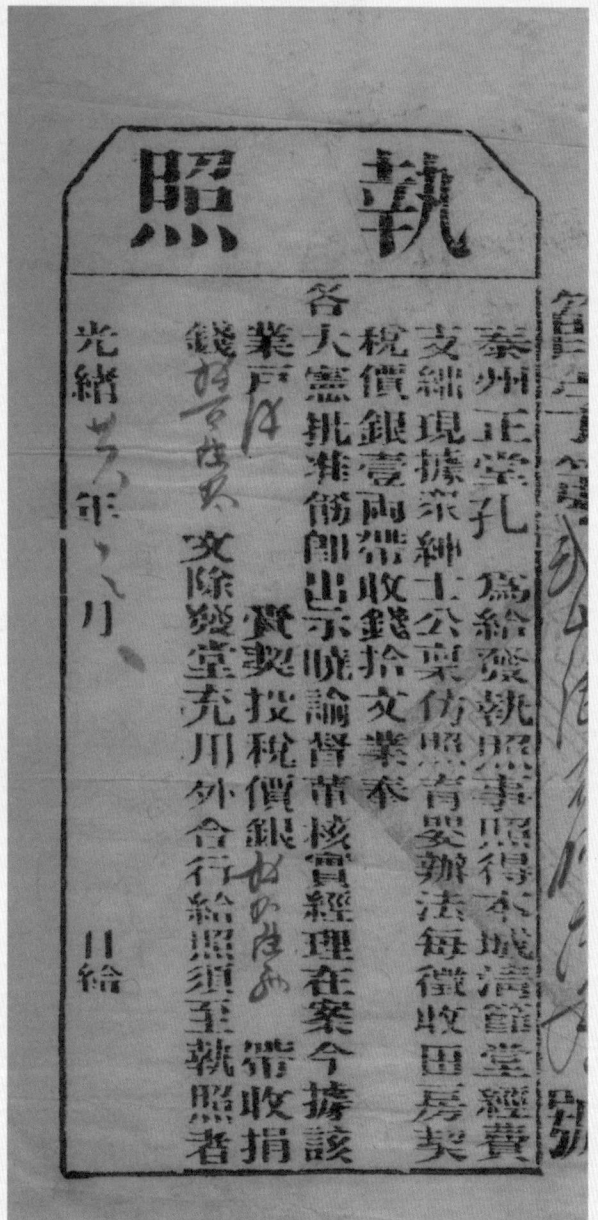

清光绪二十六年（1900）泰州正堂征收田房契税的执照

清光绪年间花翎守备衔补用千总易德昇札

保管单位：泰州市档案馆

内容及评价：

易德昇（1850~1933），湖南湘阴人，曾追随左宗棠参与平定新疆，后随湘军驻扎泰州。花翎守备衔补用千总易德昇札，为中共泰州市委党校教授易耀秋所捐，是光绪十一年（1885）五月钦差大臣督办新疆事宜的刘锦堂根据皇上圣旨，对易耀秋祖父易德昇奖赏，授予守备衔，并赏更换花翎的札。

刘锦棠（1844~1894），字毅斋，湖南湘乡人，湘军将领刘松山的侄儿，《清史稿·刘锦棠列传》：同治七年"左宗棠西征，从克怀远、镇边，还定绥德，赐号法福凌阿巴图鲁。进军甘肃，攻金积堡，夷旁近七寨，破灵州。九年，击马五寨，松山战死，诏加三品卿衔，接统其军。""（光绪五年）已，宗棠入都，上以此专属任锦棠关外事，命署钦差大臣。徙顿哈密，益治军。逾岁除真。"清廷建立新疆行省，刘锦棠为首任巡抚。

该札对于研究左宗棠"边防与海防并重"思想、湘军与泰州关系、清朝军队奖励制度有一定的历史价值。

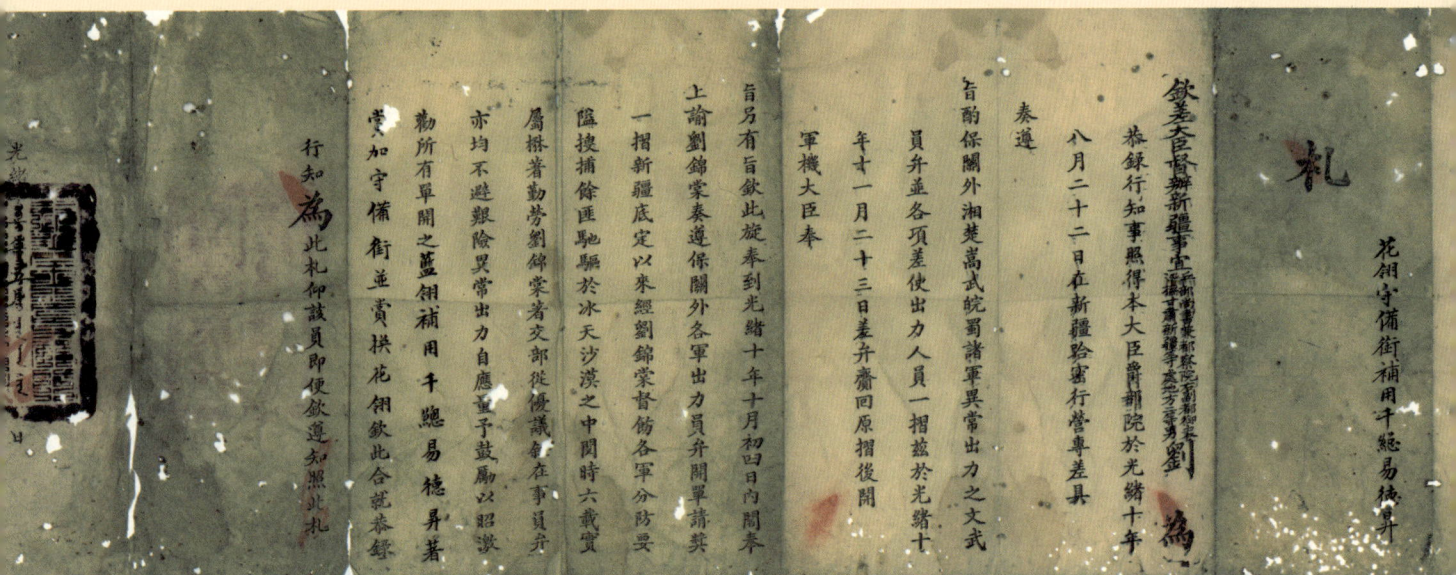

花翎守备衔补用千总易德昇札

全文：

花翎守备衔补用千总易德昇札

钦差大臣督办新疆事宜

兵部尚书兼都察院右副都御史、巡抚甘肃新疆等处地方二等男刘为恭录行知事

照得本大臣爵部院于光绪十年八月二十二日在新疆哈密行营专差具奏遵旨酌保关外湘、楚、嵩武、皖、蜀诸军异常出力之文武员弁并各项差使出力人员一摺。兹于光绪十年十一月二十三日差弁回原摺后开军机大臣奉旨，另有旨钦此。旋奉到光绪十年十月初四日内阁奉上谕刘锦棠奏遵保关外各军出力员弁开单请奖一摺。新疆底定以来经刘锦棠督饬各军分防要隘搜捕余匪，驰驱于冰天沙漠之中，阅时六载，实属椎著勤劳。刘锦棠著交部从优议叙，在事员弁亦均不避艰险异常出力，自应量予鼓励，以昭激欢。所有单开之蓝翎补用千总易德昇著赏加守备衔并赏换花翎，钦此。合就恭录行知为此札，仰该员即便钦遵知照。此札。

光绪十一年五月

清宣统年间两江总督颁发的毕业证书

保管单位： 泰州市档案馆

内容及评价：

宣统二年（1910），两江总督部堂颁发给江苏省泰州县人邹春国毕业证书凭照。邹春国在江南筹办地方自治总局附设之研究所学习期满八个月，考试合格，成绩为最优等第十五名。证书中"钦差南洋大臣陆军部尚书两江总督部堂张"系两江总督张人骏。张人骏（1846~1927），字健庵，晚号湛存居士，直隶丰润县（今河北丰润）大齐坨村人。历任山东布政使、漕运总督、山西巡抚、两广总督等职。宣统元年（1909）六月二十八日清廷命张人骏任两江总督兼南洋大臣。该毕业证书是清末教育史的一个缩影，具有一定的研究参考价值。

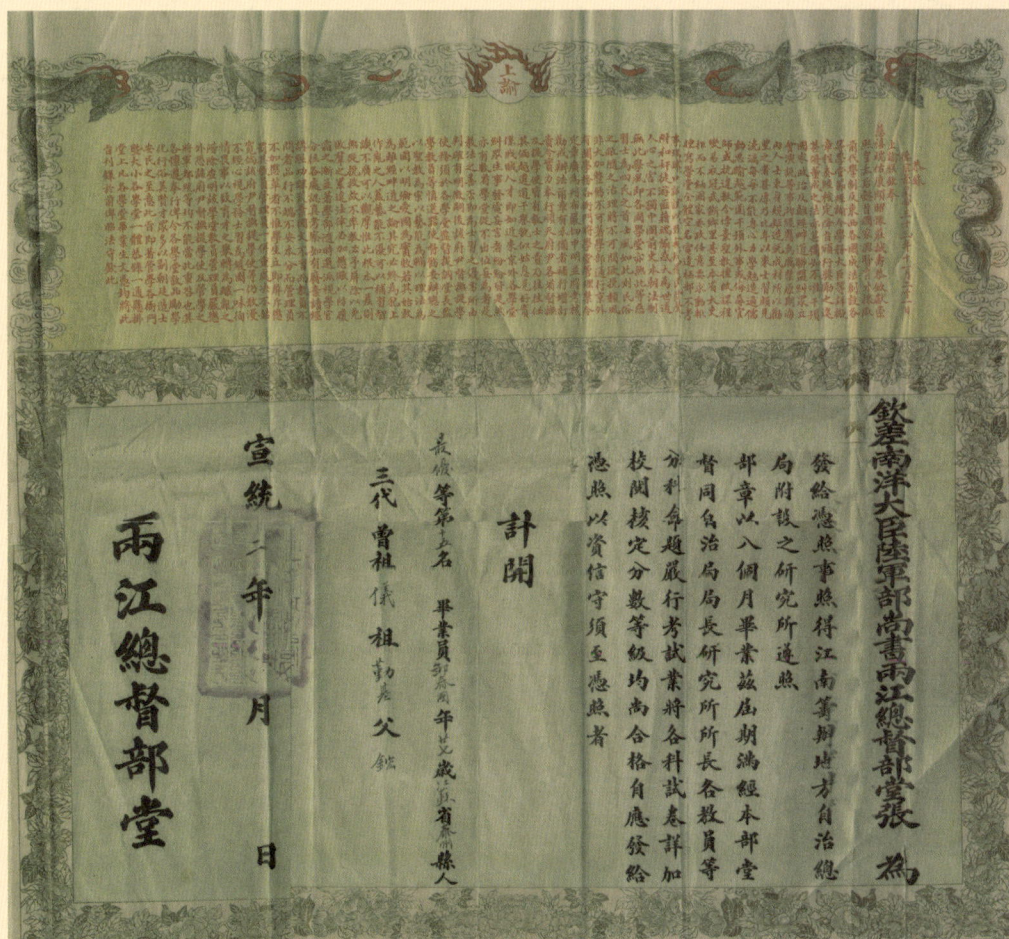

全文：

恭录

德宗景皇帝三十三年十一月二十一日

上谕朕钦奉

慈禧端佑康颐昭豫庄诚寿恭钦献崇熙皇太后懿旨：国家兴贤育才，采取前代学制及东西各国成法，创设各等学堂。节经谕令学务大臣等，详拟章程，奏经核定，降旨颁行，奖励之途甚优，董戒之法亦甚备。如不准干预国家政治及离经畔道、联盟纠众、立会演说等事，均经悬为厉禁。原期海内人士，束身规矩，造就成材，所以劝望之者甚厚。乃比年以来，士习颇见浇漓，每每不能专心力学，勉造通儒。动思逾越范围，干预外事，或侮辱官师，或抗违教令，悖弃圣教、擅改课程、变易衣冠、武断乡里。其至本省大吏拒而不纳，国家要政任意要求，动辄捏写学堂全体空名，电达枢部，不考事理，肆口诋諆，以致无知愚民随声附和，奸徒游匪藉端煽惑，大为世道人心之害。不独中国前史、本朝法制无此学风，即各国学堂亦无此等恶习。士为四民之首，士风如此，则民俗之敝随之，治理将不可问。欲挽颓风，非大加整饬不可。著学部通行京外有关学务各衙门，将学堂管理禁令定章，广为刊布，严切申明，并将考核劝戒办法前章有未备者，补行增订，责令实力奉行。顺天府尹、各省督抚及提学使，皆有教士之责，乃往往任其僭越，违道干誉，貌似姑息见好，实系戕贼人才。即如近来京外各学堂纠众生事，发电妄言者，纷纷皆是。然亦有数省学堂从不出位妄为者，是教法之善否？即为士习之优劣所由判，确有明征。嗣后，该府尹、督抚、提学使务须与各学堂监督、提调、堂长、监学、教员等，慎选器使，督饬妥办。总之，以圣教为宗，以艺能为辅，以理法为范围，以明伦爱国为实效。若其始敢为离经畔道之论，其究必终为犯上作乱之人。盖艺能不优可以补习，知识不广可以观摩，惟此根本一差，则无从挽救。故不率教，必予屏除，以免败群之累；违法律必加惩儆，以防履霜之渐。并著学部随时选派视学官，分往各处认真考察。如有废弃读经讲经，功课荒弃，国文不习而教员不问者，品行不端、不安本分而管理员不加惩革者，不惟学生立即屏斥惩罚，其教员、管理员一并重处，决不姑宽。倘该府尹、督抚、提学使等仍敢漫不经心，视学务士习为缓图，一味徇情畏事，以致育才之举转为酿乱之阶，除查明该学堂教员、管理员严惩外，恐该府尹、督抚、提学使及管学之将军、都统等均不能当此重咎也。其各凛遵奉行，俾令各学堂敦品励学，化行俗美，贤才众多，以副朝廷造士安民之至意。此旨即著管学各衙门暨大小各学堂，一体恭录一通，悬挂堂上。凡各学堂毕业生文凭，均将此旨刊录于前，俾昭法守，钦此。

钦差南洋大臣陆军部尚书两江总督部堂张为发给凭照事。照得江南筹办地方自治总局附设之研究所，遵照部章以八个月毕业，兹届期满，经本部堂督同自治局局长、研究所所长、各教员等分科命题，严行考试，业将各科试卷详加校阅，核定分数等级均尚合格，自应发给凭照以资信守须至凭照者。

计开

最优等第十五名　毕业员　邹春国　年27岁　江苏省泰州县人

三代　曾祖仪　祖勤基　父鈜

宣统二年　　月　　日

两江总督部堂

清宣统年间泰州官立中学堂修业文凭

保管单位: 泰州市档案馆

内容及评价:

宣统二年(1910),江苏省扬州府泰州官立中学堂分别颁发给学生陈国镕、陈国镛修业文凭。证上的文字、图案清晰,证书四角分别是"修、业、文、凭"四字,证书中间还印有"修业文凭"的水印。从该文凭可以看出当时学科设置情况、学生的评价体系等内容。该毕业证书格式严谨、内容丰富、保存完好,是清末教育制度史研究的重要参考资料。

全文:

江苏省扬州府泰州官立中学堂为给发修业文凭事。照得本学堂现届补习班第一学期考试完毕,学生陈国镕本学期总平均分数七十二分一厘一毫,列入优等,相应给发修业文凭。须至文凭者。

学科	分数
修身	75.5
经学	70
国文	74
算学	74
历史	82
舆地	83.5
英文	47
格致	63
体操	80
总计分数	649分
平均分数	72.11分
临时考试平均分数	72.11分
总平均分数	72.11分
旷课应扣分数	分
实得分数	72.11分

本学生现年15岁系泰州人

曾祖诩 祖宝华 父恩澄

右给学生陈国镕

监督 谭庆藻

宣统二年十二月十七日给

第二号

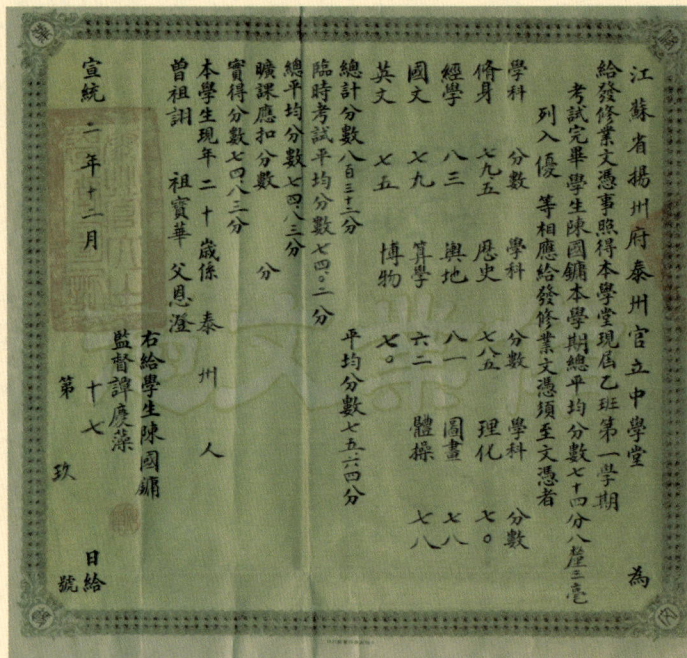

全文：

江苏省扬州府泰州官立中学堂为给发修业文凭事。照得本学堂现届乙班第一学期考试完毕，学生陈国镛本学期总平均分数七十四分八厘三毫，列入优等，相应给发修业文凭。须至文凭者。

学科	分数	学科	分数
修身	79.5	算学	62
经学	83	博物	70
国文	79	理化	70
英文	75	图画	78
历史	78.5	体操	78
舆地	81		

总计分数　　832分

平均分数　　75.64分

临时考试平均分数　　74.02分

总平均分数　　74.83分

旷课应扣分数　　　分

实得分数　　74.83分

本学生现年20岁系泰州人

曾祖诩　祖宝华　父恩澄

右给学生陈国镛

监督　谭庆藻

宣统二年十二月十七日给

第九号

夫子大人函丈敬肅者前囑錢世兄樹榖到海趨

崇階親聆

訓誨當蒙

見許裁培面諭足下懷遜聽感荷良殷世兄

別後遵即先行返里靜候

指揮刻以吾

師俯順輿情莊甯有日鄉邦造福何幸如之

復囑其前來懇乞

泰来面粉厂文书档案

保管单位： 泰州市档案馆

内容及评价：

清光绪三十二年（1906），泰来机制面粉厂创办，它用机器生产面粉，使以前只知用石磨磨制面粉的人耳目一新，是泰州最早具有近代意义的工厂。创办者王贻哲和汪子恒，都是科举出身的清末知县，抱着"实业救国"的理想开办工厂，取名"泰来"，寓安泰吉祥、生意兴隆之意。上世纪20年代，泰来面粉厂生产的绿、红、黄"三羊"牌面粉远销东南亚。1929年，在全国农产品博览会质量评比中，"三羊"面粉曾获二等奖，成为全国名牌。

泰来面粉厂文书档案起自1912年，迄于1948年，共591卷。主要有泰来面粉厂买房租房租船的官契、租约，该厂的营业执照和雇用职工民船的保证书及押租缴税收据，收款簿、往来总清帐、钱庄往来帐等各种帐簿及商业往来帐单，与上海管理处和工商部门、银行的业务往来信稿、电稿、票根，江苏全省清乡公署发给的枪支执照，关于人事、工资、募捐、财产清理、税务、物价、石油配给等问题的报告、公函、通知、表册。此外，还有1938年江苏五区专员公署、县政府关于提付军粉、柴油的通知、批令、收据，1946年江苏田粮管理处、泰州面粉厂监理接收泰来元记面粉厂财产清册和1947年发还财产目录清册、人员名册和申请法院启封状稿，1948年泰来元记面粉厂有关报告、批签、启事，上海第四区面粉同业公会理事长杜月笙提名杨管北为立法委员候选人的电报和同业公会加推泰来面粉厂经理陈汝卿为全国面粉联合会代表的通知。该档案系统完整，是研究泰来面粉厂历史的重要原始资料，也是泰州经济史研究不可多得的重要历史文献。

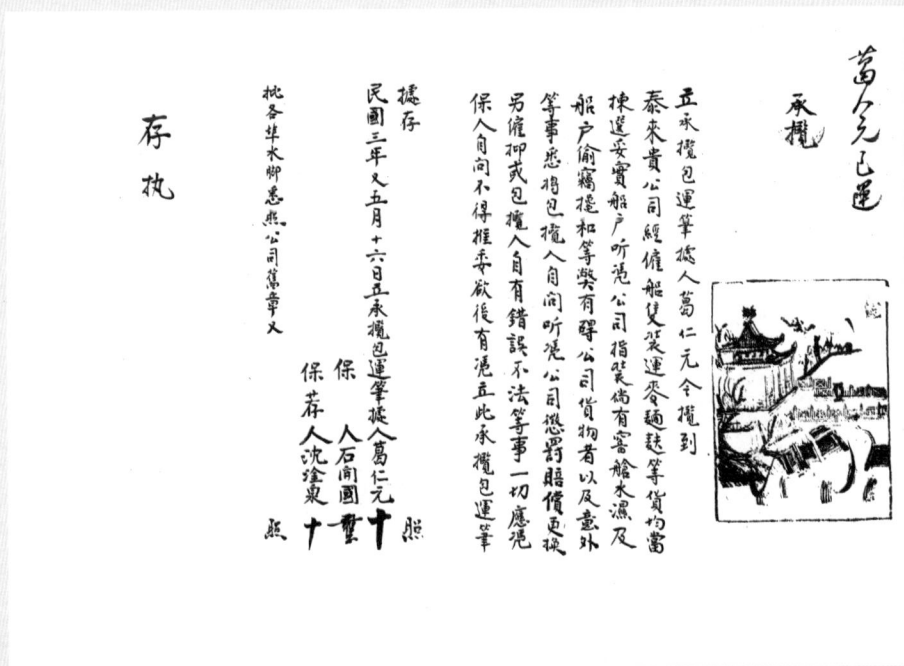

1914年葛仁元立为公司承揽包运笔据

1914年泰来面粉厂租东台王福泰房屋五间的租契

全文:

<h2 style="text-align:center">租 契</h2>

立租契泰县泰来面粉公司，今租到东台王福泰宝号内，坐北朝南房屋五间，天井一方，门外大晒场一方，厨房公用，自租之后公司在此设莊收货办事，四面出入行动，不得有阻。当日凭中言明押租洋一百五十元，每年仍认行租洋一百二十元，按四季付清，闰月在内。日后辞房之日行租不欠，仍将原押租如数交出无辞。今欲有凭，立此租契存照。

另立收帖一纸，此批立付行租折一个，又批。

民国三年阴历四月初一日立租契泰来公司
东莊经理人　贺南炳
中人　陈学斋　汪辅臣

丁巳年凭中议定，每年加付行租洋三十六元，仍按四季凭折取付。言定期限三年后，两造合意再行接租。今凭此批。

存执

1926年江苏省清乡公署核发的枪支执照

1936年泰县县政府核发的枪支执照

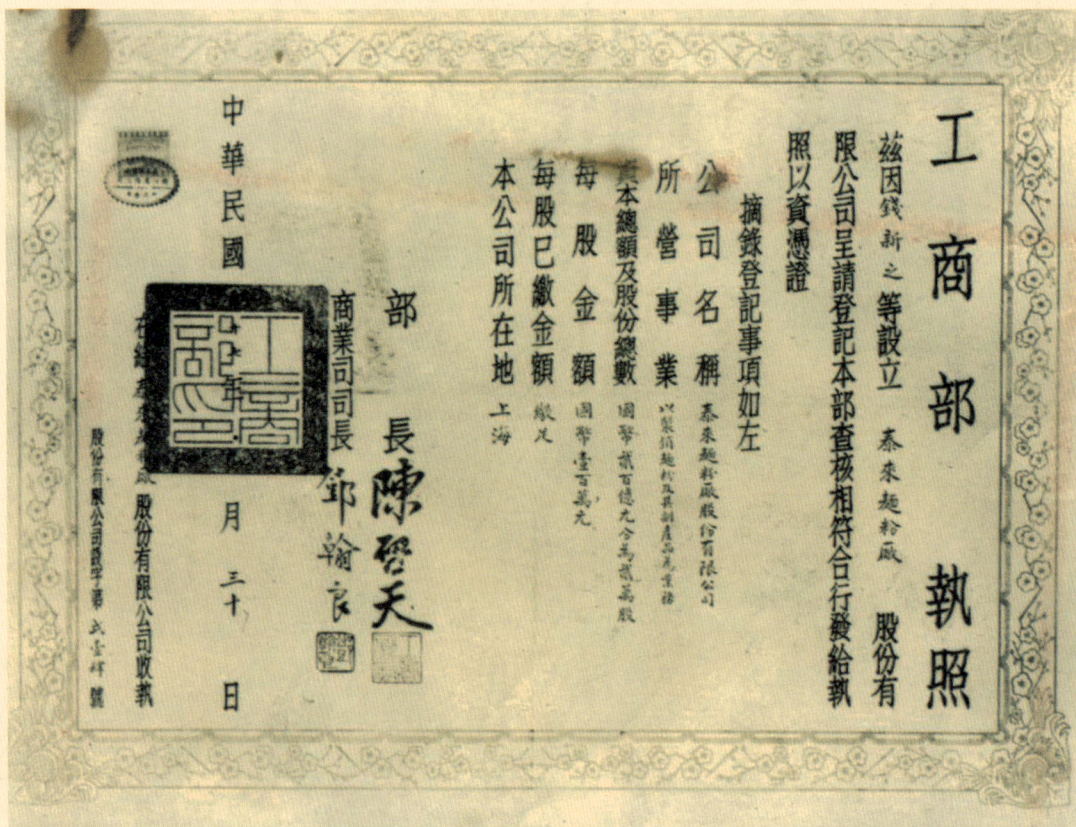

1948年工商部颁发的泰来面粉厂股份有限公司执照

1948年杜月笙给泰来面粉厂的函件及内容相同的电报

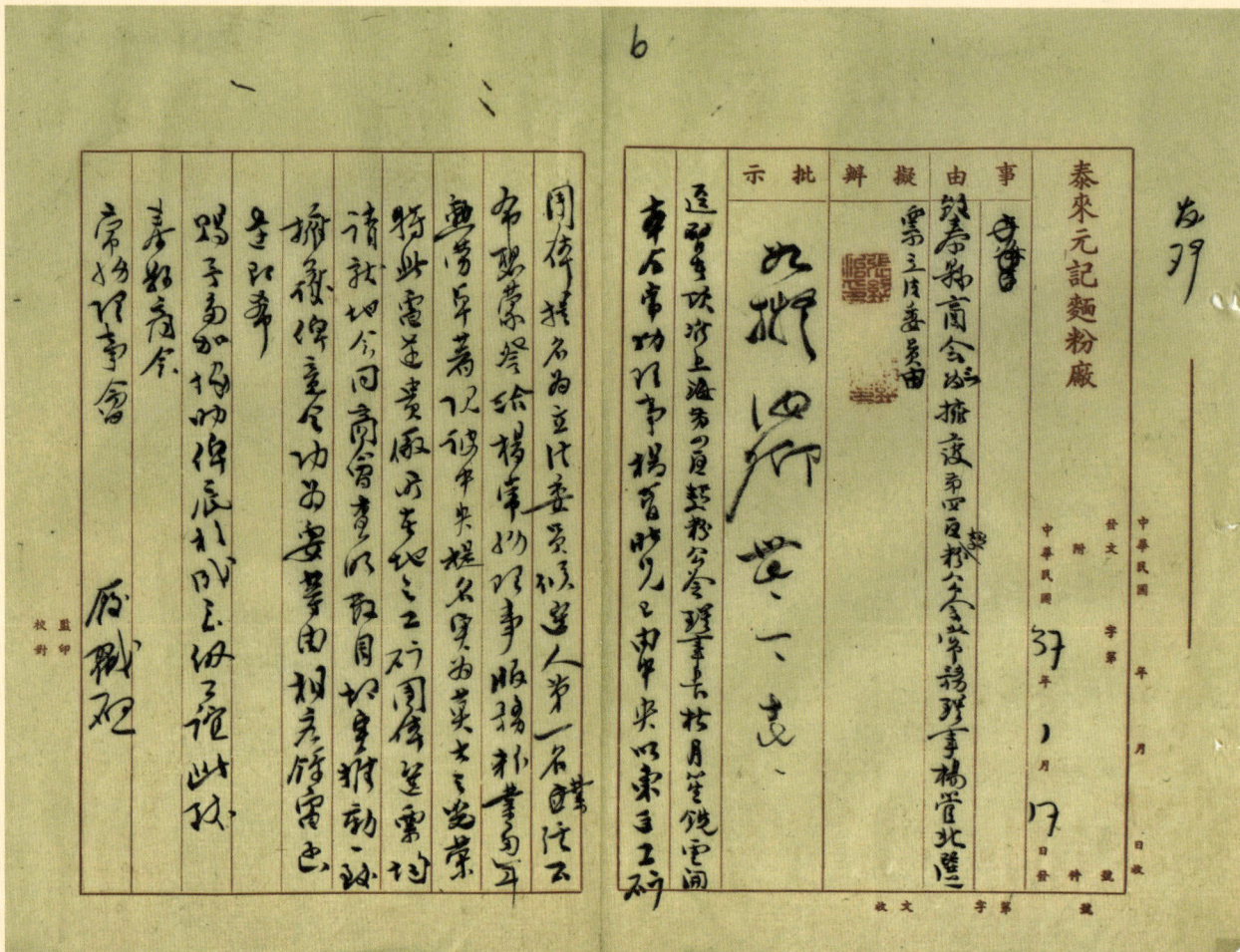

1948年泰来面粉厂据杜月笙函件给泰县商会常务理事会的电报（拟文）

全文：

迳启者：

顷准上海第四区面粉公会理事长杜月笙铣电开：

本会常务理事杨管北兄，已由中央以东区工矿团体提名为立法委员候选人第一名，业经公布，想蒙察洽。杨常务理事服务粉业多年，勋劳卓著，现被中央提名，实为莫大之光荣。特此电达。贵厂所在地之工矿团体选票，均请就地会同商会查明数目，切实推动一致拥护，俾竟全功为要，等由。相应录电函达，即希赐予，多加协助，俾底相成至纫公谊。

此致

泰县商会常务理事会

厂戳□

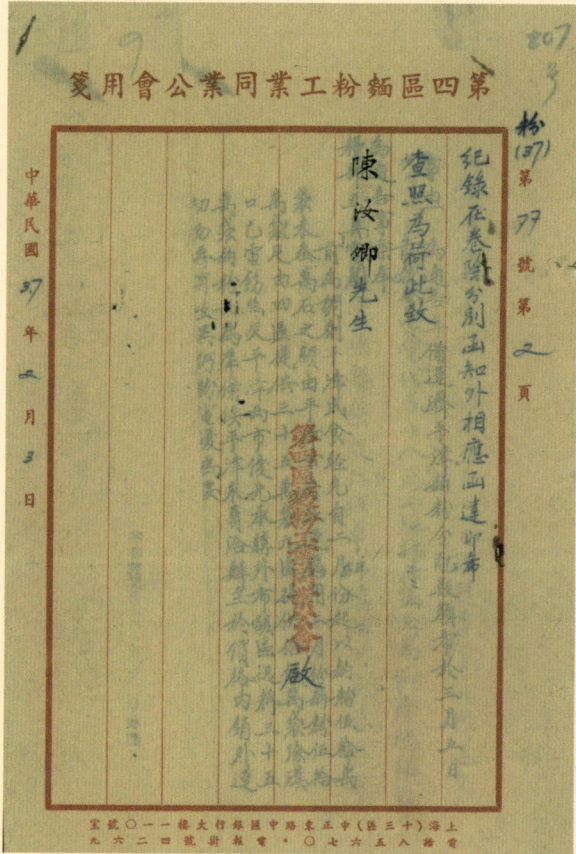

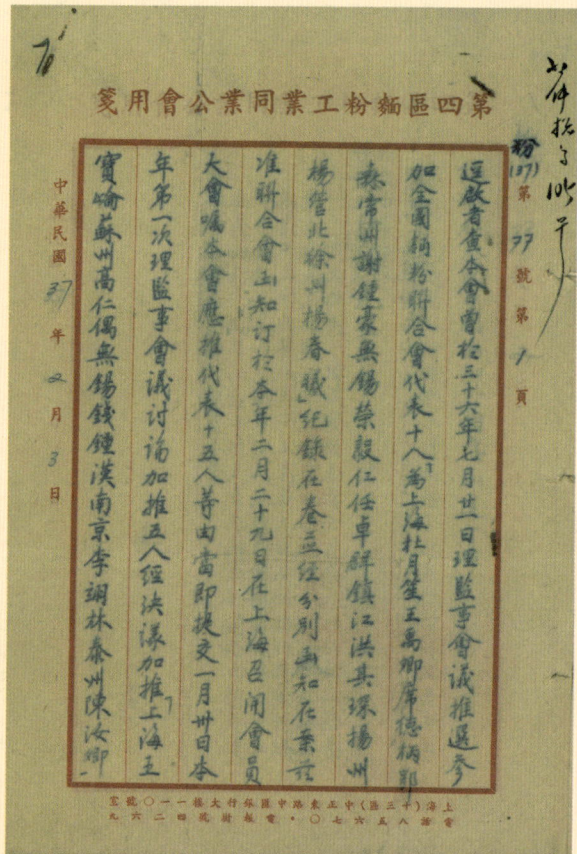

同业公会加推泰来面粉厂经理陈汝卿为全国面粉联合会代表的通知

全文：

迳启者：

查本会曾于三十六年七月廿一日理监事会议推选参加全国面粉联合会代表十人，为：上海杜月笙、王禹卿、席德柄、鄂森，常州谢钟豪，无锡荣毅仁、任卓群，镇江洪其琛，扬州杨管北，徐州杨春曦。记录在卷，应往分别函知在案。兹准联合会函知，订于本年二月二十九日在上海召开会员大会，嘱本会应推代表十五人，等由当即提交一月卅日本年第一次理监事会议讨论，加推五人。经决议，加推上海王宝仑、苏州高仁偶、无锡钱钟汉、南京李翊林、泰州陈汝卿。记录在卷，除分别函知外，相应函达，即希查照为荷。

此致

陈汝卿先生

第四区面粉工业同业公会启

中华民国三十七年二月三日

上海（十三区）中正东路中汇银行大楼一一〇号室

电话：八五六七〇

电报挂号：四二六九

《泰县城厢图》《泰县图》

保管单位： 泰州市档案馆

内容及评价：

1918年10月，经大总统核准，由农商部、内务部、全国水利局会衔布置全国各省开展水文测验工作，随文印发《河川测验办法七条》，测验项目有降水量、流量、流率、水位等，《泰县城厢图》《泰县图》因此而绘就。《泰县城厢图》由淮扬徐海平剖面测量局测绘于1922年；《泰县图》（共七幅）由淮扬徐海平剖面测量局测绘于1925年，1926年1月印制，现存五幅。

《泰县城厢图》《泰县图》比较直观地反映了当时泰县及其城厢地区的地理、水文状况，对于研究民国泰县早期的历史沿革具有较大的价值。

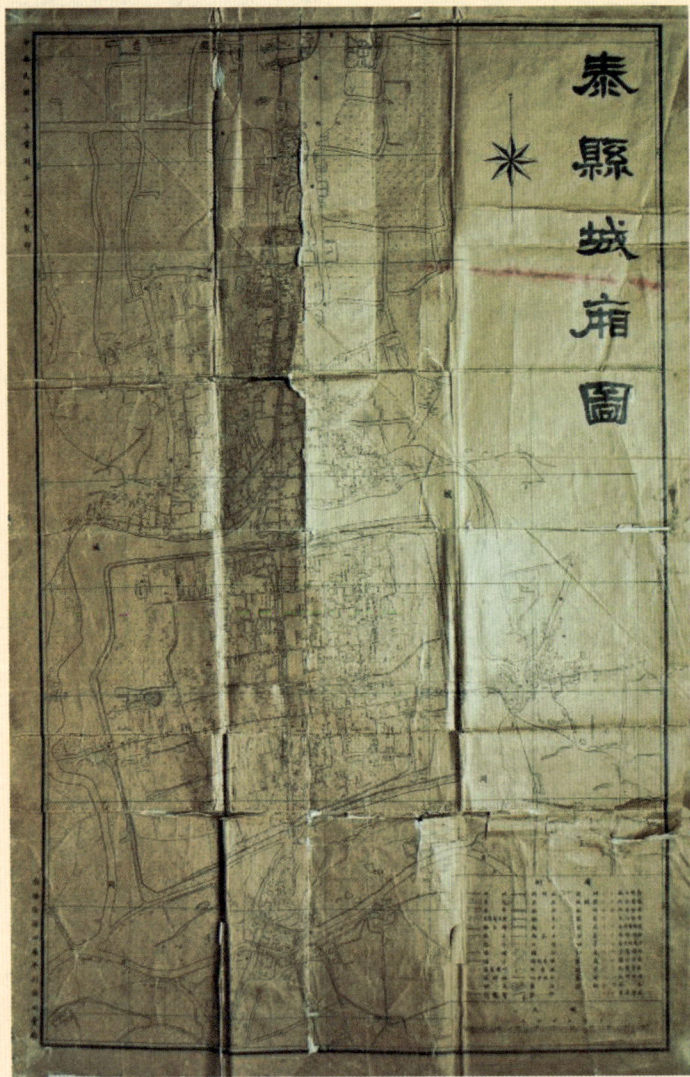

1922年《泰县城厢图》

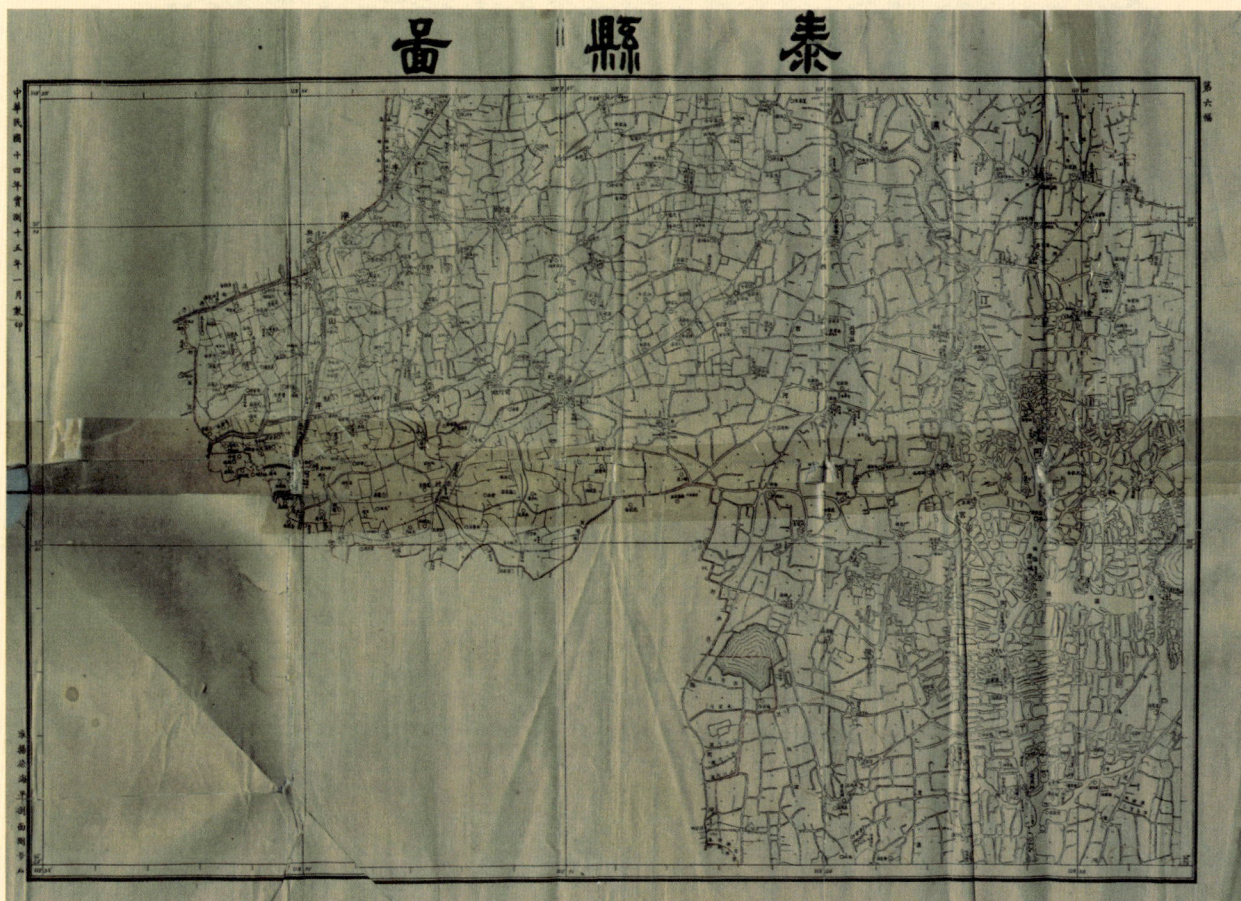

1926年《泰县图》之一

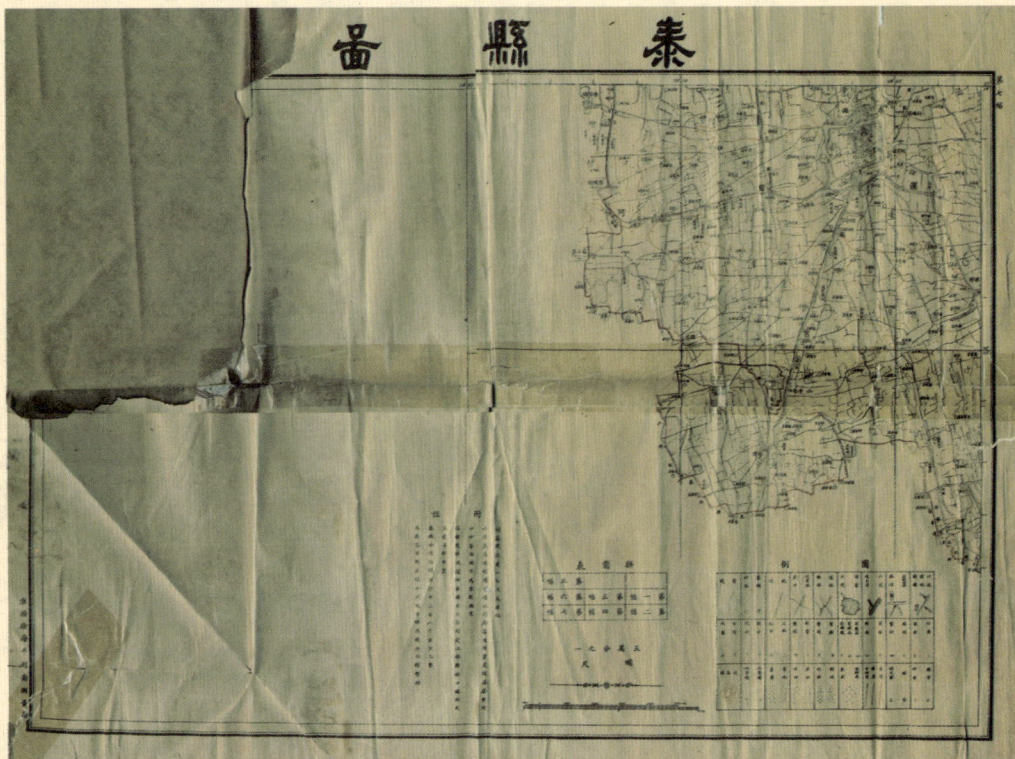

1926年《泰县图》之二

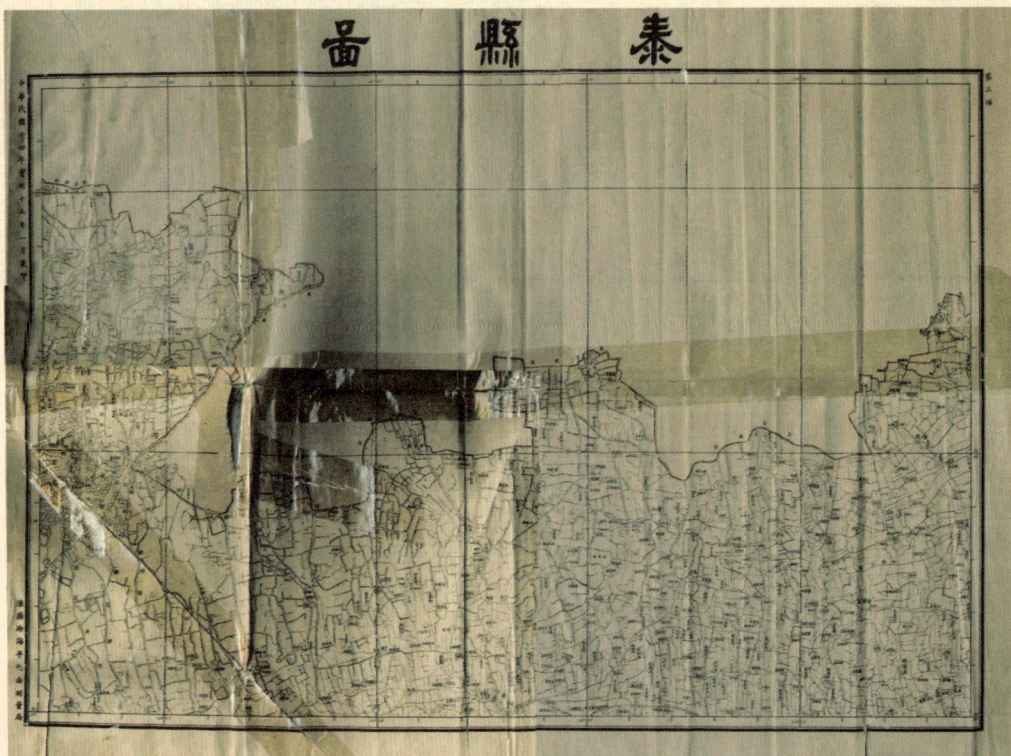

1926年《泰县图》之三

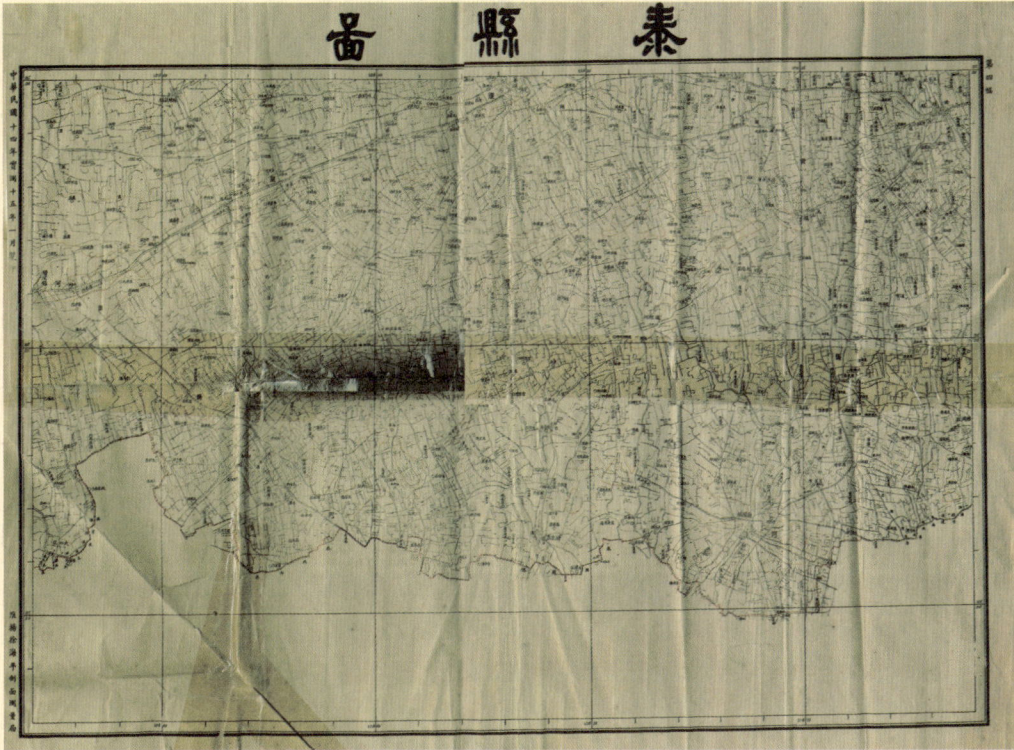

1926年《泰县图》之四

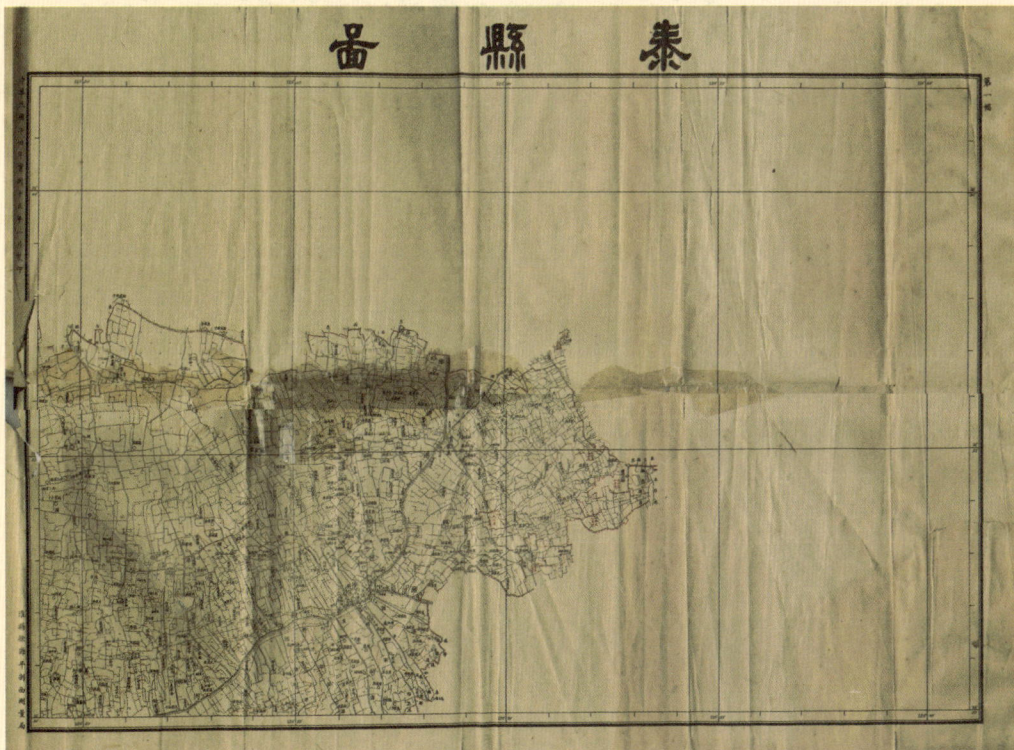

1926年《泰县图》之五

韩国钧与友人函札

保管单位： 兴化市档案馆

内容及评价：

  韩国钧与友人函札档案，收录了时任江苏省省长韩国钧1922年7月与有关人员的来往信函100余封。韩国钧（1857~1942），字紫石，江苏泰县海安镇人。清光绪五年（1879）中举，先后任行政、矿务、军事、外交等职，清末官至吉林省民政使。北洋军阀时期，他位高望重，与南通的张謇同被誉为苏北的"两大名贤"。辛亥革命后，曾任江苏省民政长，其后任安徽省巡按使、江苏省省长，并一度兼督军。服官四十年中清廉自守，治事勤恪，所在有政声。1925年辞官归里后，仍不遗余力关心桑梓，参与水利，救灾赈济，编纂史志，兴盐垦，办教育，维护地方治安。居乡问政，为苏北民众做了不少有益之事。韩国钧与友人函札是研究韩国钧的重要文献，对民国史研究也有较大的价值。

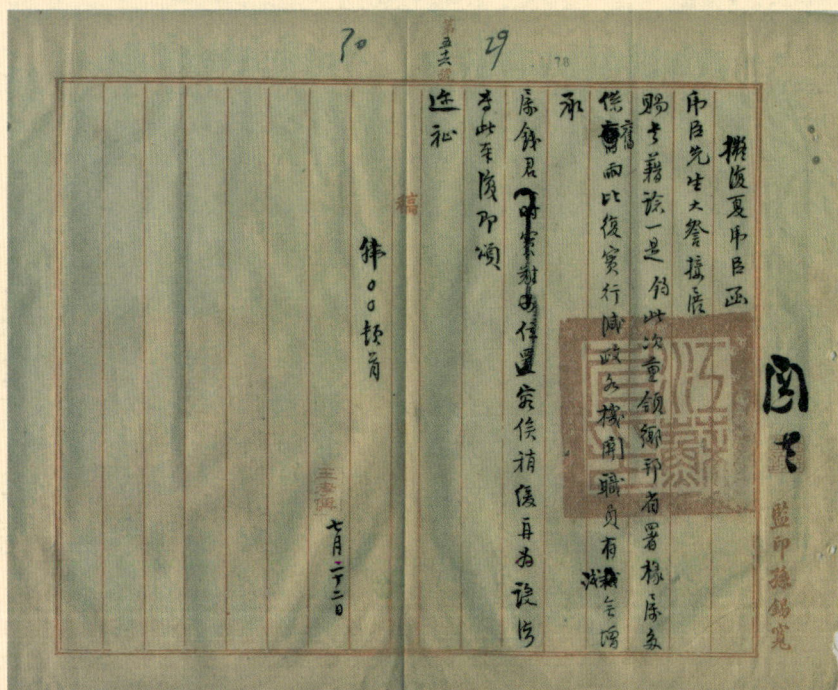

韩国钧拟复夏虎臣函

全文：

虎臣先生大謩：

  接展赐书，藉念一是。钧此次重领乡邦，省署椽署多系旧雨，比复实行减政，各机关职员有减无增，承属钱君容俟稍缓，再为设法。专此奉复，叩颂迩祉。

韩　顿首
七月二十二日

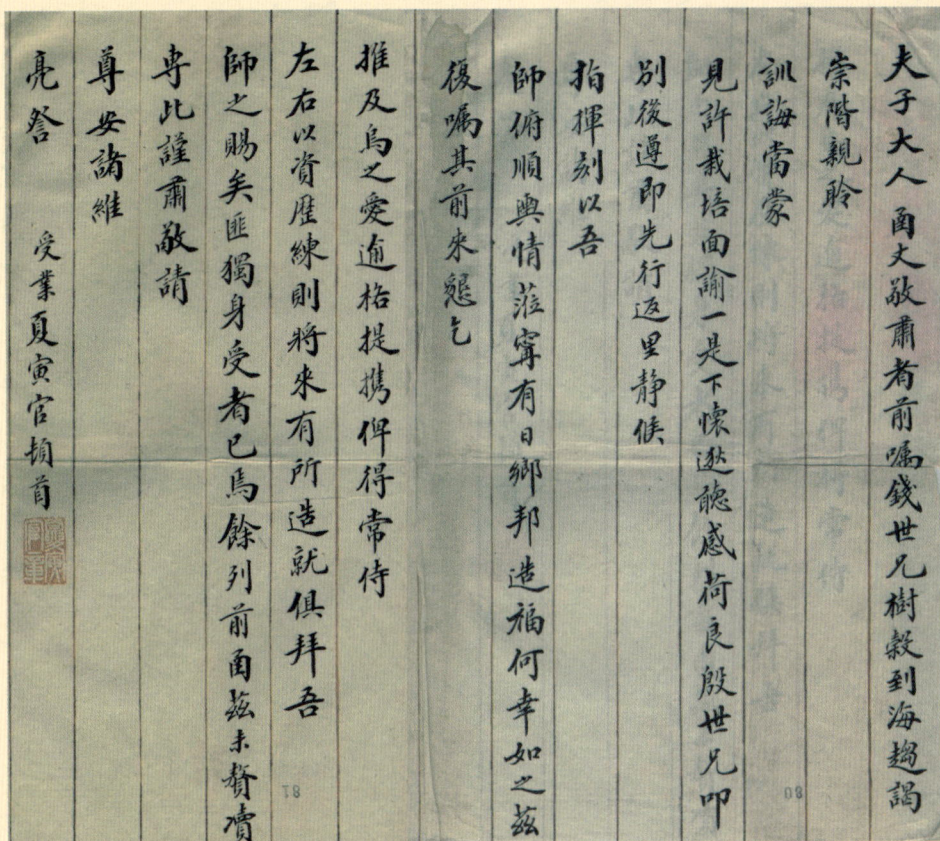

夏寅官（夏虎臣）致韩国钧函

全文：

夫子大人函丈：

敬肃者，前嘱钱世兄树毂到海趋谒崇阶，亲聆训诲，当蒙见许栽培，面谕一是，下怀狄听，感荷良殷。世兄叩别后，遵即行返里，静候指挥。刻以吾师俯顺舆情，莅宁有日，乡邦造福，何幸如之。兹复嘱其前来恳乞推及乌之爱，逾格提携，俾将常侍左右，以资历练，则将来有所造就，俱拜吾师之赐矣，匪独身受者已焉，余列前函兹未赘渎。专此谨肃，敬请尊安，诸维亮詧。

受业夏寅官顿首（印）

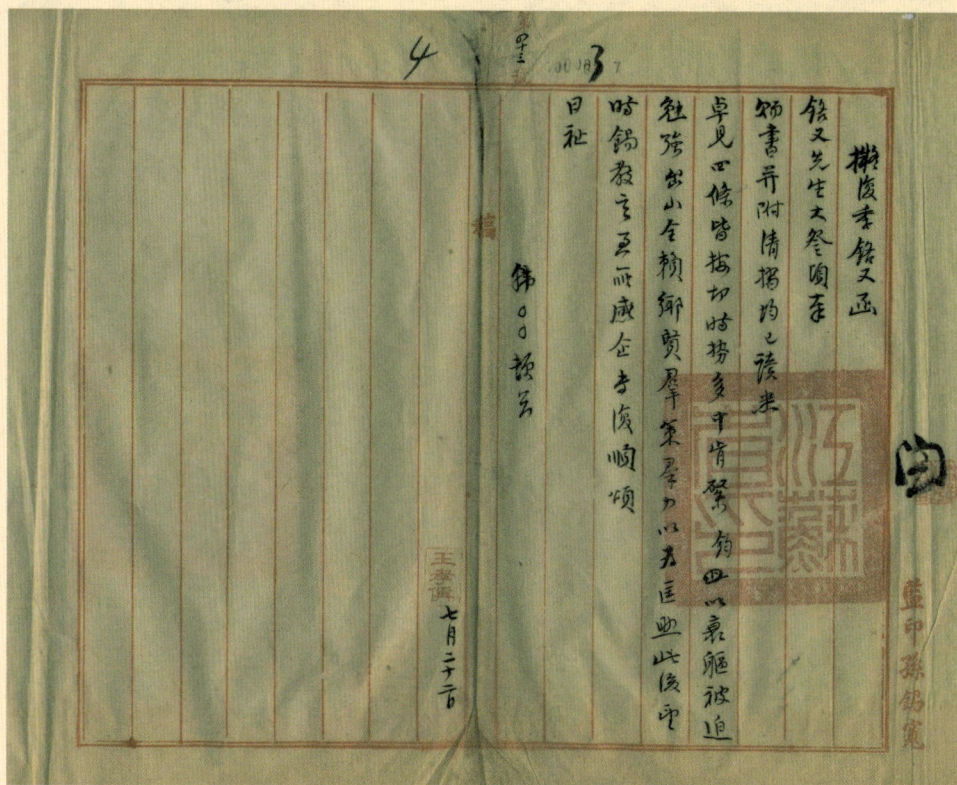

韩国钧拟复季铭又函

全文：

铭又先生大鉴：

　　顷奉赐书，并附清摺均已读悉。卓见四条，皆按切时势，多中肯綮。钧以衰躯被迫勉强出山，全赖乡贤群策群力，以为匡助，此后望时锡教言，至所感企。专复。

　　顺颂

日祉

韩　顿首

七月二十二日

季新益（季铭又）致韩国钧函

全文：

紫老省长赐鉴：

顷闻涓吉莅新，阖省欣幸，新益适以榷务埠务不克晋省道贺，殊为歉仄。我苏吏治废驰，财用匮乏，今日已造峯极。得公经验学术，为之梳爬整理，碁月三年必有大效。惟一得之，愚不容自秘，刿在桑梓，同属怵惕，敬就近年见闻所及，缮摺条陈，藉供刍荛，稍缓容再专诣台从，面聆宏教。先此肃贺，敬请勋安并祝任釐不备。

附摺一扣

旧属季新益谨肃

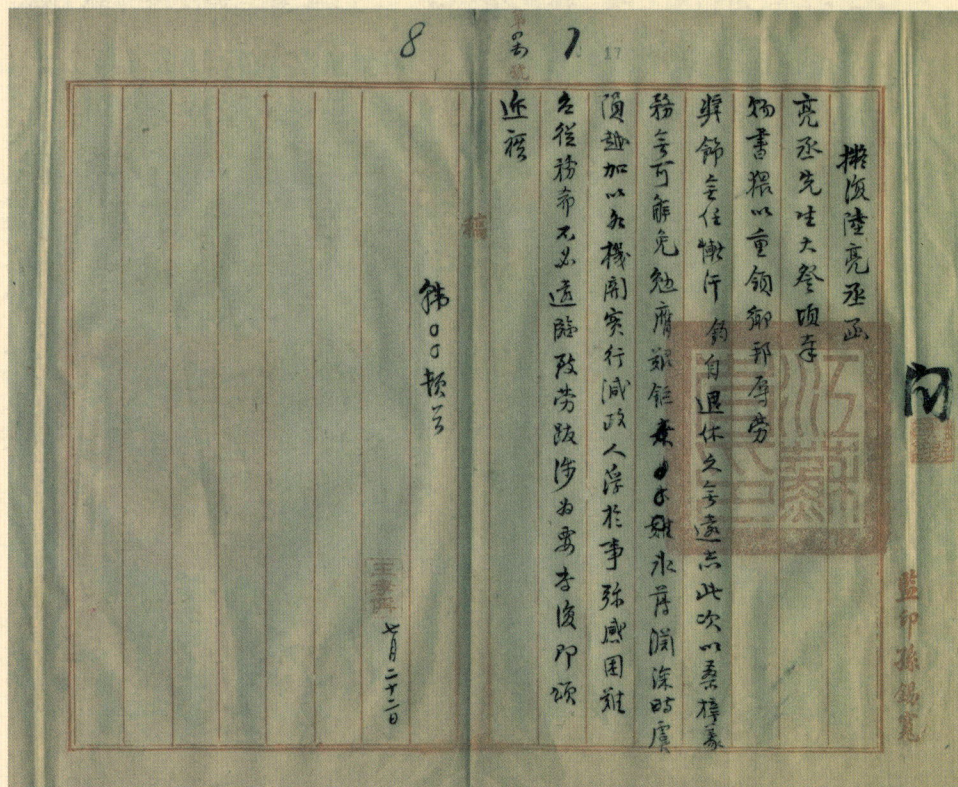

韩国钧拟复陆亮丞函

全文:

亮丞先生大鉴:

　　顷奉赐书,猥以重领乡邦,辱劳奖饰,无任惭汗。钧自退休,久无远志。此次以桑梓义务,无可解免,勉膺艰钜。水薄流深,时虞隕越,加以各机关实行减政,人浮于事,弥感困难,台从务希不必远临、致劳、跋涉为要。专复。

　　即颂

近祺

韩　顿首

七月二十二日

陆绍明（陆亮丞）致韩国钧函

全文：

省长赐鉴：

谨禀者，遥隔鸿仪，实劳蚁慕，屡渎无禀，□纾葵忱，敬维省长履祺时和，泰祉日懋：

六朝山水从此长春，

一省功猷可为众范。

鹏迁不次，燕忭良殷。知事困居皖省，乏有机位，自省长在皖擢拔，知事署理霍山而后，知事仅充任长短各小差。现充任省长公署统计处科员，每月津贴仅有二十四元。长此以往，实非所计，数年未亲道范，心实歉然。现已一苇可杭，稍暇定即趋谒，如能提拔栽培，必胜于斯，且为赏音使用，事无大小，皆所愿从。至乞设法拯救，冒渎呈言，无任惶悚，叩祷之至，专肃敬贺鸿禧，并请崇安。

安徽知事陆绍明谨禀

官亮丞寓安庆四方城十三号

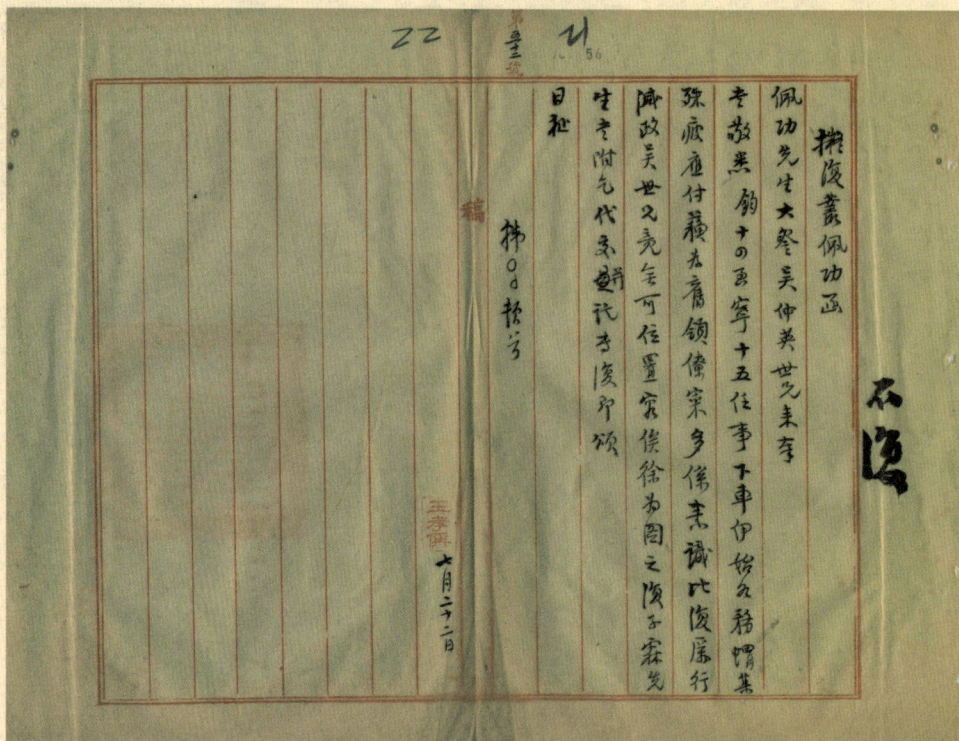

韩国钧拟复丛佩功函

全文：

佩功先生大鉴：

吴仲英世兄来，奉专敬悉，钧十四至宁，十五任事，下车伊始，各务蝟集，殊疲应付，苏为旧领僚寀多系素识。比复厉行减政，吴世兄竟无可位置，容俟徐为图之，复子霖先生，专附乞代交，并讬专复。

即颂

日祉

韩　顿首

七月二十二日

丛遾昌（丛佩功）致韩国钧函

全文：

世伯省长大人尊前：

敬启者，顷有同学吴君钟华，字仲英，系如城青云巷香山前辈先生之子，现在如皋清丈局供职，本月十号曾赴海安恭谒请安，适大人已经莅宁履新，未能觌面，兹特来省趋谒，并有汪子霖先生介绍书一统呈上，尚希詧核是幸。肃此。

敬请

大安

世愚侄丛遾昌谨呈

七月二十日

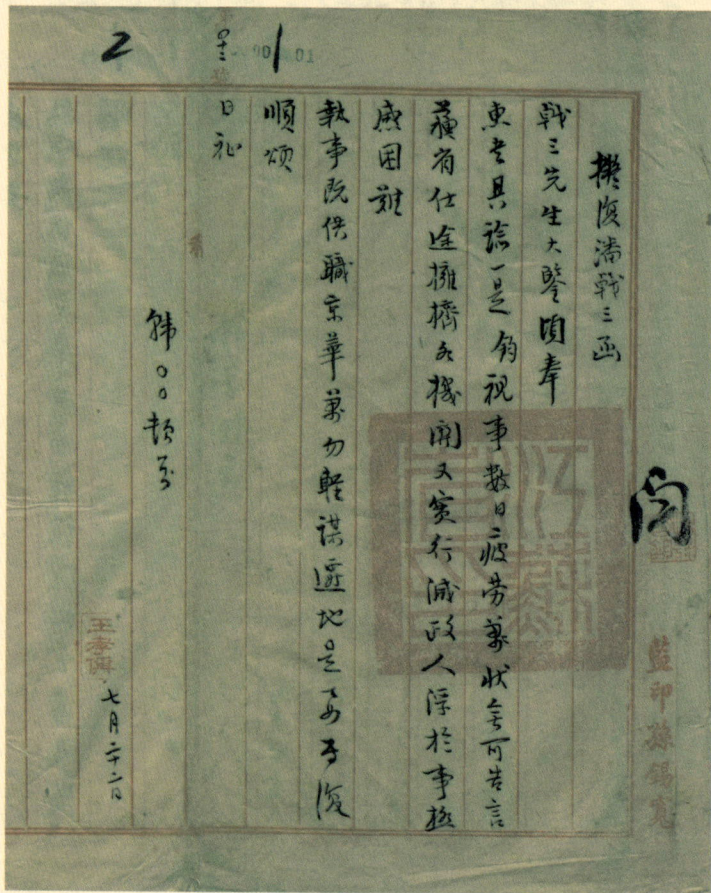

韩国钧拟复潘戟三函

全文：

戟三先生大鉴：

　　顷奉惠书，具念一是，钧视事数日，疲劳万状，无可告言。苏省仕途拥挤，各机关又实行减政，人浮于事，极感困难。执事既供职京华，万勿轻谋迁地是要，专复。

　　顺颂

日祉

　　　　　　　　　　　　　　　　　　　　　　韩　顿首
　　　　　　　　　　　　　　　　　　　　　　七月二十二日

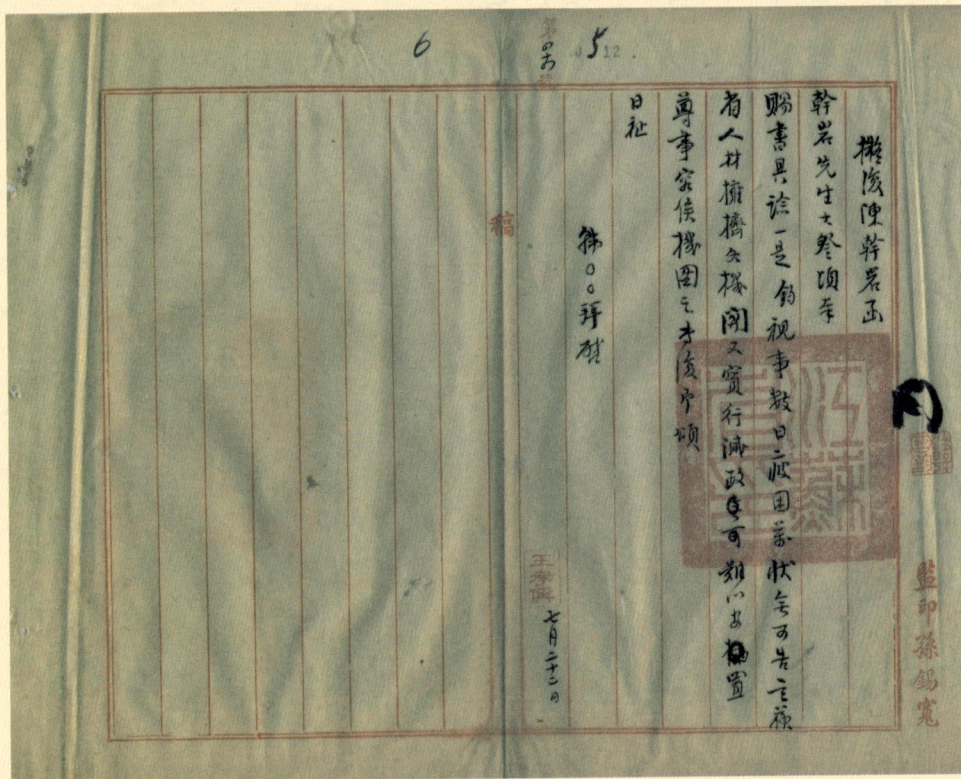

韩国钧拟复陈干岩函

全文:

干岩先生大鉴:

　　顷奉赐书,具念一是,钧视事数日,疲困万状,无可告言。苏省人材拥挤,各机关又实行减政,难以安置。尊事容俟机图之。专复。

　　即颂

日祉

韩　拜启
七月二十二日

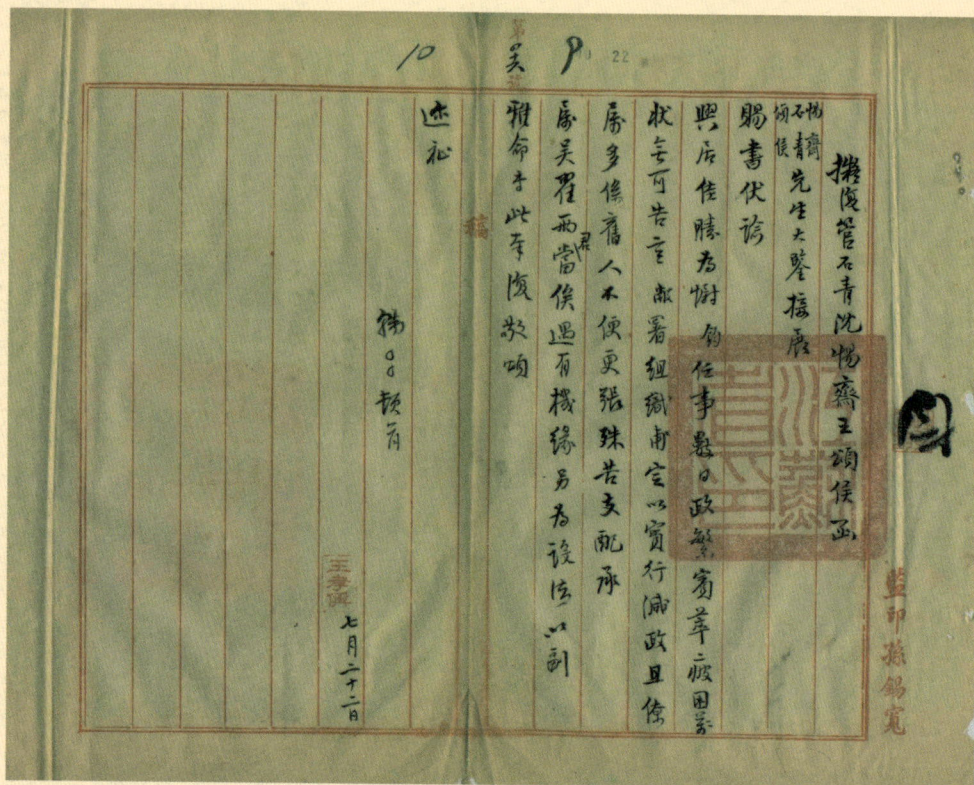

韩国钧拟复沈惕斋、管石青、王颂侯函

全文:

惕斋、石青、颂侯先生大鉴:

接展赐书,伏念兴居佳胜为慰,钧任事数日,政繁实萃,疲困万状,无可告言。敝署组织甫定,以实行减政,且僚属多系旧人,不便更张,殊苦支配。承属吴、瞿两君,当俟遇有机缘,另为设法,以副雅命,专此奉复。

　　敬颂

迩祉

韩　顿首

七月二十二日

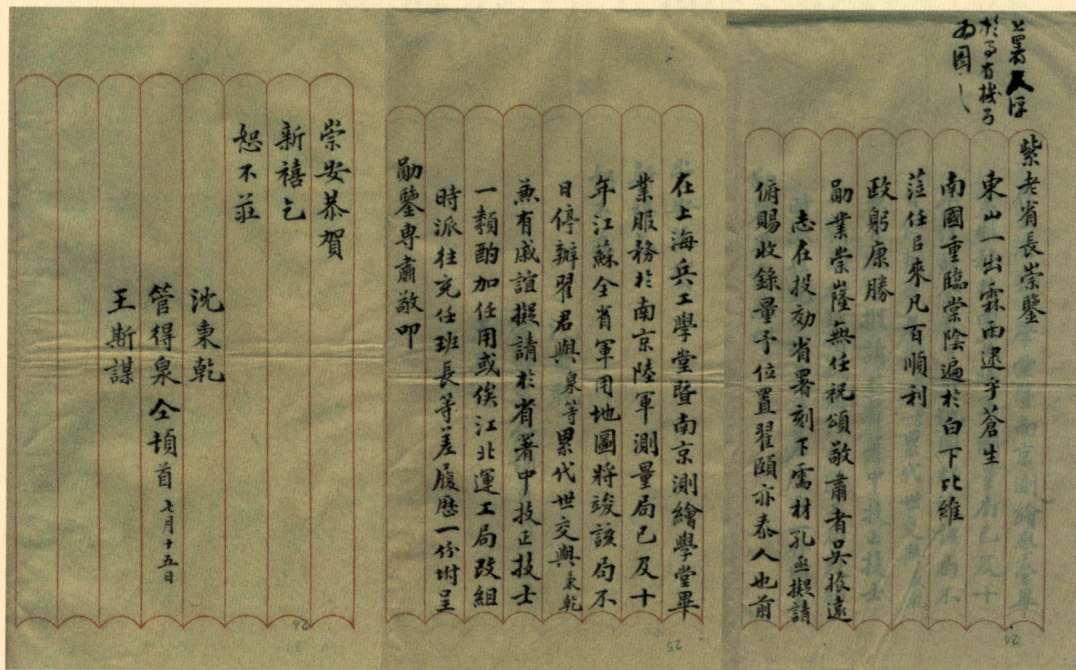

管得泉、沈秉乾、王斯谋致韩国钧函

全文：

紫石省长崇鉴：

东山一出，霖雨逮乎苍生。

南国重临，棠阴遍于白下。

比维莅任吕来，凡百顺利，政躬康胜，勋业崇隆，无任祝颂。敬肃者，吴振远志在投效省署，刻下需材孔亟，拟请俯赐收录，量予位置。瞿颐亦泰人也，前在上海兵工学堂暨南京测绘学堂毕业，服务于南京陆军测量局已及十年，江苏全省军用地图将竣，该局不日停办，瞿君与泉等累代世交，与秉乾兼有戚谊，拟请于省署中技正技士一类酌加任用，或俟江北运工局改组时，派往充任班长等差。履历一份附呈勋鉴。专肃。敬叩崇安，恭贺新禧，乞恕不庄。

管得泉、沈秉乾、王斯谋同顿首

七月十五日

《苏省导淮入海工程计划书》

保管单位： 泰兴市档案馆

内容及评价：

导淮工程是民国时期最大的公共水利工程。1929年1月，国民政府成立导淮委员会。1932年，国民政府委派陈果夫任导淮委员会委员并代理副委员长。1931年4月，导淮委员会依据过去的调查测量图集及分途勘淮、运、沂、沭诸河流的结果，拟具了导淮计划，确立了江海分疏的原则。馆藏《苏省导淮入海工程计划书》形成于1934年，第一部分为由陈果夫和建设厅长沈百先签发的《江苏省政府为征工开扩导淮入海工程告淮域民众书》，第二部分为《征工开浚废黄河导淮入海第一期工程两年计划》，主要有绪言、计划概要、土方估计、施工办法、施工期间之规定、工夫之管理、工处之组织等七项主要内容。档案显示了国民政府为治理淮河所做的充分准备，以及淮河流域人民所付出的巨量劳动，对民国水利史研究具有重要价值。

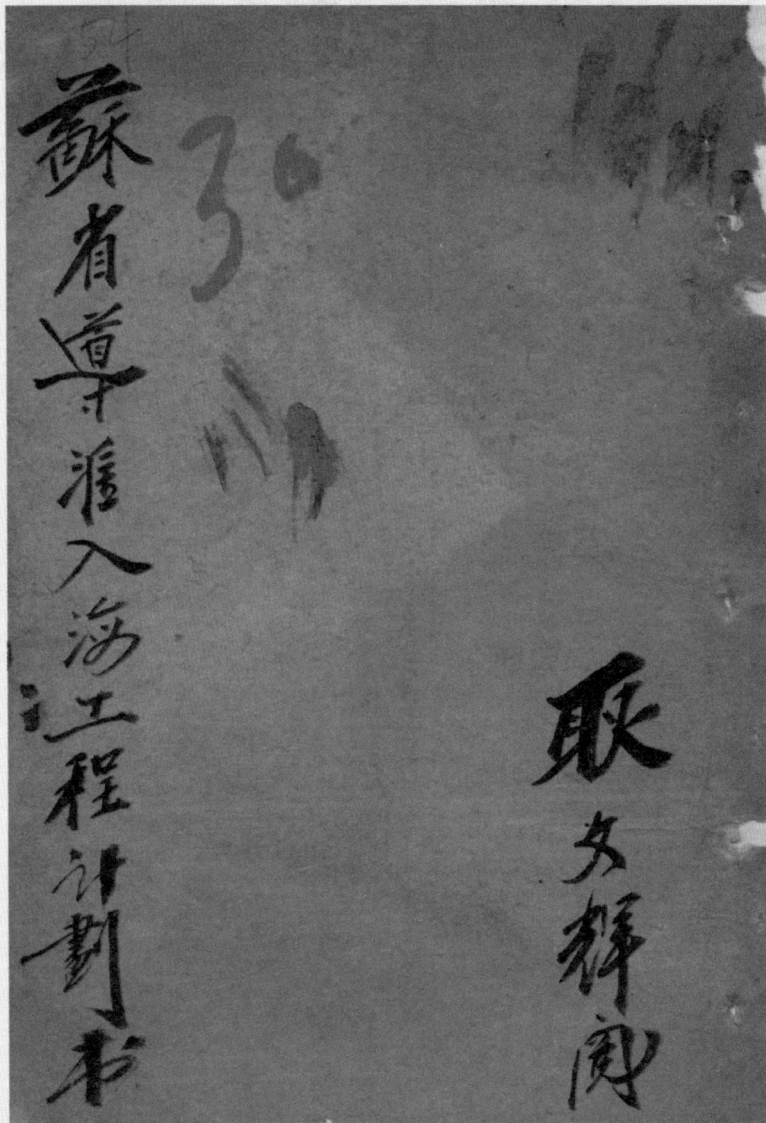

《苏省导淮入海工程计划书》：封面

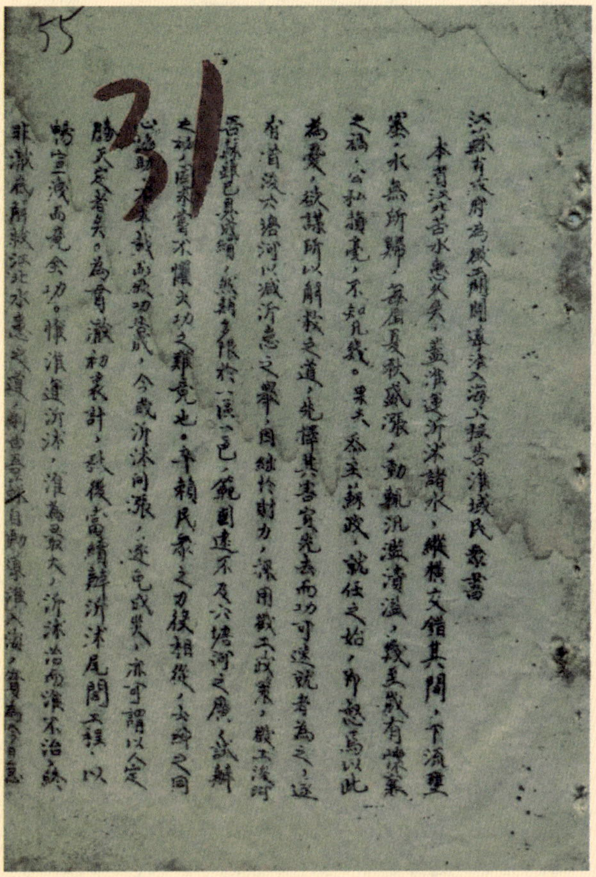

江蘇省政府為徵工開闢導淮入海工程告淮域民衆書

本省江北苦水患久矣，蓋淮運沂沭諸水，縱橫交錯其間，下流壅塞，水無所歸，每屆夏秋盛漲，動輒汎濫漬溢，幾至歲有淹沒之禍，公私損耗，不知凡幾。果夫忝主蘇政，就任之始，即思為以此為憂，欲謀所以解救之道，先擇其害實先去而功可速就者為之，遂有首浚六塘河以減沂患之舉，因絀於財力，深用徵工政策，徵工浚河吾蘇雖已具成績，然頗多限於一縣一邑，範圍遠不及六塘河之廣，試辦之初，固未嘗不懼其功之難竟也。幸賴民衆之力役相從，與縣之同心協助，卒告成功，今歲沂沭同漲，逆色成災，亦可謂以人定勝天定者矣。為貫徹初衷計，欲復當續辦沂沭尾閭工程，以暢宣洩而竟全功。惟淮運沂沭，淮為最大，沂沭治而淮不治，兹非澈底解救江北水患之道，爰由省府自動導淮入海，實為今日急

《苏省导淮入海工程计划书》：告淮域民众书

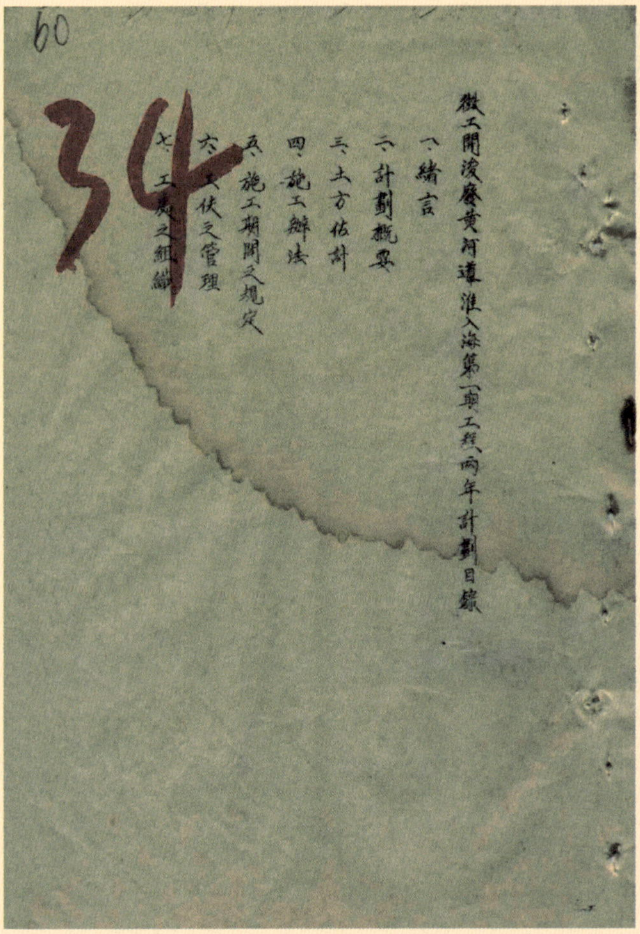

徵工開浚廢黃河導淮入海第一期工程兩年計劃目錄

一、緒言
二、計劃概要
三、土方估計
四、施工辦法
五、施工期間之規定
六、夫伕之管理
七、工費之組織

《苏省导淮入海工程计划书》：第一期工程两年计划目录

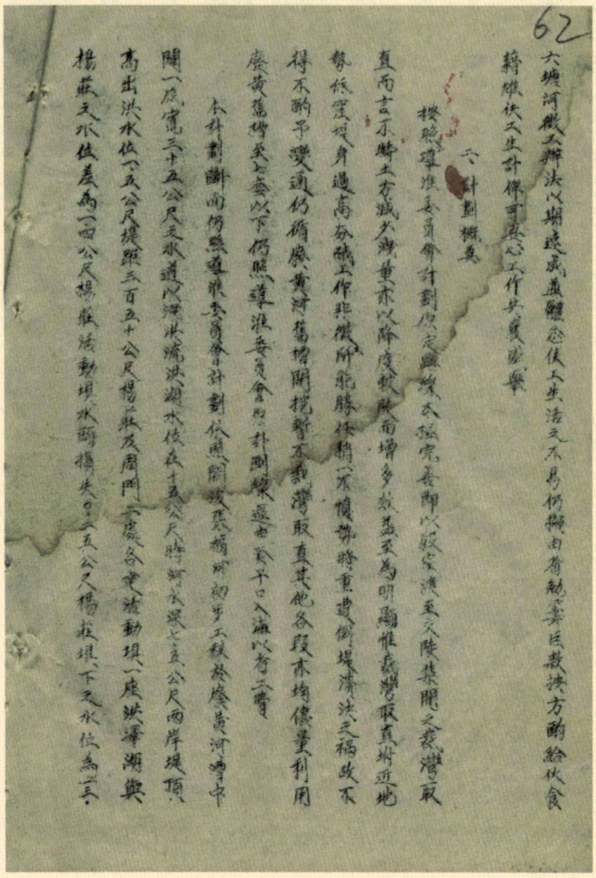

六塘河徵工辦法以期速成並體恤伕工生活之不易仍擬由省動支賑款按方酌給伕食
藉維伕工生計俾可安心工作共襄盛舉

六、計劃概要

按照導淮委員會計劃原定幹線本擬完全即以廢黃河至文陵集開之裁灣取直而言不特土方減少灘面亦以降度較大而增多效益至為明顯惟裁灣取直附近地勢低窪堤身過高勞動工作非徵所能勝任將以不慎勢將重遭潰堤漬決之禍故不得不酌予變通仍循廢黃河舊槽開挖暫不裁灣取直其他各段亦均儘量利用廢黃舊槽至七套以下仍照導淮委員會原計測線逕由套子口入海以省工費

本計劃斷面仍照導淮委員會計劃但照關於蔡橋附初步工程於廢黃河槽中開一底寬三十五公尺之水道以洩洪澤湖水位在十五公尺時河水深七五公尺兩岸堤頂高出洪水位一五公尺堤距三百五十公尺楊莊及周門二處各建活動壩一座洪澤湖與楊莊之水位差為一四公尺楊莊活動壩水頭損失〇·一五公尺楊莊壩下之水位為一三·

《苏省导淮入海工程计划书》：计划概要

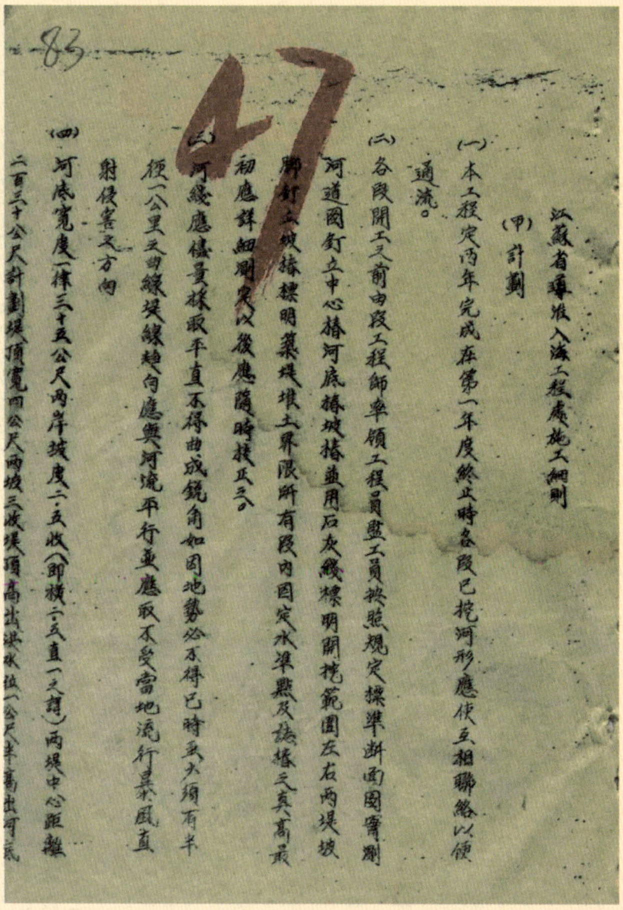

江蘇省導淮入海工程處施工細則

（甲）計劃

（一）本工程定丙年完成在第一年度終止時各段已挖河形應使互相聯絡以便通流。

（二）各段開工之前由段工程師率領工程員監工員按照規定標準斷面圖實測河道圖釘立中心樁河底樁坡樁並用石灰線標明開挖範圍左右兩堤坡腳釘立坡樁標明棄堤堆土界限所有段內固定水準點及該樁之真高最初應詳細測定以後應隨時校正之。

（三）河線應儘量採取平直不得曲成銳角如因地勢必不得已時至少須有半徑一公里之曲線堤線走向應與河流平行並應取不受當地流行暴風直射侵害之方向

（四）河底寬度一律三十五公尺兩岸坡度二·五收（即橫二·五直一之謂）兩堤中心距離二百三十公尺計劃堤頂寬四公尺兩坡三收堤頂高出洪水位一公尺半高出可

《苏省导淮入海工程计划书》：工程处施工细则

工侯規約

(一) 工作時間，不得無故離工或偷懶。

(二) 到工後，非重要事故或疾病，經主管令隊長之許可，不得歸去。病愈事畢，即須回工。

(三) 不准私鬥或聚眾滋事。

(四) 不准直接聚眾要求職員監工處或段所事件，遇有請求事項，亦由隊長或公舉代表陳述。

(五) 休息及睡眠時間，不准賭博及其他妨礙公共秩序之行為。又夜晚不許離棚他往。

(六) 不准沿途拋棄泥土，如有此項情事，須隨時限令挑至規定地点。

(七) 嚴格服從隊長及監工員之約束指導

(八) 工作時間克一律佩帶符号

《苏省导淮入海工程计划书》：工夫规约

全文：

江苏省政府为征工开辟导淮入海工程告淮域民众书

本省江北苦水患久矣，盖淮运沂沭诸水，纵横交错其间，下流壅塞，水无所归，每届夏秋盛涨，动辄泛滥溃溢，几至岁有怀襄之祸，公私损耗，不知凡几。果夫忝主苏政，就任之始，即恝焉以此为忧，欲谋所以解救之道，先择其害宜先去而功可速就者为之，遂有首浚六塘河以减沂患之举，因出于财力，采用征工政策，征工浚河吾苏虽已具成绩，然类多限于一区一邑，范围远不及六塘河之广，试办之初，固未尝不惧大功之难竟也。卒赖民众之力后相从，士绅之同心协助，不半载而厥功告成，今岁沂沭间涨，遂免成灾，亦可谓以人定胜天定者矣。为贯彻初衷计，秋后当继办沂沭尾闾工程，以畅宣泄而竟全功。惟淮运沂沭，淮为最大，沂沭治而淮不治，终非彻底解救江北水患之道，则由吾苏自动导淮入海，实为今日急要之图，第淮之为患，跨越三省，导淮工程，原非一省之力所能独举，所以近数十年来，创议者众，而行之者寡，盖以工艰费钜，非有统制之机关，统筹之力量，无从措手，自中央有导淮委员会之设，导淮事宜，始有负责之机关，整个计划遂以完成。夫中央既有此机关，负斯专责，吾苏独汲汲焉以导淮自任，吾民闻之，或不免多些疑虑，虽然此无庸疑而不必虑也，导淮计划，工程浩大。在中央为策百年永久之计，规划自须宏远，经费亦须雄钜，必待谋定后动，分年举办，是以整个计划，虽已完成，而实施全工，尚感匪易，然则吾苏其安坐以待之乎，势来可以待也，吾苏地居下游，当长淮之冲，十年九灾，蒙害最烈，江北农村，久频破产，工商因而凋敝，经济日就枯竭，伏莽遍野，流亡载道，既切骨服之痛，复滋危乱之阶，及今不图，后患何堪设想，虽欲安坐以待之，而势有所不可也。为死中求活计，不得不亟谋自救之策，果夫日夜焦思，以为彻底解救江北水患，非导淮入海不为功，而在导淮工程中央未全部实施以前，唯有吾苏局部自动先举，考虑再三，终于毅然请命中央，发行水利建设公债，即以其三分之一拨充导淮经费，将以最少之款，求最速之效，采用征工方法，实施导淮委员会初步计划，须出土六千余万公方，期以六百万公款，十六万人力，于两年内完成，以救目前之急，而解倒悬之厄。业经商请导淮委员会赶办施工测量竣事，并提经省政府委员会议决通过，聘任导淮委员会总工程师为顾问工程师，订定导淮入海工程处组织规程，委派处长、副处长、总工程师，赶日组织成立，积极进行，本大无畏精神，为吾民谋福利，巨艰独任，直往无前，明知其事非易而其气不馁者，盖以巨害当前，非取断然之政策，不足以彻底解除，且导淮入海，原为地方人士数十年来所渴望，政从民欲，其势亦不得不早日实行，而鉴于六塘河之往绩，又深悉吾民之克明大义，可与有为也。吾淮域民众，为本身利害计，踊跃赴工，自在意中，省政府为体恤民艰计，仍规定由工程处按民夫所做土方，酌给伙食费，俾资生活，官督于上，民从于下，地方士绅宣传领导协助于其间，群策群力，通同合作，方足以济非常之业，而成不世之功。至应征民夫，凡淮域淮扬、徐淮各属，既皆有关，本应一体并征，惟以徐属距工太远，而海属之灌云、沭阳、宿迁等县，本年尚需征工赶办沂沭尾闾工程，为顾全民力及便于征调起见，决定只就较近之泗阳、淮阴、淮安、涟水、阜宁、宝应、兴化、盐城、高邮、东台、泰县、江都等十二县征集，须知征工导淮，其目的在解除水患，兴辟利源，非可与古代兴无谓之土木，好大喜功，劳民伤财者，同日而语，将来竣工之后，水患既去，水利斯兴，行见灌溉裕给，农田丰稔，交通便利，商业繁盛，变贫瘠之地，为富庶之区，与江南各县，并跻繁荣，以较民国二十年之大水为灾，漂没庐舍，啼饥号寒，其苦乐为何如耶！兹当大工之始，特宣昭告之言，惟吾民共听而勉从之，有厚望焉。

主　　席：陈果夫

建设厅长：沈百先

征工开浚废黄河导淮入海第一期工程两年计划目录

征工开浚废黄河导淮入海第一期工程两年计划

一、序言

导淮委员会自民国十八年成立以后，几经测勘设计，详究得失，始决定以江海分疏为原则，所有全部导淮计划之纲要及入海水道之计划，均经先后公布其入海水道，最后决定由张福河经废黄河至套子口入海，全长约一百七十二公里，河底宽度一百二十公尺，两堤距离三百五十公尺，共需经费三千四百二十六万九千一百元，旋以需费，恐多不易筹措，又有分期实施之规划，其第一期工程除河底宽度由一百二十公尺减为三十五公尺外，一切仍照原计划未曾更动，但仍需工款一千六百万元，终以工大款巨迄未实现。

溯自黄河北从淮不复，故吾苏省适当淮河尾闾，几于十年九灾，民不聊生，故苏省地方人士深望此入海水道早日完成，以减江北陆沉之痛。导淮委员会目前既以初期整理，中运及里运工程正在积极进行，而入海工程所需经费又非常浩大，深感筹款为难，本省政府为促成导淮入海工程早日实现，计援拟与导淮委员会合作，援照修浚六塘河征工办法，以期速成，并体念工夫生活之不易，仍拟由省勉筹巨款，按方酌给伙食，籍维工夫生计，俾可安心工作，共襄盛举。

二、计划概要

按照导淮委员会计划，原定路线本极完善，即以殷家渡至交陵集间之裁弯取直而言，不特土方减少泄量，亦以降度较陡而增多，效益至为明显，惟裁湾取直附近地势低洼，堤身过高，夯碱工作非征工所能胜任，稍一不慎势将重遭倒堤溃决之祸，故不得不酌予变通，仍循废黄河旧槽开挖，暂不裁湾取直，其他各段亦均尽量利用废黄河旧槽，至七套以下仍照导淮委员会原计划线迳由套子口入海，以省工费。

本计划断面仍照导淮委员会计划依照开浚张福河初步工程，于废黄河漕中辟一底宽三十五公尺之水道以泄洪流，洪湖水位在十五公尺时，河水深7.5公尺，两岸堤顶高出洪水位1.5公尺，堤距三百五十公尺。杨庄及周门二处各建活动坝一座，洪泽湖与杨庄之水位差为1.4公尺，杨庄活动坝水头损失0.25公尺，杨庄坝下之水位为13.35公尺，海口水位1.5公尺，周门活动坝水头损失0.25公尺，故杨庄坝下至海口水面总降落为11.6公尺。

本计划因循废黄河旧槽而行，路线略较纡廻计共长168.59公里，故水面比降为0.0000688。

用仆希赫满氏（ ）公式计算流量

Q=A/n*127S5

式中河床糙率系数（九）用0.0225得流量与洪泽湖水位之关系如下：

洪泽湖水位 m	河床宽度 m	比　降	流　速 m15tc	流　量 m315tc
13.5	35	0.0000688	1.060	300
15.0	35	0.0000688	1.210	455
15.5	35	0.0000688	1.025	515

由上表可知洪泽湖水位在十五公尺时流量为每秒四五五立方公尺，查民国十年废黄河最大流量每秒一八三立方公尺，其时杨庄水位为15.19公尺，民国二十年废黄河每秒最大流量为三三九立方公尺，其时杨庄水位为15.82公尺，又查杨庄水位在13.0公尺以下废黄河即无出水量，以此与上表相较，即可见开挖之功效矣。倘洪泽湖口三河活动坝完成以后，洪泽湖平常水位均有13.5公尺，在大水未发以前，入海水道自可先尽量下泄，湖水预为局部腾空，洪泽湖既多此分泄水道，其盈涨之进行自缓达到最高峰之机会亦少，无形中减轻洪泽湖之负担，亦即无形中缩短洪水峰之时间，是三河活动坝完成后入海水道之效用将益见显著也。

（路线参看平面图）

废黄河河床本以沙土居多，挖深以后水头充足，或可由水力冲刷日渐扩大，则事半功倍，尤见经济。

三、土方估计

本计划土方之计算仅根据民国十年淮扬徐海平剖面测量局实测地形图及废黄河河床纵剖面图共取横断面六十九个，为简捷计每一断面，河床及两岸酌取三点平均计算其开挖深度，筑堤地点亦参酌两岸地势平均计算其筑堤高度，此种计算容或与实际情形稍有出入，然大体不致相差过远，勉可用为约估工费及分配工段之根据，一俟施工时自当再加详测并复估之。

全河共计开挖土方共约六千余万公方。

四、施工办法

导淮委员会原计划内在杨庄及周门两处各建活动坝一座，拟仍有［由］导淮委员会建筑，所有开挖筑堤土方概由本省征工办理，全部工程期以二年完成，俾可与导淮委员会二年施工计划同时告竣。

周门活动坝之建筑完全为节制水量抬高水位，以供阜宁一带之灌溉水量。目前里下河以东航运灌溉，导淮委员会一时尚未能举办，则周门活动坝如经费拮据，自可暂缓建筑。惟杨庄活动坝，因欲操纵洪泽湖水位，保持运河水源，必须提前举办，故在施工之初，杨庄拟留二百五十公尺暂不开挖，作建筑活动坝坝基，并防运水流入。至于海口切滩工程拟在第二年办理。

所有工夫概由沿淮有关各县征集，兹为管理便利起见，每一县组成一段，一律住宿工地、就近工作，在实施之前，依照各县应征之工夫多寡计算应做土方，复按两年共摊土方数量划成工段指定地界，已划之工段即责令该县在两年内完成，各县人夫即可不致混杂，责职自专工作地点，又可毋须迁移，效率亦大。

兹为求全部工程一律，并便于技术人员指导起见，再规定施工办法十三条，藉资遵守：

第一条　河线应尽量采取平直，不得曲成锐角，如因地势逼不得已时，至少须有半径一公里之曲线；

第二条　堤线趋向应与河流平行，并应取不受当地流行暴风直射侵害之方向；

第三条　河底宽暂定为三十五公尺，河坡一律为1：2.5；

第四条　两岸堤距规定为三百五十公尺，堤顶宽度四公尺，堤坡一律为1：3；

第五条　开挖河土一律利用堆筑堤身；

第六条　如遇旧堤毋须培修，或挖土有剩余之处，应将剩余挖土堆填堤外，帮宽堤脚；

第七条　培修旧堤除将坡面树皮草根石块除尽外，应切成阶级样子，每蹬高以三十公分为度，与新土层层犬牙相错，逐渐增高；

第八条　建筑新堤，堤基内有树根、草皮、石块、一切植物之枝叶等必须铲除尽净，不得稍有遗留，面层旧土亦须先行扒松再加新土；

第九条　开挖河土料内所有树皮草根概须除净；

第十条　如挖河土料过劣，只能利用填筑堤心，堤顶坡面必须寻觅好土铺盖；

第十一条　新堤基内如有旧时溪流，或崩土之痕迹，及因铲除草根等而挖成之土穴，均应填塞坚实；

第十二条　旧堤上原有灌洞鼠穴，必须严密详查，填塞坚实；

第十三条　渡口或过路，应修1：15之路坡，如系新路，应使勿与堤身成直角，靠河方面应令与水流同一方向下降，靠陆方面应与水流同一方向上升。

五、施工期间之规定

全河开挖土方共计六千余万公方，规定两年完成，每年约须做三千余万公方，堤身利用挖土堆筑，仅须稍事整理，毋用大工。实征工夫十六万人，分配十二段，同时兴工两岸堤距规定三百五十公尺，出土距离约有一百十五公尺，每人每日以出土一公方办计，实做一百四十四日即可竣工，另加雨雪及有特殊事故停工时间作七十日计，七个月可全部完成。

每年工程拟在水涸农隙时举行，预计每年九月一日组织工程处开始筹备，九月十日召集有关各县县长会议，十月一日成立各段工程事务所，规定在十月十五日以前一律开工，所有施工测量、划配工段、签定桩志筑坝戽水、厘定各项章则以及征集工夫、撑搭工棚等一应筹备事宜统限十月十五日以前办理就绪，十月十五日至次年五月三十一日为实施工作时间，次年六月十日各段工程事务所结束，工程处六月底结束，当开始及结束时期人数不必用足，故经常费预算可以九个月计算。

六、工夫之管理

此次征工开浚废黄河人员编制方法，规定各县一律最小单位为分队长，每分队一百人设分队长一人，合十分队为一队，计工夫一千人设队长一人，每县设总队长一人统率之，分队长及队长由各县政府委派区乡镇长兼任，总队长由各县政府建设局长或建设科长或主任科员兼任，各县县长为征工专员，督率各队长负一切征工及管理工夫责任，所有征工办法，除参酌建设厅颁布之各县征工浚河规程办理外，兹将其工作范围规定如下：

1、查编征工清册；

2、查编业户壮丁及代金各项清册；

3、召集工夫；

4、代雇工夫；

5、编配工夫队；

6、率带工夫到达工段；

7、监督工夫到工、退工时间及工作进行事宜；

8、调查及报告逐日到工人数；

9、办理工夫卫生事宜；

10、办理警卫事宜；

11、办理其他关于工夫管理事宜。

各县总队长、队长、分队长均需要常驻工地监督进行。

七、工处之组织

（详见组织规程）

江苏省导淮入海工程处组织规程

二十三年九月二十一日江苏省政府委员会第六九一次会议通过

第一条　江苏省政府为会同导淮委员会办理征工导淮入海工程起见，设立江苏省导淮入海工程处（以下简称本处），直隶属于省政府；

第二条　本处设处长一人，综理本处一切事宜，副处长及总工程师各一人辅助处长办理一切事宜，工程师三人，副工程师四人佐理工程师，工程员、事务员各若干人承长官之命分理各项业务；

第三条　处长、副处长、总工程师由省政府派任，工程师由处长选请、省政府委任，其余由处长选委报请省政府备案；

第四条　本处因事务上之需要得酌用雇员；

第五条　本处为工程进行便利起见，得设段工程事务所，其组织规程另定之；

第六条　本处关于工程上财务事宜得设财务组办理，其办事细则另定之；

第七条　征工所及各区行政督察专员均由省政府委派兼任督察委员，协助本处办理督工事宜；

第八条　征工所及各县县长均由省政府委派兼任本处征工委员，受本处指挥办理各该县征工事宜；

第九条　本规程由江苏省委员会议决公布施行。

江苏省导淮入海工程处段工程事务所组织规程

二十三年九月二十一日江苏省政府委员会第六九一次会议通过

第一条　本所依据江苏省导淮入海工程处组织规程第五条之规定组织之；

第二条　本所设段长兼工程师一人，承处长、副处长、总工程师之命综理本段一切事宜，设副工程师一人佐理工程师，工程员、事务员各若干人承长官之命分理各项业务；

第三条　段长兼工程师由处长选请，省政府委任，其余由处长选委报请省政府备案；

第四条　本所为便利管理工人起见，设队长、分队长各若干人，由各县征工委员委派，报处备案，受本段长官之指挥；

第五条　本所因工程及事务上之需要得酌设监工员、雇员各若干人，由段长委用；

第六条　本规程由江苏省政府委员会议决公布施行。

江苏省导淮入海工程处工程章则

二十三年十月

工段勘察

（一）段事务所成立后，由段长督同所属工程人员及总队长，查觅导淮测量队所定桩志，如有已经遗失或地位移动等情，须即丈量确定复行补设，俾段界及土方数不致舛误。

（二）查勘开挖区域内所有房舍、坟墓、树木等项障碍物，立即通知该地乡长或业主，责令限期迁移或伐除。

（三）指定适宜地点设立监工处。

（四）照规定新河床计划线路，并参酌河道情形指定新河床路线。

（五）如遇河槽曲成锐角，须测定新河床曲线，其半径至少须一公里。

（六）视察河槽积水情形，规定排除办法。

（甲）用分段浚挖法递放。

（乙）挑沟向堤外排放。

（丙）设抽水机向堤外抽戽。

（七）视察旧堤与新河床之距，以规定出土办法。

工段布置

（一）根据全县应征工夫总数，及该段总土方数，计算每名应摊土方数，再按队计算各该队应做长度，按照各该队应做长度，丈量准确，依队号次序定立两岸队界桩，桩顶定一洋钉划界，以示准确，而免争执，界桩应深入土中，兼作坡桩及水准点志桩之用。

（二）队界确定后再划分分队，钉定分队界桩。

（三）每队备队旗一面，（由段事务所发给）每晨八时至十二时，午后二时至六时，各队长将队旗升立，各该队工段在旗帜升立以后及降落以前，工夫必须在工地工作。

帜 式
宽一尺五寸、长三尺

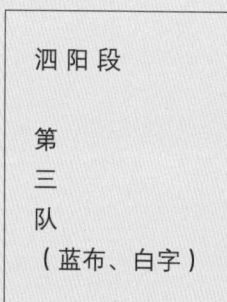

```
┌──────────────┐
│  泗 阳 段     │
│              │
│  第          │
│              │
│  三          │
│              │
│  队          │
│              │
│（蓝布、白字）│
└──────────────┘
```

（四）堤顶内边高度及内坡脚地位，须用竹竿麻线绳放样，俾堆土至规定高度时，即尽量向堤外堆积。

（五）指定各队工棚区域用旗帜或灰线标明。

（六）工夫到工前，分队长将到工人数报告队长，由队长带同到指定地点，领取棚料运至工段，照本处规定图样搭盖工棚，每二十五人设一棚，由分队长指导工夫自行搭设，每棚领用棚料如下：（附工棚图样）

甲种工棚：棚席50张，大竹竿32根，小竹竿21根，蔴皮5斤

乙种工棚：棚席40张，小竹竿97根，蔴皮5斤

1、滨河各县，沿河两岸十里以内所征工夫，一概不发棚料。

2、已发棚料各队一律照规定样式搭棚，不得将棚料移作他项用途。

3、棚料系属公物，在工程未完时期，应由领料队长负责保管，如有损失，不得补领，工程完竣之后，仍应缴还。

点验工夫及征催手续

（一）各分队工夫到工开工后，五日内由分队长将该队应征及到工人数报告队长，由队长报告总队长或段事务所，同时将花名清册一份交段所，另编工夫号数，填发工夫符号。（附符号式样）

宽一寸，长二寸半

```
┌─────────┐
│    ○    │
│    ○    │
│    淮    │
│    Ⅲ    │
│    玖    │
│    23   │
└─────────┘
```

青莲色印字在白布上，阿拉伯数字墨写

（淮阴段第三队第九分队第二十三号）

如系淮安段即用安字

（二）由段所派员会同总队长或队长赴工作地点照名册点名发给符号，随时限令佩戴胸前或右襟纽扣上，符号一经分发，上工时必须佩带。

（三）于开工十日后，全分队工夫不到者，由队长向段所书面声叙理由，并负责限期到工。

（四）开工十日后，而全队工夫均为到工者，由段所承报工程处办理。

江苏省导淮入海工程处施工细则

（甲）计划

（一）本工程定两年完成，在第一年度终止时，各段已挖河形应使互相联络，以便通流。

（二）各段开工之前，由段工程师率领工程员、监工员按照规定标准断面图实测河道图，钉立中心桩、河底桩、坡桩，并用石灰线标明开挖范围，左右两堤坡脚钉立坡桩，标明筑堤堆土界限，所有段内固定水准点及志桩之真高最初应详细测定，以后应随时校正之。

（三）河线应尽量采取平直，不得曲成锐角，如因地势逼不得已时至少须有半径一公里之曲线，堤线趋向应与河流平行，并应取不受当地流行暴风直射侵害之方向。

（四）河底宽度一律三十五公尺，两岸坡度2.5收（即横2.5直1之谓），两堤中心距离二百三十公尺，计划堤顶宽四公尺，两坡3收，堤顶高出洪水位一公尺半，高出河底九公尺，出土量多则堤身向外加宽，中心距亦加长，在挖土七公尺时，由堤脚至河心应保持一百零七公尺以上之宽度。

（五）各段工程人员应先审察各段地势计划排水方法，先就开浚部分令工夫抽挖泄水沟集中雨水，选择相当地点装机抽水或利用人工戽水，能利用开挖部分次序之先后自动腾挪存水者，应尽量设法免除机力抽水。

（六）各段开挖程序假定如下列各图，各段工程人员仍应审度各地情势，设法选择支配务期出土便利雨水有所归宿而不妨碍工作便于收方为标准。

（此处略去两图）

（乙）出土

（七）开挖河土一律利用堆筑堤身，不得任意抛弃，如有旧堤高埂妨碍运土者，应先加以清除，以增出土效率。

（八）河土出土太多，筑堤有余，应尽量堆填堤外帮宽堤脚，不得任意堆高逾规定高度二公尺以上。

（九）河土出土不敷筑堤时，应就堤内开挖、河岸滩面取土筑堤，距堤脚至少三十公尺，按规定高度加虚高百分之二十，此项筑堤土方应按下方收方。

（丙）土方计算

（十）开浚土方暂定每星期收方一次，未收方前工夫应将所留桩志妥为保管，并将土坑修挖齐整以便计算，监工员应严查土坑，不得有镶边戴帽装腰弓心弓腰峭角等弊。

（十一）开挖河土平均每公方给津贴大洋八分，因开挖深度由浅而深，工作效率悬殊，故津贴单位价分层规定如下表：

土方津贴单位价标准表			
单位价　　工段	上层每公方大洋七分	中层每公方大洋八分	下层每公方大洋九分
自杨庄至七套止（在堤以内开挖）	自平均滩面起至深二公尺止	自深二公尺至深五公尺止	深五公尺以下至新河底
七套至海口（平地开挖）	自平均滩面起至深一公尺半止	自深一公尺半至深四公尺止	深四公尺以下至新河底

（附注）平均滩面应就各小段开挖部分滩面及旧河底高度平均计算

（十二）监工员验收土方，应注意工夫出土之是否遵守规定。如有出土地点不符，沿途抛弃泥土，应责令挑移，否则不得收方。

（十三）监工员验收土方，应将分队队名，实做工夫人数，工作日数，土坑号数，及详细尺寸，平均深度，填列收方表计算土方，交本段工程员或佐理工程师复核无讹，填写发放工资凭单交给队长持单向段工程事务所，由段长签字，分别存转，然后持赴段会计处加填正式收据，领取津贴工资。

（丁）工程做法

（十四）开挖河土至相当深度，工夫应于两坡酌做四收以上之斜坡，以便挑运，筑堤堆土，应先尽外堤脚，倒土铺成堤脚，逐层加高，一律不用跳板。

（十五）培修旧堤，除将坡面树皮、草根、石块除尽外，应切成阶级式样，每蹬高以三十公分为度，与新土层层犬牙相错，逐渐增高。

（十六）建筑新堤，堤基内有树根、草皮、石块、一切植物之枝叶等必须铲除尽净，不得稍有遗留，面层旧土亦须先行扒松再加新土。

（十七）开挖河土料内所有树皮草根一切杂物概须除净，如挖河土料过劣，只能利用填筑堤心，堤顶坡面必须寻觅好土铺盖。

（十八）新堤基内如有旧时溪流或崩土之痕迹，或因铲除草根等而挖成之土穴，及灌洞鼠穴，均须填塞坚实再行加土。

（十九）渡口或过路，应修1∶15之路坡，如系新路，应使勿与堤身成直角，靠河方面应令与水流同一方向下降，靠陆方面应与水流同一方向上升。

（二十）跨越新河交通要道，必须建筑桥梁，或临时搭建木桥以利工作者，应由监工员呈报各段事务所派员详加计划，呈报工程处核夺。

（二十一）各段工程完竣时，应责令工夫将新河河底、岸坡、堤顶、堤坡一律加以修治整齐，以免高卑宽狭不均之弊。

（二十二）本细则如有未尽事宜，由各段事务所参酌实地情形，随时呈请工程处核夺办理。

监工须知

（一）工人点验后，即对其解释施工测量时所设各种桩号之意义，俾工人认清开挖及堆土范围，以免随地倾倒，不合规则。

（二）土坑大小以二十公尺见方为最宜，每分队限制在一坑工作。

（三）土坑间留二公尺之小埂，做来往之行道。

（四）出土由远而近，使工人工作愈做愈便，并可免坑中抛洒。

（五）取土地点及堆土范围既定，即令工人开始工作。

（六）堤之内坡，用竹竿悬麻绳放样，每二分队一个。

（七）堤坡如有不齐，应随时修整。

（八）土坑四角务须方整，以减少收方时之纠纷与计算之错误。

（九）规定每分队每周收方一次，监工员应于先一日通知各队，将土坑挑挖整齐，准备收方。

（十）每次外出收方，必须先行检查绳尺，绳尺长三十公尺，如差数在半尺以上，计算时将实量土坑体积改正之。检查之法，先用皮尺在平地上精密实量三十公尺，两端各设一桩，桩顶各钉一钉，作为逐次校对绳尺之标准，每次出发，必将绳尺拉直，（用力与实量土坑时相仿佛）较量一次（附绳尺改正曲线图）。

（十一）收方时须注意坑边及坑壁是否正直。（坑底是否平坦）

（十二）坑边距离必须在坑坡之中间实量，或用上边与底边两数之平均数。深度必将绳之两端着地，用力帮直，然后以绳做准，用花杆或木尺垂直实量，倘坑底不平，当多量数点平均之。

（十三）收方丈量长宽用小数一位，第二位小数用四出五入法剔除，深度须用小数两位。

（十四）收方时将土坑长宽深度及各平均数随时记载于收方表上（并加绘草图）。

（十五）已经收过土方之坑，坑中之样墩及坡路（准留一条）随时饬令铲除。已经收过土方之坑，随时用石灰石或铁器在土坑壁之面河一面编列号数，如为第五队第二十分队第九坑，则书为5/20/9。

（十六）如第一期工程之坑，第二期工程仍继续取工时，则坑底之一边酌留阶路及第一期与第二期土坑之分界。第二期编号则书于新挖之面河一面土壁上。

（十七）同一土坑，各次收方高度相加，务与总高度相等。

（十八）收方数表上改正体积栏内概填总数，用四出五入法将小数剔尽。

（十九）收方所用绳尺如差数过大，应将每分队土方数加上，或减去改正数。（在绳尺改正曲线图上求出每方体积差，以之乘土方数，即得改正数。）

（二十）监工员于每次收方以后，将收方表计算准确，填写凭单，交由各队长送请段所审核发款。每日应将工段情形详填日报表，呈送段工程师。

（二十一）队长领导每期工款，应由监工员会同监视发放，并填列发款公告表布告大众。

（二十二）各项表格，计算准确，填列清楚，为监工员一部分之效绩。

工夫规约

（一）到工后，非重要事故或疾病、经主管分队长之许可，不得归去。病愈事毕，即须回工。

（二）不准私下或聚众滋事。

（三）不准直接聚众要求职员、监工处或段所事件，遇有请求事项，应由队长或公举代表陈述。

（四）休息及睡眠时间，不准赌博及其他妨碍公共秩序之行为。又夜晚不许离棚他往。

（五）不准沿途抛弃泥土，如有此项情事，须随时限令挑至规定地点。

（六）严格服从队长及监工员之约束指导。

（七）工作时间应一律佩带符号。

（八）关于监工人员所收方数，由段事务所派员抽查，工夫不得要求增加或复收。

（九）工夫住在地点，应由各分队长指定相当场所，指挥工夫设置临时厕所，禁止随地便溺、妨碍公众卫生。

国民党中央陆军军官学校军官训练班
十三期同学录

保管单位： 泰兴市档案馆

内容及评价：

1927年11月国民政府在南京筹设中央陆军军官学校，于次年3月开学，蒋中正、李济深、何应钦分任校长、副校长和教育长，是南京国民政府设置最早的军事教育机构。

中央陆军军官学校军官训练班十三期同学录原由泰兴籍学员潘林所藏。潘林，时年23岁，1934年3月入学，1935年3月出校，所学为步科。《同学录》装帧精美，图文并茂，内容丰富，收录孙中山、蒋介石及教官等人肖像多幅，校景、生活照、各大队学员照若干，并收录有校歌、校史、同学通讯录等共计28项内容。

同学录充分反映了中央陆军军官学校实际是一所以黄埔系为骨干并具现代化训练素质的国民党军事院校，从侧面印证了民国时期军事教育服从于蒋介石的统治需求的办学宗旨，对于研究国民政府军事教育的体制和内容有重要的作用。

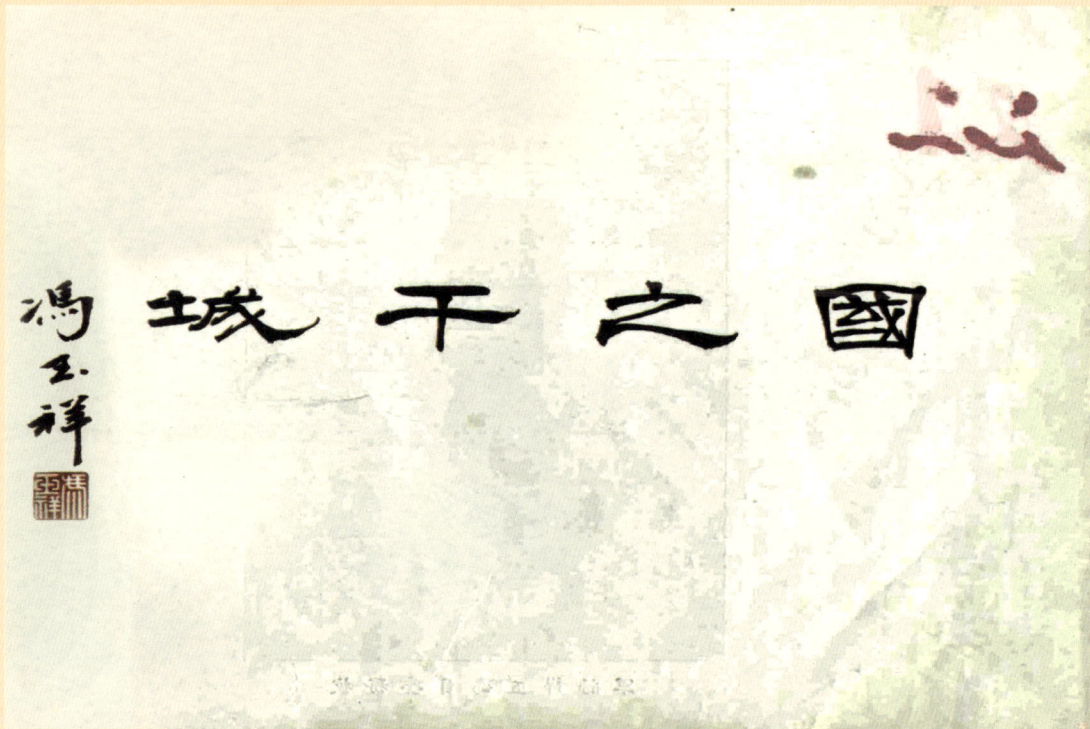

中央陆军军官学校军官训练班十三期同学录：冯玉祥题字——国之干城

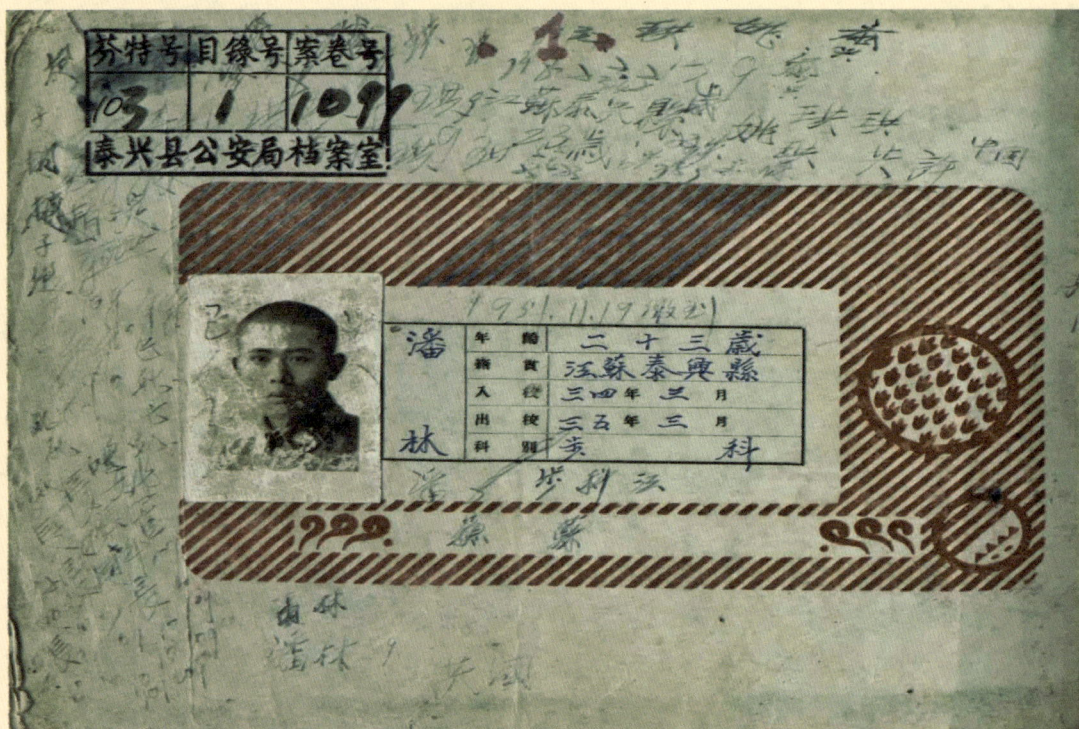

中央陆军军官学校军官训练班十三期同学录：首页

中央陆军军官学校军官训练班十三期同学录：部分教官肖像
（从右至左：钟震、萧爱贤、张国四、申耀庭）

中央陆军军官学校军官训练班十三期同学录：同学名录

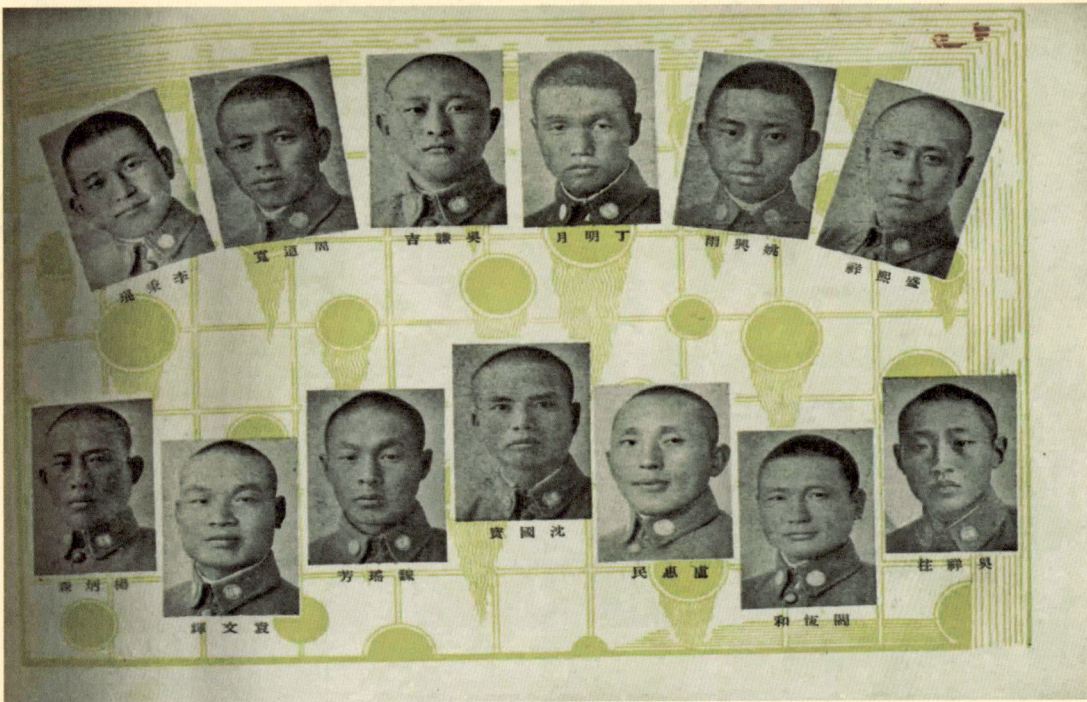

中央陆军军官学校军官训练班十三期同学录：同学肖像

中央陆军军官学校军官训练班十三期同学录：训练照

荣毅仁等
关于"建立湖江工业中心区"的议案

保管单位： 泰兴市档案馆

内容及评价：

1945年，抗战胜利在望，时任无锡茂新面粉公司经理的荣毅仁满怀富国兴邦的雄才大略，提出了"建立湖江工业中心区"的构想，与无锡实业界的几位著名人士薛明剑（国大代表、国民参政会参政）、胡念倩等向国民参政会提交"拟请政府收复江浙后指拨善后救济款铺筑直线公路（四十三公里），沟通长江、太湖间交通，造成物资集中之重心，树立长江下游之工业中心区域"的议案，在国民参政会第四届第一次大会上通过。此后，荣毅仁、薛明剑等人又做了大量工作，形成了《建立湖江工业中心区计划补充书》。因为泰兴地处湖江工业中心区辐射范围之内，该文件抄送至泰兴县政府征求意见，故在泰兴档案馆内存有该文件原文。

60多年前"建立湖江工业中心区"的构想，对现时经济开发区的实践和江苏暨泰州沿江开发战略的提出及实施，都具有重要的启示。

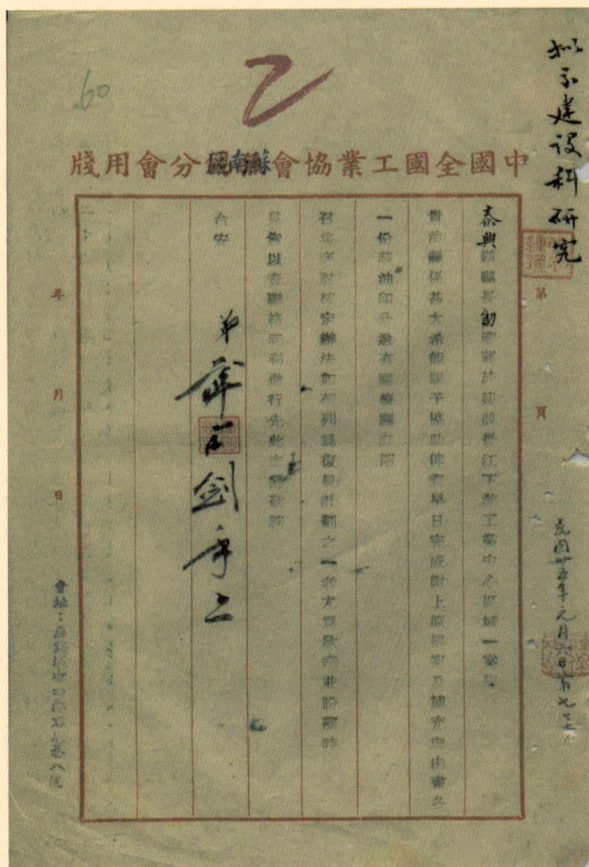

关于建立湖江工业中心区的议案资料之一

关于建立湖江工业中心区的议案资料之二

关于建立湖江工业中心区的议案资料之三

全文：

国民参政会第四届第一次大会决议案之一

拟请政府收复江浙后指拨善后救济款铺筑直线公路（四十三公里），沟通长江、太湖间交通，造成物资集中之重心，树立长江下游之工业中心区域案。

理由：沿太湖之吴兴、长兴、宜兴、武进（常州）、吴县（苏州）、吴江、无锡等七县农产丰富，无旱涝之虞而蚕桑事业尤占全国最繁盛之区。战前无锡一县，工厂林立，有小上海之称，终因交通未甚便利，特产未臻集中，致未能使萌芽之轻工业充分发展，实缘无出海口岸为吐纳集散。查太湖长江间之最短距离为四十三公里，经无锡、江阴二县之西境，若能就此地段铺筑直线公路，联络太湖、长江，革新交通运输方式，造成集中物资之中心，则不特太湖七县之农产可能尽量吸收奠定轻工业之基础，更可使江阴北岸之靖江、泰兴、泰县、兴化、盐城、东台、如皋等县之硝盐棉麦，亦可集中于此区域，树立长江下游之工业中心。况长江江面，在江阴附近，既窄且深，河床稳定，外洋轮船经年可以停泊，其出海距离约二百公里，虽较英国之伦敦离海八十公里、德国之汉堡离海一百二十公里稍远，惟较加拿大之蒙屈里耳离海一千六百公里则近多多矣。苟能就此直线公路之北端，顺长江两岸，建筑近代仓库码头，作上游七省与世界各国交换货物之港口，则目前所谓湖江工业中心区域，日后不难进而成为世界工业都市。

建立湖江工业中心区域费用，约可分下列三部：

（甲）路基之征收。宽四十公尺、长四十三公里之公路，占地约一万市亩，每市亩以万元计，约需一亿元（即一万万元）。

（乙）筑路之器材。建筑本路所需之筑路机器、水泥、钢铁、桥梁及其他器材，均为近代军队所必备之军需，用以开辟飞机场，铺筑军用路。战事结束后，此类军需品之存积必多，战后当可利用。拟由善后救济总署向英美当局接洽捐助调用。兹将器材之名称及数量草拟于后，以供参考。

筑路器材清单：铺筑太湖长江间四十三公里直线公路之用。（一）曳引机四部，（二）水力控制剖土机二部，（三）括地机二部，(四)羊蹄滚机二部，（五）平面机二部，（六）爬土机二部，（七）轻便压气机四部，（八）气劲石钻二十部，（九）轧石机四部，（十）气铲四部，（十一）自卸运货卡车十部，（十二）三和土混拌机十部，（十三）三和土铺砌机十部，（十四）油膏分布机十部，（十五）水泥四万公吨，（十六）钢网三千公吨，（十七）培雷军用桥一千五百米。

（丙）筑路费用。筑路机械之运用，尚须人工及油料，填路基浇路面之碎石，尚须爆炸火药，凡此种种开支，为数亦大。若每方公尺路面之上项铺筑费以一百元计算，则本公路需筑路费约国币一万万三千万元。

办法：直线公路以无锡太湖边之中独山为起点，依星辰方位向北，直趋江阴，约在夏港之东抵达长江，全长约四十三公里。若是定线，则非但南端之太湖湖滨可成幽美之住宅区，北端之长江江边，将成为近代之仓库码头，全区间之纵横运河，当属天然工厂区。凡大都市之必备条件，皆藉此公路呵成一气。加以头披长江如带，脚蹬太湖似球，正南正北作四十三公里不曲不弯之直线，亦足以创立世界新纪录。（一）路基宽度预定为四十公尺，中间电车道铁轨之宽为十公尺左右，汽车道各宽十公尺，以外行人道各宽五公尺。施工标准，照德国特快公路办法，沿途桥梁一律采用培雷军用桥格式。（二）本路建筑经费，请政府交由国际善后救济总署拨发救济无锡江阴两县战后复员经费，实行以工代赈，藉使地方人民获得救济实惠，更可完成未来之湖江工业区，国际亦多利赖。

决议：送请政府采纳施行。

无锡复员委员会第二次会议提案之一

沟通长江太湖间之交通，造成物资集中之重心，建立湖江工业中心区域一案，曾于民国三十四年七月七日国民参政会第四届第一次大会决议，并由明剑等召集在渝有关各县旅渝同乡会主持人会议多次，业经推员拟具详细计划各在案。本县与江阴占本区域重要地位，与今后复员建设关系最大，可否列作本会工作之一，应请公决案。

提案人 薛明剑 荣毅仁 胡念倩 三十四年十二月九日

决议：原则通过。召集有关社团及地方人士另组小组会议，决定办法由胡念倩召集。

建立湖江工业中心区域小组会议

日期 三十四年十二月二十四日下午二时

地点 无锡县政府复员委员会会议室

出席 县政府、县党部、县商会、总工会、运输业、轮船业、锡澄汽车公司、苏南区工业协会等代表十九人。

召集人 胡念倩

记录 薛炯

决议（讨论三小时之久）

组织湖江工业中心区筹备委员会并设立筹备处从事进行。

筹备经费交由委员会另行筹集。

按：筹备时应须办公费用已由各发起人自动认垫并订定垫费办法。

《建立湖江工业中心区计划补充书》封面

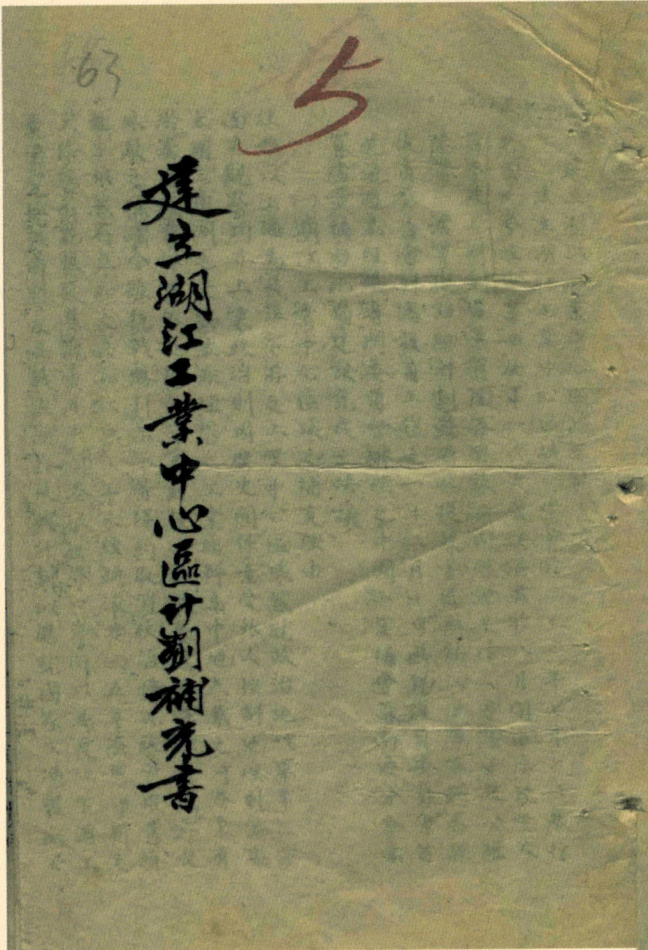

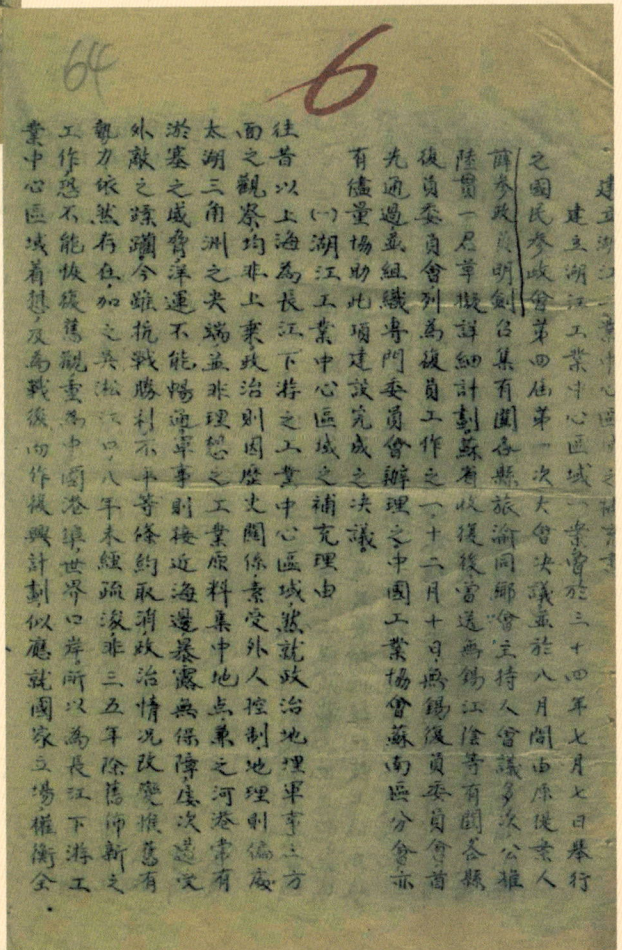

《建立湖江工业中心区计划补充书》首页

《建立湖江工业中心区计划补充书》组织机构
架构图

《建立湖江工业中心区计划补充书》教育事业
之轮廓

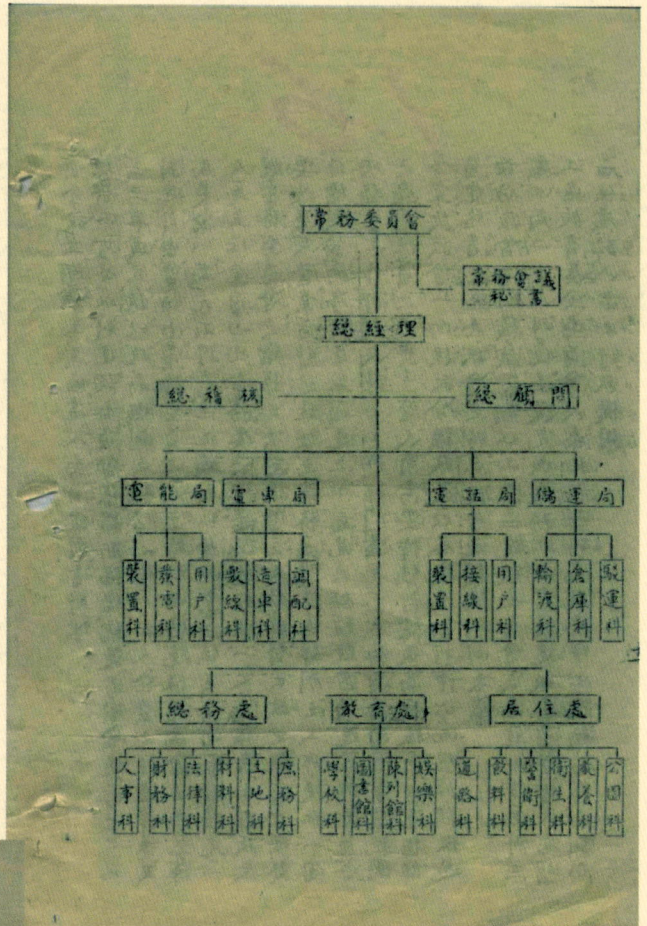

（九）結論

區域之工業化,可分三部,規劃一:基礎事業二:附從工業,三:教育事業等。基礎事業等於人身之骨幹,附從工業等於人身之血肉,教育事業等於人身之頭腦,三者如能精密配合,則康健生活,可博發榮工業,可期。

本計劃以湖江幹路電力電車電話文娟倉庫為組織湖江工業中心區域之骨幹,以其他農商人德運輸服務諸業為其血肉火參伍科學研究院為其頭腦,使其與相協調激織同步榮造成世界最完美之工業都市。

是以本計劃之湖江幹路雖稍越江陰無錫兩縣然其影響乾圖近則又於蘇省十五縣遠則達於長江七省廣被於重洋萬國,端待足以造成我國首要之工業中心,恐南將為世界重要都市之一,高瞻資料積

《建立湖江工业中心区计划补充书》结论

全文：

建立湖江工业中心区计划补充书

建立湖江工业中心区域一案曾于三十四年七月七日举行之国民参政会第四届第一次大会决议，并于八月间由原提案人薛参政员明剑召集有关各县旅渝同乡会主持人会议多次，公推陆贯一君草拟详细计划。苏省收复后，曾送无锡江阴等有关各县复员委员会，列为复员工作之一。十二月十日，无锡复员委员会首先通过并组织专门委员会办理之。中国工业协会苏南区分会亦有尽量协助此项建设完成之决议。

（一）湖江工业中心区域之补充理由

往昔以上海为长江下游之工业中心区域，然就政治、地理、军事三方面之观察，均非上乘。政治则因历史关系，素受外人控制，地理则偏处太湖三角洲之尖端，并非理想之工业原料集中地点，兼之河港常有淤塞之威胁，洋运不能畅通。军事则接近海边，暴露无保障，屡次遭受外敌之蹂躏。今虽抗战胜利，不平等条约取消，政治情况改变，惟旧有势力依然存在，加之吴淞江口八年未经疏浚，非三五年除旧布新之工作，恐不能恢复旧观，重为中国港埠、世界口岸。所以为长江下游工业中心区域着想，及为战后而作复兴计划，似应就国家立场权衡全局，选择最合理想之地点，有重新缔造之必要。

长江下游之工业原料，江北有里下河区域之盐棉豆麦，江南有太湖区域之蚕丝豆麦、石灰烟煤、矽石陶土。两区物质之交流集中，自以江阴靖江之长江岸边，为最适当地点。其他工业原料，犹可利用长江水运，西取诸内地，较上海反近一百公里，东取诸外洋，无须多出运费。所以就工业原料之集中一点而言，江阴、靖江之长江两岸，实最合发展工业之条件。

长江下游工厂成品之市场，不外本区、内地及外洋三处。消耗于本区之成品，自可利用供给原料之运输工具，充回程装载。内地之消耗成品，则水有长江，陆有京沪铁路为之输送，其运输距离既较上海为短，则其运费自亦较廉。至于外洋运输，则江阴、靖江两岸，尤占优越地位。长江江面在江阴附近，既窄而深，河床稳定，远洋轮船终年可以停泊，与吴淞口之需要浚挖，维持航道相较，优劣悬殊。因是能达上海之商舶，均能直达江阴，而能泊江阴之巨船，则因吴淞口之淤浅，尚有不能直泊上海之顾虑。

江阴之出海距离为二百公里，较英国之伦敦（离海八十公里）、德国之汉堡（离海一百二十公里）稍远，但与加拿大之蒙屈里耳(Mengtelier)离海一千六百公里相比，则为近矣。若与上海相较，则上海离吴淞口三十公里，江阴离吴淞口一百五十公里，其间相差一百二十公里，航海船舶均可代为运送，无需另加费用。假使依战前情形，仍用内河运输，则其运输费用，积数庞大，恐非一般人所能想象，故拟移外洋进出口岸于江阴，非特有利于我国人民，并可施惠与海外顾主。

建立工业中心，技工之大量供给，亦占重要地位。战前内地工业之难于发展，战争后开发边疆之难于实现，大量技工不应招募，恐为主要因素之一。然若以江阴、靖江之长江两岸，为建立工业中心区域之核心，则无锡上海，近在咫尺，气候水土、风俗习惯，均属相同，两地之熟练技工，不难大量罗致。

长江下游最富庶之区，为太湖区域。太湖长江间之最短距离，为四十三公里，其线即经过无锡江阴两县之西境（参阅地图）。若能就此地段铺筑直线公路，连接太湖长江，敷设电线钢轨，革新交通运输，则集中物质之重心，得以造成。南足以控制太湖，吸收全区物产，北足以拦截长江，构成港口，总揽华东七省，吞吐世界。

直线公路，拟取无锡太湖边之中独山为起点，依星辰方位，向北直趋江阴，约在夏港之东，抵达长江，长约四十三公里。如是定线，则南端至太湖湖滨，可成幽美之住宅区，北端之长江江边，将为近代之仓库码头区。中间之纵横运河，当属天然之工厂区，大都市之必备条件，皆籍此公路，呵成一气，蔚成大观。若能进而锐意经营，假以年月，则不难越伦敦而超纽约。盖伦敦市区之直径，不计三十公里，且无大陆作其工业之仓库，而纽约虽有大陆作其仓库，但缺少长流大河作其运输动脉也。

然直线公路之伟大，尚不止此。顶披长江如带，足蹬太湖似球，正南正北，作四十三公里不曲不弯之直线，亦足以创立世界新纪录。他年再事扩充，东达浏河，西通芜湖，南接钱塘江，北抵连云港，完成大十字网，则魁梧磅礴，气象更非一般都市所能比拟也。

工业之发展，击与原料、市场、技工三者之精密配合，而以交通辅其不足，扩充吞吐面积，就此四项而论，则长江下游之工业中心区域，当以江阴靖江之长江两岸为最合理想。

就军事一层言，空中侵袭，需赖空中防御，离海远近，并无重要分别。然就陆地防御立论，则离海较远，可减削敌人海军之威胁，增加防守陆军之实力。江阴离海口二百公里，有要塞三重，最近海口有吴淞口之南石塘及石洞口之狮子林两炮台，稍西有狼山福山之对峙炮台，再西有黄山十圩港之要塞，所以在军事立场，江阴实较上海隐蔽，易于防御。

根据上述，就政治、地理、军事三方考虑，均有从新建立长江下游工业中心区域之必要，而长江太湖最接近之段，实为最合理想之工业中心地点，且足为世界最伟大之工业都市。

（二）湖江干路之特点

太湖长江间直线公路，为正南正北之广衢大道，起于无锡太湖边之中独山，暂止于江阴夏港之长江江岸，约四十三公里。其宽度预定为四十公尺，中间为电车道或铁道，左右为汽车道，各宽十公尺。最外为人行道，各宽五公尺。施工标准，则按照德国特快公路（Express highroad），沿途桥梁，一律采用培雷军用桥(Bailey military bridge)。该路之特点，更有下列五点：（甲）象征划时代之建设，（乙）扩大建立工业之面积，（丙）供应市民最合理想之居住区，（丁）解除民用飞机场之交通困难，（戊）预留将来扩充之余地。

（甲）象征划时代之建设。象征汉唐之工业者，有西安古城；象征元明清三朝之强盛者，有北平古都；象征国民政府之刷新精神者，有南京新市。而本干路之举筑，允能以划时代之建设，象征此次抗战之不屈不挠毅力，中华民族之中正气魄、伟大精神。象征之道如何？其特点有三：一太湖之浩荡，二长江之雄浑，三联接两者之直线公路，长四十三公里，作绝对南北向。

（乙）扩大建立工厂之面积。建立工厂之地点，须备多种条件，而用水供给之丰富，及交通之便利，实为主干，湖江干路南端之太湖，北端之长江，中间之运河，均有取用不竭之水；自有干路，则交通之缺陷，将不复存在，处处尽为建厂佳地。

（丙）供给市民最合理想之居住区。湖江干路，联接太湖于工商区域，如是则环湖一带，皆可为平民建筑居住之所。居住本区者，沉陶于优美风景之中，所得精神上之调剂，性情上之陶冶，保持朝气，非人力所能致，金钱所能买，此为本区得天独厚之处，恐非其它大都会所能具备。

（丁）解除民用飞机场之交通困难。近代大都市之交通，必须有航空联络，故飞机场为不可少之单位。然因飞机升降，所需面积过大，古都名市不得不在离市心较远之处，添筑新时代产物之飞机场。然其缺点，即自机场市区间之交通困难。湖江工业中心区域系簇新之时代建设，当然可预为飞机场选定合理地点，解决交通困难。本计划拟设定飞机场两处，一在长江江边，称曰北场，一在太湖湖滨，称曰南场，均靠干路，享市区电车交通及特快公路之便，自有此项机场，则本区之民间飞行工具，可以通航全国。

（戊）预留第二步之计划。建立湖江工业中心之大业，并非一蹴可就，本计划所述之湖江干路，虽提纲挈领，备极重要，但只为起端之先着而已，就大体形势言，本干路须渡江北伸，穿过靖江、泰兴、东台、盐城、阜宁等县，而远至东海海滨，更以近代之交通，吸收淮南里下河全区之物资。南向延伸，渡太湖穿过吴兴、德清、杭县而至钱塘江岸，吸收钱塘江两岸之物产。再自干路起端之中独山，向西直走，穿过常州、宜兴、溧阳、溧水、当涂，而至长江江边，与芜湖打通，开发江南西部之丘陵区域。东向展伸，经过常熟、太仓而至浏河江边，问鼎近海渔业。四至之天然领域，既若是之广，则湖江干路之建筑，自将引起伟大无比之建设事业，足敷数世之努力。

（三）工业之基础—地方公营事业

湖江干路完成后，湖江工业中心区域之形势立定，然欲招徕企业人士，推进工业化之波澜，则尚须建立四项基础事业：（甲）充裕而低廉之电力供给，（乙）迅速而低廉之电车交通，（丙）普遍而敏捷之电话交换，（丁）及时而省功之码头仓库。以上基础事业如能建立，则其他之农商工矿、运输服务诸事业，自能乘时应运，崛起民间，与大局配合，绘成大都市之轮廓。是以本四项基础事业之利钝，关系全区域之兴衰，至其经营原则，应以全区域之福利为前提，若以全区福利为前提，则与私人利益，不无冲突之处。是故本计划主张此项工业基础之推进，应取地方公营方式。兹就设施要点分别举述于下：

（甲）电力供应。本区火力发电厂之合宜地点当为江阴江边，盖就长江水运之便，燃料运费，可以减低，并可得大量供应，无缺乏之虞。

偏处苏省西南角之高淳县东灞镇颇具特殊地形，据调查所知，该处有十余丈高之石堤，阻止皖省东南之水，向东倾泻。若能加以整理，则可使安徽东南角固城、白石、丹阳等湖之水，终年向东注流，转动水力透平，发生电力。该处去无锡中独山（湖江干路起点），约一百二十公里，去芜湖七十公里，皆在高压输电距离之内。果此项水力发电成功，则芜湖与干路全区皆能获充分之低廉电力。

本区域适居战前扬子建设公司，常州戚墅堰电厂之电力供给圈内，该厂之发电能力战前为一万二千千瓦，应即迁建发电厂于江阴，并乘时改革，力求合乎欧美现代标准，如能交本区公营更佳。

（乙）电车交通。湖江干路中间宽十公尺之电车道，拟架线四对，行驶无轨电车四路，左来右去，里快外慢，快车五公里一停，慢车一公里一停，其与锡宜公路、京杭运河、京杭铁路、武青公路、武澄公路，交切之处，皆可设站，以便上下。

本计划选择无轨电车，作干路之交通工具，共有六项原因：（子）电车较火车为清洁轻便，合于都市之用；并且设备费用较低。（丑）无轨电车之设备费用，又较有轨电车为低，且少堵塞轨道阻碍交通之弊。（寅）无轨电车较火车及有轨电车，易于增添支线，联接工厂码头仓库，并且费用低省。（卯）无轨电车之流动性，虽不如汽车，但其运输量较大，且用煤发电，颇合中国之经济条件。（辰）无轨电车之速度，慢车达一小时二十公里，快车可达一小时四十公里，已合一般需要。（巳）如需更迅速之交通，则可于电车之外，利用特快公路行驶轻重汽车，达一小时二百五十公里之速率。

（丙）电话交换。电话有节省时间，迅赴事功之效，但欲尽其用，则线网之分布，务求广远，各地之叫唤，务求准确敏捷。各地电话多系商营，面积只及于城市附近，乡镇只通省营电话，县际电话则归交通部电讯局管理。所以电话网之规模虽具，然管理复杂，呼应不灵，距准确敏捷之期望尚远。本计划之最低希望即为沿湖江干路敷设电话干线，统一无锡、江阴、靖江三县之电话，使成单纯系统，县之间凡工厂、商店、住宅、机关、仓库、码头，均可自由通话，宛在一市之中。

（丁）码头仓库。湖江干路之定线目的，在革新太湖长江间交通运输，造成集中长江下游物资集中之重心。故码头仓库为不可少之设备建筑，并且为联接江南江北之陆运，内地外洋之水运，干路北端之码头仓库，尤为重要，应随干路之开通，首先完成。干路北端，电车线路尽头应为近代轮渡码头，供应江南江北之日常交通，一如旧金山与乌克兰（San Francisco and Ukraine）两埠轮渡之规模。

轮渡码头之左右两侧，定为建筑洋船江轮码头仓库之地段。仓库内外，均应接通电车，以收迅速驳运之效。码头之数目，应随港务之发展向东西两端延伸，沿江增筑。

至于干路南端之湖滨码头仓库中间之京沪铁路码头仓库，亦系重要，可逐一建筑。至若离轮渡码头较远之码头仓库，及其他属次要者，似可由私人自由建筑。

（四）经费之来源

湖江干路之铺筑与夫基础事业之举办，实在需要大量资金。本计划主张，由省乡热心公共福利之父老硕望及政府当局，设法产生正当之推进机构，向苏宁善后救济分署及敌伪财产处理委员会暨国内外各方，筹措大量建设经费，铺筑干路，举办各项基础事业，而即以事业之收益，专作本区教育事业之经费。如是则本区工业愈繁荣，基础事业之收益亦愈大，收益愈大，则教育经费愈充足，教育事业愈发达，教育愈发达，则本区工业愈繁荣，一环三连，推毂前进，循进化途径，优入无上至境。

募集建设经费之方法有六项：

（甲）政府建设专款。建立湖江工业中心区域，系政府之责任。本计划希望国府为长江七省之福利，江苏、浙江两省政府为两省工业之前途，指拨专款，推进本计划之实现。

（乙）政府教育专款。干路范围之内，人口最为稠密，国府、省府自负有人民教育之责任。本计划希望政府能一次指拨若干教育专款，试办以工业养教育，以教育兴工业之新方法。

（丙）地方战事赔款。本区沦陷最早，受敌踩躏最久，地方精华剥削殆尽，其应受战事赔款，似亦合理。本计划希望政府及地方人士能了解发展本区域之全国重要性，而同意将应得之赔款，局部或全部移作本计划实施之用。

（丁）地方士绅捐款。本计划之设施，均有永久公益之性质。其影响最大、受益最切者，当为江阴、靖江、无锡三县，其次即推常州、苏州、吴江、吴兴、长兴、宜兴等滨湖六县，及泰兴、泰县、兴化、盐城、东台、如皋等江北六县。合十五县之热心地方福利人士，本集腋成裘之原则，解囊捐助，共谋本地方之百年大计。如其进行，具有规模，则进而求外国人士之同情解囊赞助，亦属易事。

按：已于三十四年十二月二十三日由江阴、靖江、无锡三县地方发起人士，拟定发起人塾款办法，作筹备之用。

（戊）善后救济总署苏宁分署。国际善后救济总署苏宁分署，负沦陷区收复后之地方善后与救济使命。本计划希望该署能以广义之救济方式，向国外筹措建筑公路之最新式机械器材，指拨经费，以最短时间完成湖江干路及其北端之长江轮船码头，及初步轮船靠泊之码头仓库，并酌量情形，推进前述之基础事业，以代救济本区域琐细枝节工作。

（己）外国企业投资。关于电力、电车、电话、码头、仓库之创办，如情形许可，不妨以合资或独资经营方式，招致外国企业家投资，定以年限，期满后无条件归还，充教育基金。

（五）筑路及江边码头仓库费用

本计划建立湖江工业中心区域之第一步骤，为铺筑湖江干路四十三公里，建筑长江两岸之轮渡码头，及干路北端靠南岸轮渡之轮船码头仓库，兹分别估计其费用如下：

（甲）筑路费用。

（子）路基之征收。宽四十公尺、长四十三公里之公路，占地约一万市亩，每市亩以一万元计，约需一万万元。

（丑）筑路之器材。铺筑本路所需之筑路机器、水泥、钢铁、桥梁及其他器材，均为近代军队用以开辟飞机场、铺筑军用路所必备之军需品，战事结束后此类军需品之存积必多，大可利用。本计划拟由善后救济总署向英美当局接洽，捐助调用。兹将器材之名称及数量草拟于后，以供参考。

筑路器材清单（铺筑太湖长江间四十三公里直线公路之用）

1、曳引机(drag attract machine)四部（每部美金七千五百元）

2、水力控制铲土机(hydraulic scraper)二部

3、括地机(scraper)二部（每部美金五百元）

4、羊蹄滚机(goat hoofed roller)二部

5、平面机(leveler)二部

6、爬土机(raker)二部

7、轻便压气机(easy gas presser)四部

8、气动石钻(pneumatic stone drill)二十部

9、轧石机(stone rolling machine)四部

10、气铲(pneumatic shovel)四部

11、自卸运货卡车(autodischarging truck)十部

12、三和土混拌机(concrete mixer)十部

13、三和土铺砌机(concrete pavior)十部

14、油膏分布机(ointment distributor)十部

15、水泥(cement)四万公吨

16、钢网(steel net)三千公吨

17、培雷军用桥(bailey military bridge)一千五百米

（寅）铺筑之费用。干路机械之运用，尚需人工及油料，填路基、浇路面之碎石，尚需爆炸火药。凡此种种开支，为数亦大。若以每方公尺铺筑费一百元计算，则公路铺筑费约需一万万三千万元，应请苏宁善后救济分署担任之。

（乙）轮渡码头之建筑费用。干路尽端之长江两岸轮渡码头，须在干路到达点确定后，方可兴工。目前缺少资料，不能切实估计。但该处水位之涨落差，远小于重庆，河床亦少变迁，施工当不十分困难，约略估计当在四千万元左右。

（丙）轮船码头仓库之建筑费用。轮船码头仓库，须视需要，而定建筑之数目，但无论如何，在干路开通之时，至少先备壹座。费用估计约为六千万元。

以上三项费用总结如下：

（甲）筑路费用：

（子）征收路基——一万万元；

（丑）机器材料——拟募借；

（寅）铺筑费用——一万万三千万元；

（乙）轮渡码头——四千万元（南北岸各一座）；

（丙）轮运码头仓库——六千万元（一座）。

共计三万万三千万元（筑路机械及器材特在外）。

（六）干路沿线建筑之规划

干路长四十三公里，其沿线建筑当随人口增加而逐渐充实。然若不先为开端，则人口之迁移，无从推动，不预为规划，将来之市容无从整齐。兹特举述大纲如下：

为举述清楚起见，本篇特定下列四种名称之界说：

道：南北通行之大路曰"道"。如湖江干路，系南北大路，可称曰"泰伯道"，每隔100公尺所筑之平行大路，在东者可称东一道、东二道，在西者，可称西一道、西二道。

街：东西通行之大路曰"街"，凡横截泰伯道之大路，可依其横截处距中独山起点远近，仿纽约市名街方法，称之曰第"几"街，本篇主张每隔一百公尺筑一街，如是则泰伯道长四十三公里可有四百三十条街横截之。

段：街道隔成之方块土地，英名称为（block），今采用苏北土语，意义相近之名称，称之曰"段"。

弄：正方形之段不适于市区密集建筑，故可视情形之需要，在街与街之间添筑一街，划成两个东西长南北短之长方形，此街可名之曰"弄"　如第六十六弄即系第六十六街与第六十七街中间之小街。

城市之发展，普通系辐射形，由小变大，现在世界大城市之长育经过，莫不如是，然泰伯道（湖江干路）之出现，即有四十三公里之局面，则其发展，势必改取脊椎方式。所谓脊椎，即为择定之沿线数点，就彼铺筑街道，赋予市镇雏形，以后逐渐向南北发展，经若干年月，自能沿线衔接，一如今日纽约之百老汇路第五路等情况。

据上所述，泰伯道沿线之重要地点，可择为脊椎者，约有七处，而其中尤以1、2、6、7四处为会扼要：

1、第十街。此为惠山南面，梅园附近，锡宜公路之一段，将来当为最近泰伯大学、太湖风景区及民用飞机南场之市镇。

2、第五十街。此为惠山北麓最接近运河铁路之市镇，其优越条件等于无锡县城之光复门外之大洋桥附近地段。

3、第一百街。此为京沪铁路北面，最接近白荡圩高桥之地点，将来沿白荡圩一带，工厂萌苗，则其繁荣可卜。

4、第二百街。此武（进）青（阳）公路之一段。

5、第三百街。

6、第四百街。此为武（进）澄（江阴）公路之一段，当为最近长江之闹市。

7、第四百三十街。此为最近长江之大街，等于上海之外滩，街之北为轮渡，为公园，为码头，为仓库。街之南，为邮局，为海关，为轮船公司，为贸易大厦。街之西头，当通船坞及民用飞机北场。

为吸引人口迁移起见，就以上七处，铺筑街道，隔成方块，指定商场、农场、工厂、船坞、住宅、学校、公所、公园、医院、法院等建筑范围，然后假以银行贷款之便利，鼓励人民集团建筑。

集团建筑，可以段为基本单位，对于设计筹款营造等项，可以统盘筹划，务以最经济方法，兼求美观实用（一段之面积，以街道之中线计算，为一百公尺见方，合十五市亩）。

（七）教育事业之轮廓

一地文化水准之提高，风俗习尚之纠正，科学计划之推行，须由教育入手。然欲办理教育，达到上述目标，非有充裕之经费，不易收功。是以本计划希望以教育基金为名义，募集大量经费，投资基础事业，而即以其官红利，办理本区教育。如是则为民捐募者，仍用于民。取之于民者，仍还于民，完成以工业养教育，以教育兴工业之连环策略。

本计划于全力助成复旦大学之扩充与发展外，另设科学研究院一所，地点选在太湖中马迹山岛。该岛属武进县管辖，四面环水，离中独山约十公里，距锡宜公路甚近，面积有三十方公里之大，足够发展，而且环境清静，不难造成优良之研究科学区域。本院名称拟定为泰伯科学研究院，以纪念三让天下、文身断发、开化江南之泰伯先贤。

（八）推进机构之产生

本计划之主要目标在建立湖江工业中心区域，实行以工业养教育，以教育兴工业之连环策略。任务既若是之重，意义既若是之大，故推进机构之如何产生，如何组织，如何脱离政潮影响，如何免除国营瞒［颟］顸，皆为事前应加考虑之点。以是本计划之推行，似可仿照美国坦奈西河谷水利建设委员会之组织，由政府明令，设立湖江工业区建设委员会负责办理。坦奈西河谷水利建设委员会系罗斯福总统提出，国会通过，于1933年成立，赋以政府机关之权力，而储以私人企业之伸缩弹性及创造自由。会务由常务委员三人主持，均由总统推荐，国会通过，年俸为美金一万元，不得兼任他职或私营他营。三位之中，由总统指定一人，为主任委员。由此常务委员会委派总经理一人，为该会之行政主脑。常务委员会之职务，为决定该会之大政，监督大政之执行，洽商紧要政策及营业方针。总经理之职务，为贯穿各部门之工作，使在一个目标之下循序前进，并通达上下意见之枢纽，经常传达常务委员会决议于工作部门，及陈白工作部门意见于常务委员会。因事业范围之广阔，性质之差异，主管人员需要特种训练及高度技术，方克指挥合宜。故该会一向采取分权政策，以各处为执行中心，而总经理不过负联络责任。此为该会之特点，与普通机构不同之处。

兹仿该会之组织，试拟湖江工业区建设委员会之系统如下，共计三处四局二十八科。俟建设完成后，湖江工业区建设委员会可改为湖江区教育基金委员会，以泰伯科学研究院为中心，重新改组，而划出居住处归入当地行政机关。

（九）结论

区域之工业化，可分三部规划。一、基础事业，二、附从工业，三、教育事业。基础事业等于人身之骨干，附从工业等于人身之血肉，教育事业等于人身之头脑，三者如能精密配合，则康健生活可博，繁荣工业可期。本计划以湖江干路、电力、电车、电话及码头、仓库，为组织湖江工业中心区域之骨干；以其他农商工矿、运输服务诸业，为其血肉；以泰伯科学研究院为其头脑，使其互相协调激荡，同步发展，造成世界最完美之工业都市。是以本计划之湖江干路，虽暂经江阴、无锡两县，然其影响范围，近则及于苏省十五县，远则达于长江七省，广被于重洋万国，非特足以造成我国首要之工业中心，恐亦将为世界重要都市之一，富庶实利赖之。

革命历史档案

苏中七战七捷形势图

保管单位： 泰兴市档案馆

内容及评价：

苏中七战七捷是指解放战争初期（1946年7月13日~8月27日），华中野战军在苏中地区连战7次，每战皆捷，共歼灭国民党军5万余人。泰州地区是苏中七战之首、尾两战发生地。华中野战军在绝对劣势情况下连战连捷，40天内消灭了几乎是自身两倍的敌军，创造了世界军事史上的奇迹。毛泽东对粟裕的表现非常满意，他评价道："每战集中绝对优势兵力打敌一部，故战无不胜，士气甚高；缴获甚多，故装备优良；凭借解放区作战，故补充便利；加上指挥正确，故能取得伟大胜利。"

苏中七战七捷形势图为七次战斗的详图，是研究全国解放战争史，研究江苏、泰州、泰兴解放战争史的重要史料。

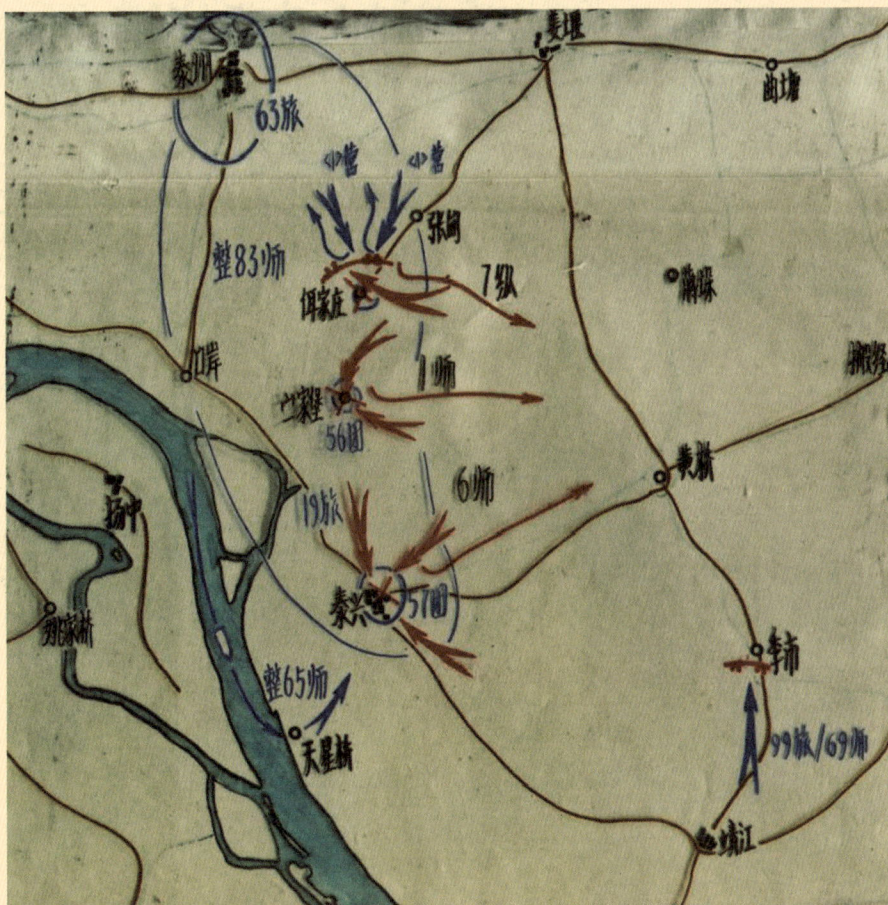

苏中七战七捷形势图之一：宣泰战斗（7:13~7.14）

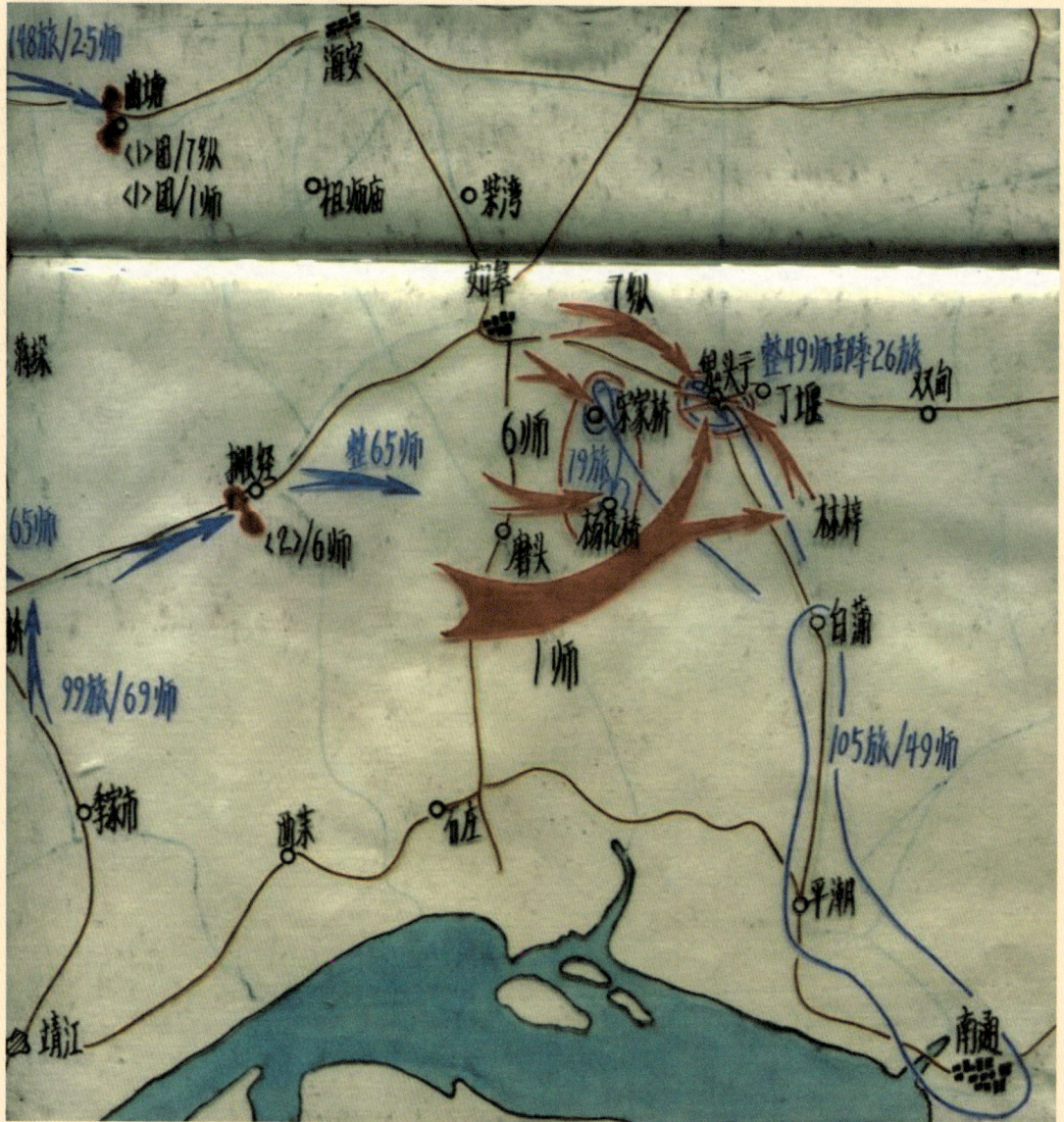

苏中七战七捷形势图之二：如南战斗（7.17~7.22）

苏中七战七捷形势图之三：海安战斗（7.30~8.3）

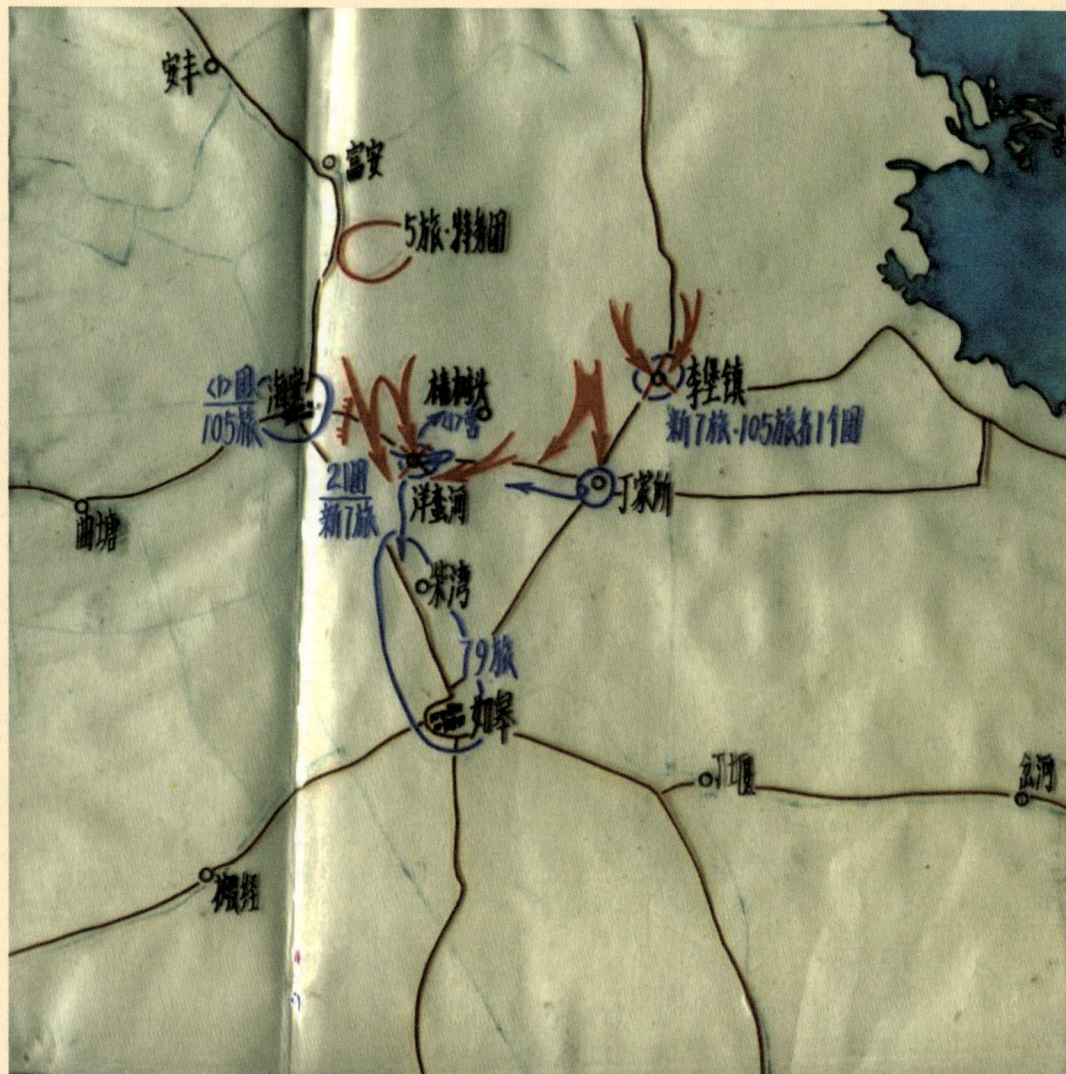

苏中七战七捷形势图之四：李堡战斗（8.10~8.11）

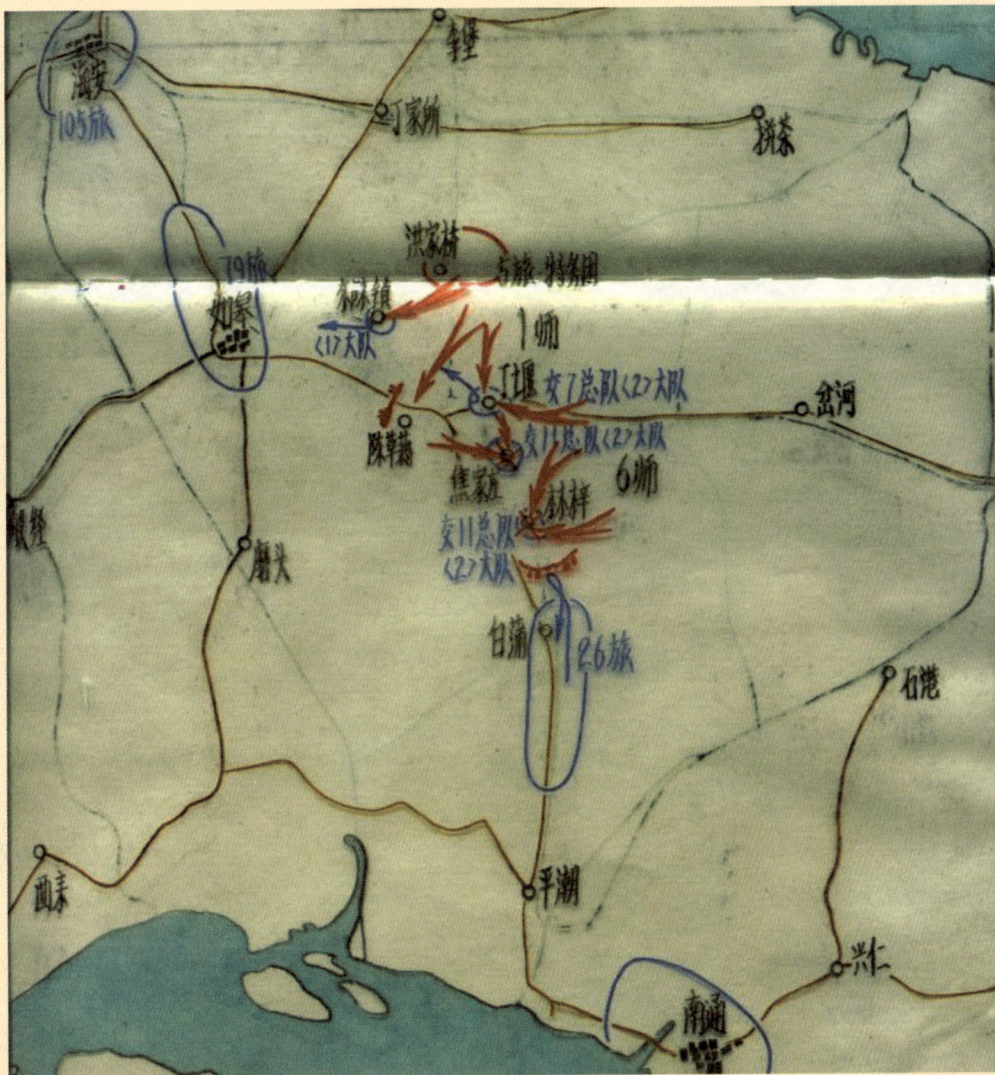

苏中七战七捷形势图之五：丁堰、林梓战斗（8.21~8.22）

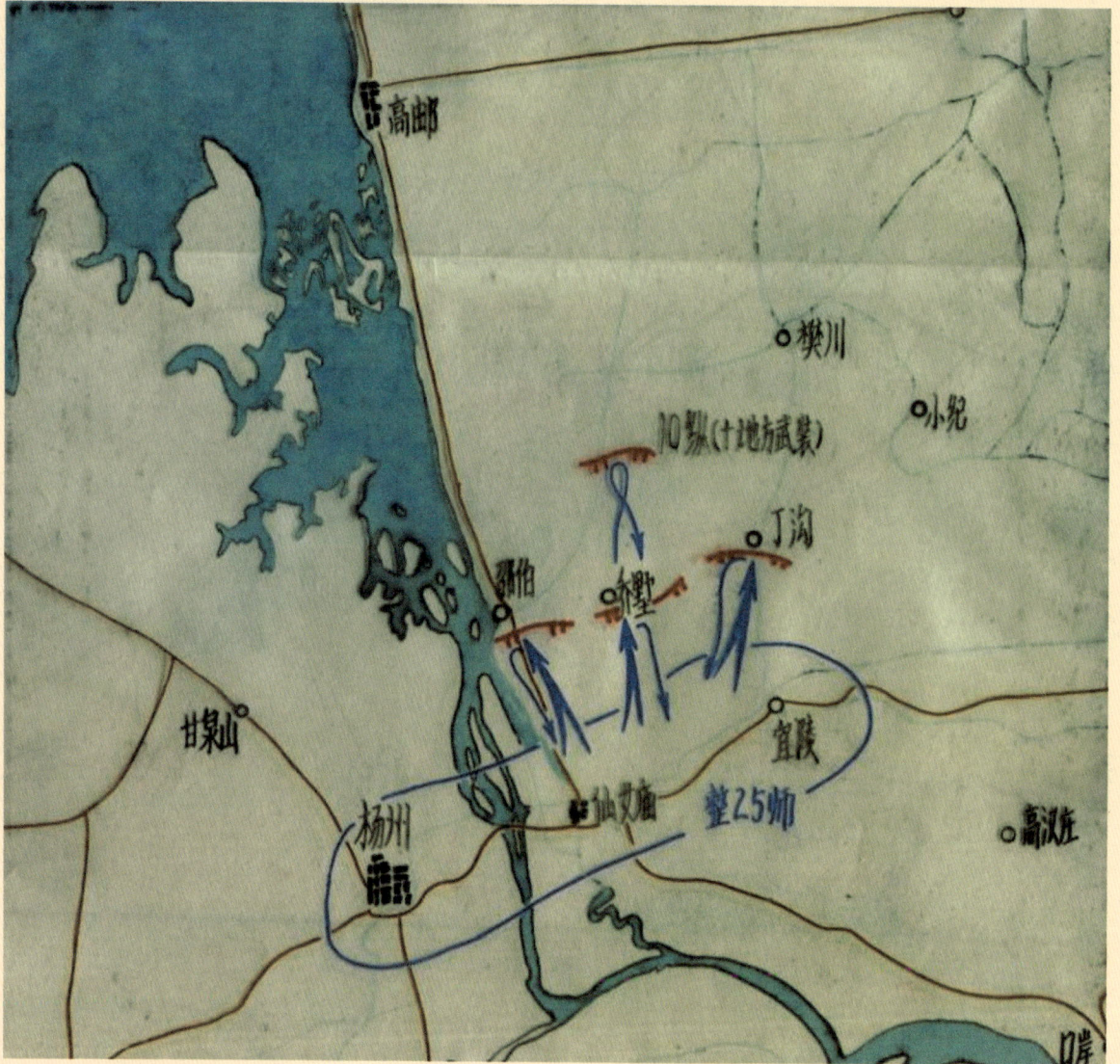

苏中七战七捷形势图之六：邵伯战斗（8.23~8.26）

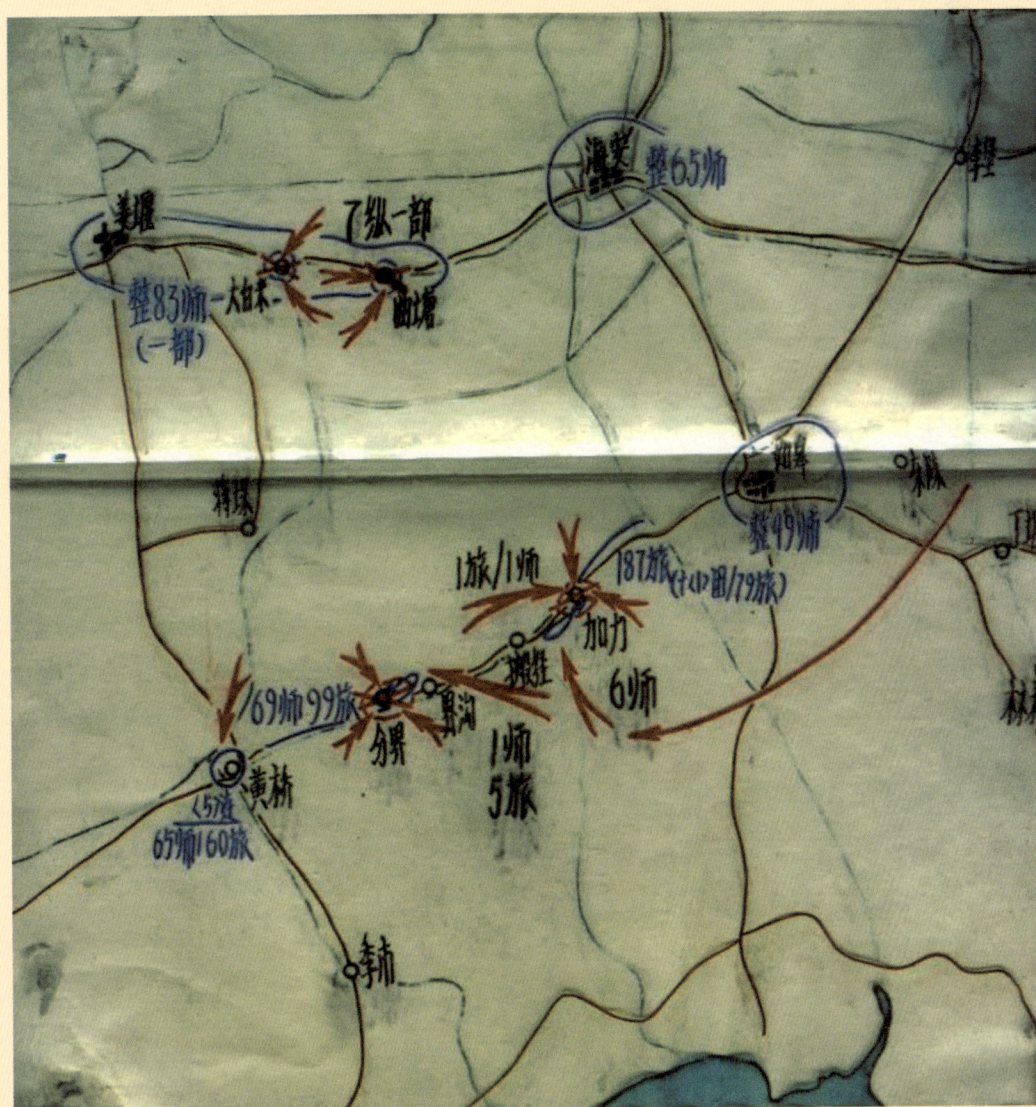

苏中七战七捷形势图之七：如黄路战斗（8.25~8.31）

刘先胜解放战争时期的战斗记录、战后回忆录

保管单位：新四军黄桥战役纪念馆

内容及评价：

刘先胜（1901～1977），湖南省湘潭县人。中国人民解放军高级将领，南京军区原副司令员。1922年参加安源路矿工人大罢工，1924年入党，参加了土地革命战争、长征、抗日战争和解放战争。在任新四军苏北指挥部第三纵队政委期间参与指挥了著名的黄桥决战。1948年后，任苏北军区副司令员、苏南军区副司令员，参与指挥了1949年渡江战役，为解放华东地区作出了贡献。1955年被授予中将军衔。

馆藏刘先胜笔记有两本，一是《解放战争时期关于苏中七战七捷等的记录》，主要内容为苏中七战七捷的概述，包括一般情况、七次战斗的简要经过及主要经验等。二是《关于党的历史上历次战争的回忆录》，回顾了我党参加和领导的北伐战争、土地革命战争、抗日战争、解放战争、抗美援朝战争的经过及意义，并总结概括了毛主席的十大军事原则及对现代战争的指导意义。两本笔记于1999年由刘先胜的后人捐赠进馆，是纪念馆重要的文物之一，为研究刘先胜将军的革命历程以及抗日战争、解放战争史提供了真实史料和珍贵佐证。

黄桥决战时的刘先胜

全文（节选）：

苏中七战七捷的概述

作战时间：1946年7月13日—8月27日

作战地点：苏中地区

作战部队：华中野战军苏北部队1、6师、7纵队

一、一般情况

日寇投降后，蒋匪依仗军事形势，不顾我党的警告和全国人民的反对，于1946年7月间完成了对解放区的进攻部署后，遂即撕毁双十协定，再次发动了全面内战，并于7月13日正式向我华中苏北解放区大举进攻。

7月上旬，敌集中83师、25、49、69师等9个旅18个团的兵力，连同其直属部队及反动保安团等共约10万之众于南通、靖江、泰兴、泰县一线，企图由泰兴、泰县、南通分路进犯，消灭我苏北部队于如皋、海安地区，尔后北犯东台、盐城。

我华中野战军苏北部队，集中1、6师、7纵队共15个团的兵力约2万5千人（1、6师各3个老团、3个新团，7纵队2个二等团、1个伪军起义团）坚决奋起迎击敌之进攻，先后于7月13日至8月27日的一个半月中，组织了宣泰、如皋、海安、李堡、丁林、分界、邵伯等七次战役，予敌以迎头痛击，严重地挫败了敌之进攻，创解放战争首次歼敌的伟大胜利。

二、七次战役的简要经过

1、宣泰战役：

我为粉碎敌之企图，打乱其进攻部署，于7月13日夜，以先发制人的手段，集中15个团的兵力，猛攻宣家堡、泰兴之敌，经一夜战斗，完成了对敌的紧缩包围，14日晚发起总攻，至拂晓1师3个团全歼宣家堡守敌19旅之山炮营及56团全部，6师4个团歼灭泰兴之敌57团大部，残敌一部（不足一营）仍固守一隅顽抗，后因白蒲之敌进犯如皋，靖江之敌北援泰兴，我乃放弃对泰兴残敌之围歼，主力挥师东上歼击进犯如皋之敌。

2、皋南战役

......

3、海安保卫战

......

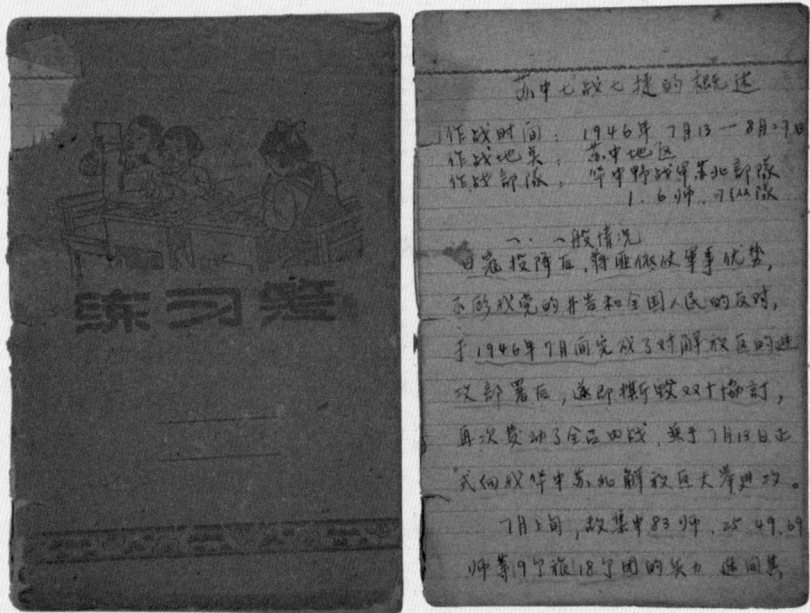

《解放战争时期关于苏中七战七捷等的记录》首页

4、李堡战役

......

5、丁林战役

......

6、邵伯保卫战

......

7、如黄战役

8月23日敌25师向我邵伯进犯时，我1、6师等，5旅特务团于23日晚由丁堰地区经如皋以南向西开进，准备西攻泰县，以策应邵伯作战。25日，部队进抵荡里、加力、古溪、分界一线附近，适黄桥之敌99旅（欠1个营）于25日由黄桥东开，增防如皋城，与我遭遇，我主力当即开展向敌攻击，另以一部兵力于加力附近阻击东台、如城来援188旅及79旅全部、1旅全部、187旅全部、79旅之1个团、160旅之5个连、63旅之1个营（欠1个连），总计俘敌12000余人。这是七次战役中缴获最大、俘敌最多的一役。

以上是七战七捷的简要说明。

三、七战七捷的几个主要经验

华中野战军苏北部队在1个半月的时间内七战七捷，全歼敌七个正编旅、2个交警总队、5个大队，毙俘敌5万6千3百余人，这是一个伟大的胜利。它不仅大量地歼灭了敌人的有生力量，严重地挫败了敌人的进攻锐气，而且也大大地鼓舞了我军的斗志，增强了我军全体军民的胜利信心。

七战七捷所以能取得如此伟大的胜利，除了在政治上由于我们所进行的战争是正义的战争，能得到广大人民群众的积极支持和参加，以及官兵群众战斗积极性的高度发挥外，更重要的是有党中央和毛主席的英明正确的领导。七战七捷充分体现了毛主席的歼灭战思想是具体运用集中优势兵力各个歼灭敌人原则的范例。

七战七捷经验证明：

（一）劣势的军队要战胜优势的敌人，必须集中优势兵力各个歼灭敌人。

苏中当面之敌10万余人，我仅2万5千余人，敌我相较为4与1之比，且我技术装备大不如敌，欲战胜敌人，必须采取战略持久战、战役战斗的速决战，从而贯彻这个作战方针的指导原则，又必须是在战役战斗中集中优势兵力各个歼灭敌人。只有这样才能全歼敌人、迅速解决战斗，也才能改变形势，争取主动。苏中七战七捷就是基于毛主席这个思想指导的。如李堡之战歼敌3个团，我使用了14个团，而且是在运动中打的；分界歼敌2个团，我使用了10个团，也是乘敌于运动中打的；加力之敌3个半团，我一线用了13个团，连同二线使用15、6个团差不多都是4、5个团打1个团，当然这样打法敌人就很难跑掉，也就很快能够解决战斗，即使敌人增援来了，我能打时就可迅速转用兵力去打，若不能打时，就可迅速转移，行动自如，始终可以立于主动地位；分界之战就是由于我集中了绝对优势兵力迅速全歼敌99旅后，才能转兵再歼如城来援的；宣泰之战也是由于我集中兵力迅速全歼敌人之后，才能迅速转兵东向，既避开敌之增援，又打击了皋南之敌。

由此可见，集中优势兵力各个歼灭敌人的原则是弱军战胜强军的根本法则，只有正确而灵活地运用这个原则，才能对敌形成绝对优势全歼敌人，改变并争取主动。

（二）不计一城一地之得失，以歼灭敌人有生力量为主要目标。

实战证明了一条真理：保存了有生力量就会胜利，消耗或被消灭了有生力量就会失败。

苏中七战七捷在一个半月时间内，我军虽然暂时地失去了如皋、海安、黄桥、姜堰等若干城镇，但却换得了歼敌5万6千3百人的辉煌胜利。主席告诉我们：放弃土地是为了保存军力，创造战机消灭敌人。此次我宣泰战役攻克泰兴后，即迅速撤出了该城，这是为了东歼进犯如皋之敌人，没有泰兴城的放弃，就没有皋南歼敌的胜利；又如我主动撤出海安，也是为了诱敌深入，迫敌分散兵力，创造战机，有利于我各个歼灭敌人，没有海安的放弃也不会有李堡、丁林歼敌的胜利。

所以，主席说如果在不利的条件下不愿放弃土地，盲目举行绝无把握的决战，结果丧失了军力之后，必随之以丧失全部土地。这是千真万确的真理，七战七捷是紧紧掌握并运用了主席的"歼敌有生力量为主要目标"这个作战原则的。

（三）必须及时地捕捉战机，巧妙地创造战机，才能更多更好地歼击敌人。

捕捉战机，创造战机，是指挥员能动性的高度发挥，弱军与强军作战更应高度发挥这种主观能动性，才能攻敌制胜。宣泰战役尚未全部结束时，发现敌49师自白蒲向如皋进犯，我即决心放弃对泰兴城一部歼敌之情形，毅然挥戈东上，出敌意外地歼敌49师于运动之中；海安、李堡之敌换防，我抓紧敌人骄傲轻敌、兵力分散的弱点，乘其换防调动忙乱之良好战机，歼击了李堡和海安东调之敌，接着又乘敌后空虚，深入敌腹，攻取丁堰、林梓，打开了深入敌后向西扫荡的大门，为下一战役创造了条件；分界战役如我机械地执行泰县之计划置分界运动中，必将失去歼敌良机；海安保卫战中敌军力量强大，齐头并进，相互靠拢很紧，我不易乘隙进击的情况下，大量消耗杀伤敌人后，主动放弃海安，诱敌深入，造成敌人错觉，迫使其分散兵力，而后出其不意地攻歼李堡之敌，都是完全正确的。

由此可见，指挥员的及时捕捉战机，巧妙地创造良机，是取得此次辉煌胜利的重要因素之一。

（四）高度发扬我军勇敢战斗不怕牺牲、不怕疲劳，与连续作战的优良战斗作风。

优良的战斗作风是我军的光荣传统，大兵团发扬这种作风尤为重要。此次战役证明没有这种优良的战斗作风，在短短的一个半月中就不可能连续地进行七次战役，更不能在七次战役中以劣势的装备战胜优于我四倍的敌人，并连续取得整师、整旅、整团地歼灭敌人的辉煌战果。只有人民的军队，在高度政治觉悟的基础上，才能充分发挥广大官兵的这种战斗积极性和克服困难、忍受艰苦的精神。反人民的军队，进行反人民的战争，无论如何是不可能做到这一点的。

我军的优良战斗作风，从邵伯保卫战中得到了充分的表现。我邵伯守军武器很坏，又系刚成立的兵团，且兵力不足，但在拥有现代装备的敌强大正规军的攻击下，敌人天上有飞机轰炸，水中有炮艇配合掩护，我阵地被打得百孔千疮、工事全毁的情况下，部队伤亡虽大，仍能以无比顽强的精神，以连续的反冲击和数次的肉搏，打退敌人的多次猛攻，终于坚守阵地，摧毁了敌人的进攻，胜利地保卫了华中的门户邵伯重镇，创造了守备战的范例。

战争是人进行的，战争的胜负，决定于人和政治，因为武器和战略战术都是人创造出来的，也是人去掌握和运用的，再好的武器和作战方法，没有好的部队去掌握运用，仍然不能发挥其作用。因此，大力培养和贯彻我军的优良战斗作风是取得胜利的首要条件。

全文（节选）：

我党参加和领导的中国人民战争是从1924年开始的。它经历了北伐战争、土地革命战争、抗日战争、解放战争四个阶段。全国胜利后又参加了抗美援朝战争，在朝鲜战场上与朝鲜人民一道，打败了以美国为首的16个帝国主义国家的侵略军队，取得了现代战争的丰富经验。

长期的革命斗争实践证明，毛主席的军事思想是伟大的、正确的。不论在哪个历史时期，凡是遵循了他的军事路线时，困难就可排除，革命就能迅速发展，胜利就有了可靠的保证；相反，凡是离开了毛主席的军事思想原则，不管客观条件对革命多么有利，革命事业也还是不可避免地要遭到损失。可以这样说，中国人民战争胜利，就是毛主席军事思想、军事学说的胜利，这种比喻是一点也不过分的。

现在学习毛主席军事著作的一天比一天多，这不仅是我们国家内部的情况，国际上也是如此。根据资料介绍，许多兄弟国家都在认真研究主席的军事著作，在苏联专门出版了毛主席的军事论文集。许多民族解放国家的领导人物到我国来访问时，都表示要很好学习毛主席军事著作，他们认为毛主席的军事论文，对他们的民族解放斗争帮助很大。资本主义国家，尤其是美国，也在研究毛主席军事著作，他们认为现代的军事家，包括列宁，都没有像毛主席这样系统的军事论述，这就是说他们也承认了毛主席军事思想对现代战争有伟大的现实意义。当然敌人的研究和我们研究的目的不同，我们是为了学习毛主席的立场、观点和方法，指导作战；敌人则是为了对我采取对策。

毛主席军事思想的英明正确，它融会贯通在每个方面，要想全面的、系统的阐述是困难的，这里仅就各个革命历史时期的斗争情况谈几点粗浅的认识。

（一）北伐战争

……

（二）土地革命战争

……

（三）抗日战争

……

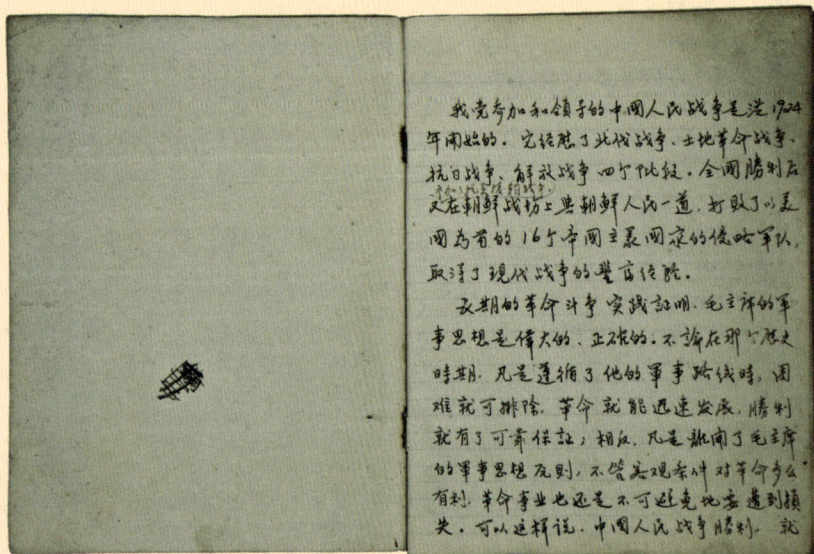

刘先胜晚年《关于党的历史上历次战争的回忆录》首页

（四）解放战争

解放战争是中国人民在共产党和毛主席的领导下，在全国规模上动员、组织和武装起来，反对国民党反动派的英勇斗争。这次战争推翻了反动派政权，结束了蒋介石二十多年来对中国人民的反动统治。

解放战争时期的中国共产党和人民军队，它与抗日战争时期有不同点和共同点。一方面，由于我党我军经过了坚持抗战、坚持团结、坚持进步，党在全国人民中的威信空前提高了，军队力量与后方力量都有了很大的发展。抗战结束时，我军已发展到130万人，并且有220万民兵，1万万人口以上的解放区。这比抗日时期的力量大得多了。但是，在另一方面，国民党还有正规军队200万，非正规军100多万，后方军事机关和部队100多万，全国有三万万人口以上的地区被他控制；日本侵华军队100多万人的全部武装被他接受［收］了，美帝国主义又在军事上、财政上给他巨大的援助。我们呢？经过八年抗战，已经打得很疲劳了，而且数量装备都远不及国民党军队，解放区又很小，而且大部分地区的反动封建势力还未肃清，后方还不巩固。所以情况还是很紧张的，斗争还是很艰苦的。1946年7月国民党向我发起内战，到1947年6月，一年时间内就占领了19万1千平方公里解放区，1千8百万人口，84座大小城市。解放区的面积、人口又缩小了。

在中国人民解放战争时期，毛主席对中国人民的解放事业作出了卓越的贡献。

……

毛主席的十大军事原则

十七个月作战，共歼灭了蒋介石正规军及非正规军一百六十九万人，其中被打死打伤的六十四万人，被俘的一百零五万人。这样，就使我军打退了蒋介石的进攻，保存了解放区的基本区域，并使自己转入进攻。我们所以能够如此，在军事方面来说，是因为执行了正确的战略方针。

我们的军事原则是：

1. 先打分散孤立之敌，后打集中强大之敌。

2. 先取小城市、中等城市及广大乡村，后取大城市。

3. 以歼灭敌人有生力量为主要目标，不以保守或夺取城市及地方为主要目标。保守和夺取城市及地方，是歼灭敌人有生力量的结果，往往需要反复多次才能最后地保守或夺取之。

4. 每战集中绝对优势兵力，四面包围敌人，力求全歼，不使漏网，在特殊情况下，则采取给敌以歼灭性打击之方法，即集中全力打敌正面及其一翼或二翼，求达歼灭其一部、击溃其另一部之目的，以便我军能够迅速转移兵力歼击他部敌人，力求避免打那种得不偿失的或得失相当的消耗战。这样，在全体上，我们是劣势，但在每一个局部上，在每一个具体战役上，我们是绝对的优势，保证了战役的胜利。随着时间的推移，我们就将在全体上转变为优势，直到歼灭一切敌人。

5. 不打无准备之战，不打无把握之仗，每战都应力求有准备，力求在敌我条件对比下有胜利之把握。

6. 发扬勇敢战斗、不怕牺牲、不怕疲劳与连续作战的作风。

7. 力求在运动中歼灭敌人，同时注重阵地攻击战术，夺取敌人的据点及城市。

8. 在攻城问题上，一切敌人守备薄弱的据点及城市则坚决夺取之，一切敌人有中等程度之守备，而又为环境所许可之据点及城市，则相机夺取之。一切敌人守备强固之据点及城市，则等候条件成熟时然后夺取之。

9. 以俘获敌人的全部武装及大部人员，补充自己，我军人力物力的来源主要在前线。

10. 善于利用二个战役之间的间隙休息与整训部队。休整的时间，一般地不要过长，尽可能不使敌人获得喘息时间。

以上这些，就是人民解放军打败蒋介石的主要方法。这些方法，是人民解放军和内外敌人长期作战中锻炼出来的，并完全适合我们目前的情况的。蒋介石匪帮及美帝国主义的在华军事人员，熟知我们的这些军事方法。蒋介石曾经召集他们的将校受训，将我们的军事书籍及从战争中获得的文件发给他们研究，企图寻找对付方法，美军事人员则向蒋介石建议这样那样的消灭人民解放军的战略战术，并替蒋介石直接训练军队，接济军事装备，但是所有这些努力，都不能挽救蒋介石匪帮的失败。这是因我们的战略战术是建立在人民战争这个基础上的，任何反人民的军队都不能利用我们的战略战术。在人民战争的基础上，在军队与人民团结一致、指挥员与战斗员团结一致，及瓦解敌军等项目标的基础上，建立起人民解放军的强而有力的革命的政治工作，这是战胜敌人的重大因素。当着我们避开优势敌人的致命打击，并转移军力求得在运动中歼灭敌人，而主动地放弃许多城市的时候，我们的敌人是兴高采烈了。他们认为这就是他们的胜利和我们的失败。他们被一时的所谓胜利冲昏了头脑，张家口被占领的第二天，蒋介石即下令召集他的反动的国民大会，似乎他的反动统治从此可以安如泰山了。美帝国主义分子也手舞足蹈，似乎他们将中国变为美国殖民地的狂妄计划，从此可以毫无阻碍的实现了。

但是，随着时间的推移，蒋介石及其美（帝）国主义的腔调也发生了变化。现在是一切内外敌人都被他们的悲观情绪所统治的时候。他们哀声叹气，大叫危机，一点欢乐的影子也看不见了。十八个月中，蒋介石的前线高级指挥官大部分因为战败被撤换。这里有郑州的刘峙、徐州的薛岳、苏北的吴奇伟、鲁南的汤恩伯、豫北的王仲廉、沈阳的杜聿明、熊式辉、北平的孙连仲等人，负责指挥全部作战责任的蒋介石的参谋总长陈诚，亦被取消此种指挥职权，降为东北战场的一个指挥官。而在蒋介石自己代替陈诚担任全部指挥的期间，都发生了蒋军由进攻转入防御、人民解放军由防御转入进攻这样一个局面。蒋介石反动集团及其美国主子，现在应该感觉到他们自己的错误了，他们将日本投降以后一个时间内，中国共产党代表中国人民的愿望、力争和平、反对内战的一切努力看作是胆怯与力量薄弱的表现。他们过高估计了自己的力量，低估了革命力量，冒险地发动战争，因而落在他们自己布置的陷阱里。我们的敌人的战略打算是彻底输了。

粟裕使用过的书籍及题词

　　粟裕大将使用过的书籍，包括《反清乡斗争中党与群众工作的基本总结》、《第一期反清乡斗争基本总结》、中共中央华中分局1945年12月印制的中共七大《中国共产党党章》和《战役总结汇集》（卷一、卷二）等，为其女儿粟惠宁、女婿陈小鲁2009年10月捐赠。"在人民革命战争中光荣牺牲的烈士们永垂不朽"，为粟裕1955年12月20日所题。

（1）《反清乡斗争中党与群众工作的基本总结》

保管单位：泰州市档案馆

内容及评价：

　　《反清乡斗争中党与群众工作的基本总结》是粟裕大将保存的抗日战争时期我党的文件。该文件由中共苏中第四地委于1944年1月印制，内容为1943年12月15日地委副书记钟民在组织工作会议上的总结。文件分反清乡斗争中党与群众工作的特点及其变化、反清乡斗争中党的战斗作用与检讨、反清乡斗争中的群众运动、今后党与群众工作的方针与任务及尾语五个部分。该文件对研究抗战时期苏中地方党史具有重要价值。

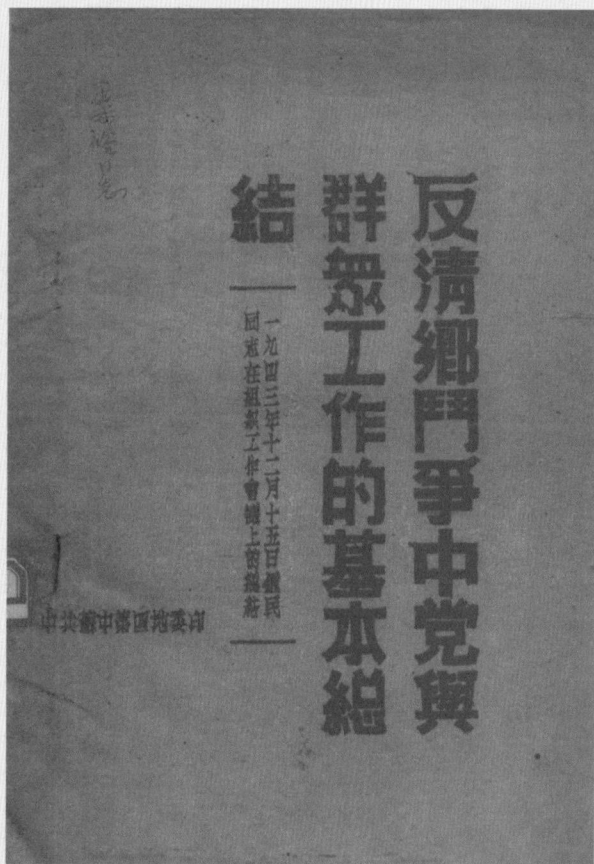

《反清乡斗争中党与群众工作的基本总结》封面

全文（节选）：

反清乡斗争中党与群众工作的基本总结

一九四三年十二月十五日钟民同志在组织工作会议上的总结

第一部份［分］：反清乡斗争中党与群众工作的特点及其变化

一、反清乡斗争中党与群众工作的特点：

由于反清乡斗争的特点产生了党与群众工作的特点。九个月来我们处于反清乡斗争中敌汪企图全面伪化我四分区抗日根据地，除了如皋河北而外全区都处在尖锐斗争中间。在尖锐斗争中的党与群众工作，也产生了以下特点：

（一）敌汪清乡是全面的，综合的，连续的进攻，企图摧毁我抗日根据地，奴役我根据地广大人民，这是一个生死存亡的斗争，是根据地能否存在的问题，所以一切工作必须服从于反清乡斗争，一切工作要为反清乡斗争服务，同时由于斗争的尖锐，情况的多变，在我组织工作上也常常发生变动，因此一切工作都带着突击性，多变性，必须研究敌人行动规律，争取时间和空间的空隙，机动的布置工作，才能适应这个紧张的斗争环境。

（二）敌汪清乡是以优势兵力为基础，以政治斗争为主，并综合军事、政治、特务、文化、经济各方面的力量，向我进攻。我们坚持原地斗争的对策必须以鼓动群众性游击战争为主要斗争形式，因之要确切鼓动广大群众自觉的参加到武装斗争中去，造成党员军事化农村军事化成为党与群众工作的中心一环。

……

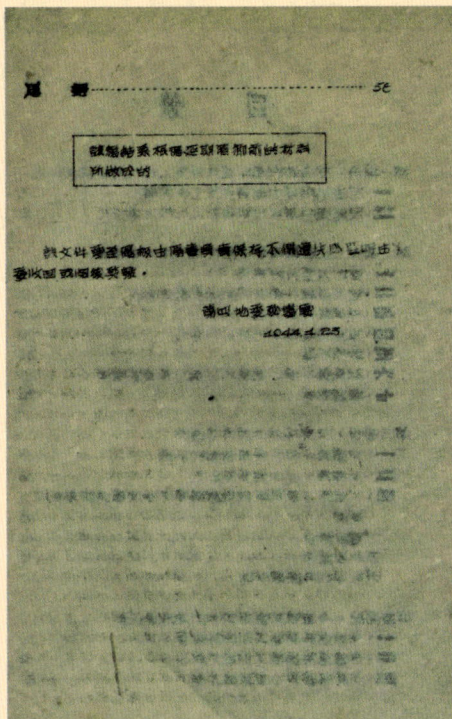

《反清乡斗争中党与群众工作的基本总结》目录

第二部份［分］：反清乡斗争中党的战斗作用与检讨

一、党的力量分布与发展：

（一）党的组织分布与发展，已由中心区扩大至外围区造成敌我包围与反包围互相抵挤的形势，如海启在反清乡前伪化的有廿四个乡，反清乡后共伪化五七个乡，增加了三三个乡。但我在反清乡后新开辟了四三个乡，互相折算我较敌多开展了十乡工作。又如党的组织，反清乡后海启增加了两个区工委，南通增加了一个区工委，共扩大了三个区，乡□海启则增加了五个乡工作，南通增加了廿六个乡，如皋增加了廿一个乡，共扩大了五十二个乡工作，这说明了敌愈向我中心区扫荡清乡，我愈向外围区发展，从我政治影响来说我亦已攻入敌心脏深入据点以内，造成开展市镇党与群众工作的有利条件。

……

二、党在各种斗争中的具体表现与作用：

（一）不同的党员不同的表现：

①动摇叛变自首脱党的共有344个。据现有材料中自首叛变的十八人占被捕人数中11.3%，占全部党员□，这些人成份上大都是中富农知识分子流氓兵痞及一般投机份［分］子，在斗争中经不起艰苦的，或者挂名党员、老油条不进步的；其次是内奸的存在特别值得我们注意，如皋西南西北有好几个支部有内奸，大多是K.M.T布置的，这些内奸大都在各种空隙中生长，一般说民族内奸打入我内部是更为困难，而阶级内奸最易混入我内部，而敌伪或内奸的社会基础多数为对文教人员自由职业者以及和迷信团体帮会有关系的各种人物，因此对这类成份的党员值得特别注意。

……

七、经验教训：

（一）党的组织在严重斗争形势下，必须发展吸收新的积极份［分］子，成为斗争中新生的力量，才能担当起战斗任务，另一方面必须事先处理清洗党内不可靠的份［分］子，才能使党的组织更趋巩固，只有这二者的结合（保存力量同时要发展力量）才能经得起斗争锻炼，担负起反清乡斗争的艰巨任务。

……

第三部份［分］：反清乡斗争中的群众运动

……

一、反清乡斗争中群众运动的特性：

（一）反清乡斗争中的群众运动是以抗日反奸为主的武装性的群众运动，因之群众运动的斗争形式多样化，在反清乡斗争中的夏秋收运动也必须服从于反清乡斗争，发动广大群众团结各阶层力量，以造成全面的抗日反清乡斗争，在斗争手段上是以武装斗争为主，没有武装斗争保卫夏秋收是空的。

（二）反清乡斗争中的群众运动，是以武装斗争为主，同时又是经济政治各方面综合性的群众运动。

（三）反清乡斗争中的群众运动是保卫群众利益与保卫抗日民主阵地结合为一体的群众运动，群众在反清乡斗争中，被敌人烧杀、抢掠、奸淫、逮捕，人民的痛苦空前加深，海启四八乡之内群众五个月所受损失如下：

捐资　五千四百余万

抢粮　三九七八石

鸡鸭猪　五万六千余只

绑票　一九五〇名

拉伕　一万九千人

拆屋　一千二百多间

割青　一千八百廿亩

奸淫妇女　六百多人

杀人　三百多名

……

第四部份［分］：今后党与群众工作的方针与任务

一、今后党与群众工作的新条件：

（一）敌我斗争走上了一个新阶段，已经起了质的变化：

①我们处于更分散的游击环境中，无固定的作战阵地，而敌人在某些地区已取得相当面的控制，敌随时可来抓我人员。

②战争更加频繁，对群众的危害性愈大，群众痛苦更多，我更加要随时随地照顾基本群众利益。

③斗争更复杂，我们要经常准备与敌人作复杂斗争，要善于运用各种组织形式斗争形式，今天已有了正确的政治路线，这就依靠我们有正确的组织路线来保证执行。

……

（2）《第一期反清乡斗争基本总结》

保管单位：泰州市档案馆

内容及评价：

　　《第一期反清乡斗争基本总结》是粟裕大将保存的抗日战争时期我党的文件。该文件由中共苏中第四地委于1944年3月8日印制，内容为1944年2月14日地委书记吉洛（姬鹏飞）在地委扩大会议上的总结报告。文件分反清乡斗争的基本特点、敌我斗争形势演变过程、如何打破敌汪清乡阴谋、我们的胜利、总结和尾语六个部分，并附有苏中四分区清乡前后敌伪据点图。该文件对研究抗战时期苏中地方党史和新四军军史具有重要意义。

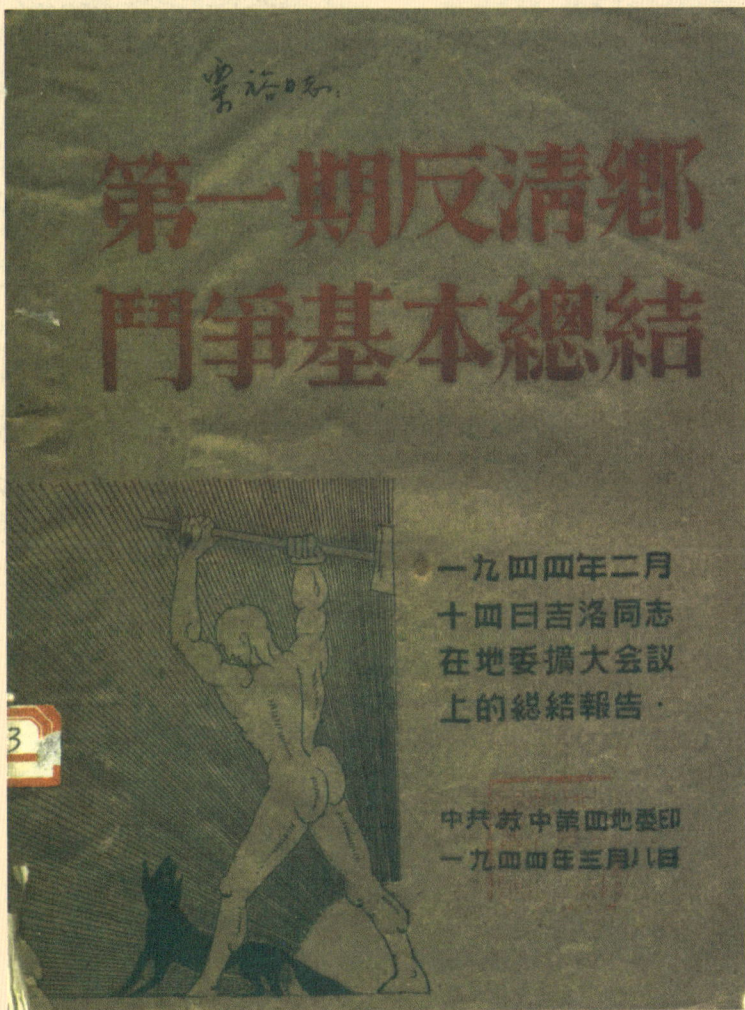

《第一期反清乡斗争基本总结》封面

目 次

《第一期反清乡斗争基本总结》目次、首页

第一期反清鄉斗爭基本總結

（從四月到十二月底）

在敍述之前我要先自首兩說明就是這個總結着重在斗爭形勢方面的問為各個具体工作如部隊工作政权工作民兵工作就與群眾工作動保工作動僞工作都已經分別的有了專門的具体總結過這是我要說明的第一點。

其次在反清鄉斗爭中創造了許多英勇的事例和豐富的經驗教訓因為在緊張的連續的斗爭當中時間上不能客許我們充分的按步就班的自下而上的有系統的進行總結所以這個總結對于具体斗爭具体例子只能就是抽一漏萬寫單的敍述望要靠我们以後在不斷的斗爭中進行不斷的補充與發揮以上兩點就是我在報告以前的要說明的.

第一部份
反清鄉斗爭的基本特点

反清鄉斗爭是一個高度的政治斗爭是敵偽斗爭的高度發展階段在整個國際形勢處于對于法西斯不利的影响之下敵

— 1 —

全文〔节选〕：

第一期反清乡斗争基本总结

（从四月到十二月底）

在报告之前，我首先有两点说明，就是这个总结着重于斗争形势方面的，因为各个具体工作，如部队工作，政权工作，民兵工作，党与群众工作，锄保工作，敌伪工作，都已经分别有了专门的具体总结，这里只是从反清乡斗争形势上来进行原则上的概括总结，这是我要说明的第一点。

其次，在反清乡斗争中创造了许多英勇的事例和丰富的经验教训，因为在紧张的连续斗争当中，时间上不能容许我们充分的按部就班的自下而上的有系统的进行总结，所以这个总结对于具体斗争具体例子只能说是挂一漏万简单的说明，还要靠我们以后在不断的斗争中进行不断的补充与发挥。

以上两点就是我在报告以前要说明的。

……

第一部份［分］ 反清乡斗争的基本特点

反清乡斗争是一个高度的政治斗争，是敌后斗争的高度发展阶段，在整个国际形势处于对法西斯不利的影响之下，敌寇为了挽救其死亡的命运，对敌后便企图由点线的占领，达到对农村的控制，以加强对人力物力之掠夺，因此敌汪研究了过去失败的教训，并综合了过去军事对我的各种经验如十年反共的经验，华北三年治安强化的经验，江南两年清乡的经验，以及强固封锁保甲制度，自首训练等，并以所谓"三分军事，七分政治"之总方针向我进行全面的进攻，这都说明了清乡斗争不是一般的敌后扫荡清剿，是一个高度的政治斗争，是敌后斗争的高度发展阶段，其具体的表现特点：

……

第二部份［分］ 敌我斗争形势演变过程

【甲】反清乡以前敌我概况

（一）在敌伪方面

当时敌人动态，首先是谣言攻势，散布清乡空气企图混乱我之工作步骤，其次是准备干部成立机构进行清乡部署，如训练清乡人员，调整政工团员，集中江南清乡干部选择各县人事部署建立各级清乡机构等等，这时特务亦开始活动到处拉拢关系发展情报组织，加强联络关系，对伪军则加紧强化改编，如伪32师调防改编，为各县保安大队，陈浩天调海门，张坚伯调启东……

……

【丙】斗争发展的规律

（一）从形势上来看

A.斗争是向上的向严重方向发展，在反清乡斗争中最初敌人企图以怀柔欺骗达到和平清乡的目的，但敌人用他自己的行动揭露了他的狰狞面目，由怀柔欺骗转变为大烧大杀以暴力的镇压来达到屈服我抗日人民之目的，因此斗争就更趋严重尖锐。其次反清乡斗争在初期敌人军事清乡的时候一般的说斗争是比较单纯，到了后期斗争便变成了综合复杂多式多样的斗争，每一个斗争中都包括着许许多多的斗争，同时在一个地区进行一种斗争也有不同的内容与不同的特点。再次是斗争由有规则的到不规则的，敌人在初期还能有步骤的有规则的按计划进行清乡，而在我积极斗争之下步调被我打乱了，也就使敌人凌乱不堪、错乱无章，总之这些都说明了斗争是向更残酷更严重更复杂更高的阶段发展。

……

第三部份［分］　如何打破敌汪清乡阴谋

……

【乙】部署对策

（一）普遍深入的政治动员工作

反清乡斗争是一个空前的大事件，在党政群民的思想上，首先应充分的动员，才能提高胜利信心，全面的发挥战斗力量，因此通过了各种形式，各种组织，进行全民的，全面的普遍深入的动员，在四分区，可说这是空前的第一次，不但在基本群众中进行动员，而且在各阶层中进行了动员，并且在不同的时期，不同的斗争中，进行了不断的连续的动员，反清乡斗争时间是长期的，而且斗争形式是多变的，只有不断的深入的动员工作，才能始终保持群众的旺盛情绪，全面的发挥反清乡的力量。

……

第四部份［分］　我们的胜利

【甲】敌汪的失败

（一）战略上的失败，敌人企图全面的伪化，加强面的正规化的伪化统治，完全奴役我四分区三百万人民之战略目的没有达到。

在政治上，敌汪全套的政治阴谋完全破产，敌人用自己的手揭穿其假面，与群众从切身体验中更认识了敌汪的清乡政治本质，认清了敌汪粉饰的虚伪面目，更认识敌汪虚妄无耻的各种政治欺骗宣传，使敌汪清乡的政治资本完全破产与孤立，这是敌汪清乡失败中不可弥补的损失。

在军事上，敌汪企图一举消灭我武装及摧毁我抗日政权，但只是做了一个梦，我们的各项工作，仍公开坚持，我们的各种武装，仍转战于敌人点线之间，我之抗日民主政权，仍屹立未动，这在敌汪的军事企图上是没有达到目的。

在时间上，打破了敌汪原定的六个月清乡计划，拖延了清乡的时间，这对敌汪是非常不利的，因此在政治上军事上时间上都说明敌汪清乡九个月来战略上的失败。

……

第五部份［分］　总结

【甲】优缺点检讨

优点：

（一）能够仔细的研究与掌握上级指示的精神，同时根据上级的指示，在当时当地复杂多变具体的情况下，确定了各种对策，贯彻了上级党的指示，制造了许多斗争的经验教训，完成了上级党所给予的坚持原地斗争的光荣任务，取得了第一期反清乡的胜利。

……

尾语

……

同志们，整个形势对我们是有利的，同时在第一期反清乡斗争中提高与试炼了我们的力量，打下了未来的胜利的基础，在上级党的领导下，在全苏中的配合下，在同志们继续不断的艰苦奋斗之下，我们有充分的条件，克服今后的任何困难，坚持四分区的阵地，坚持到反攻，坚持到最后胜利！

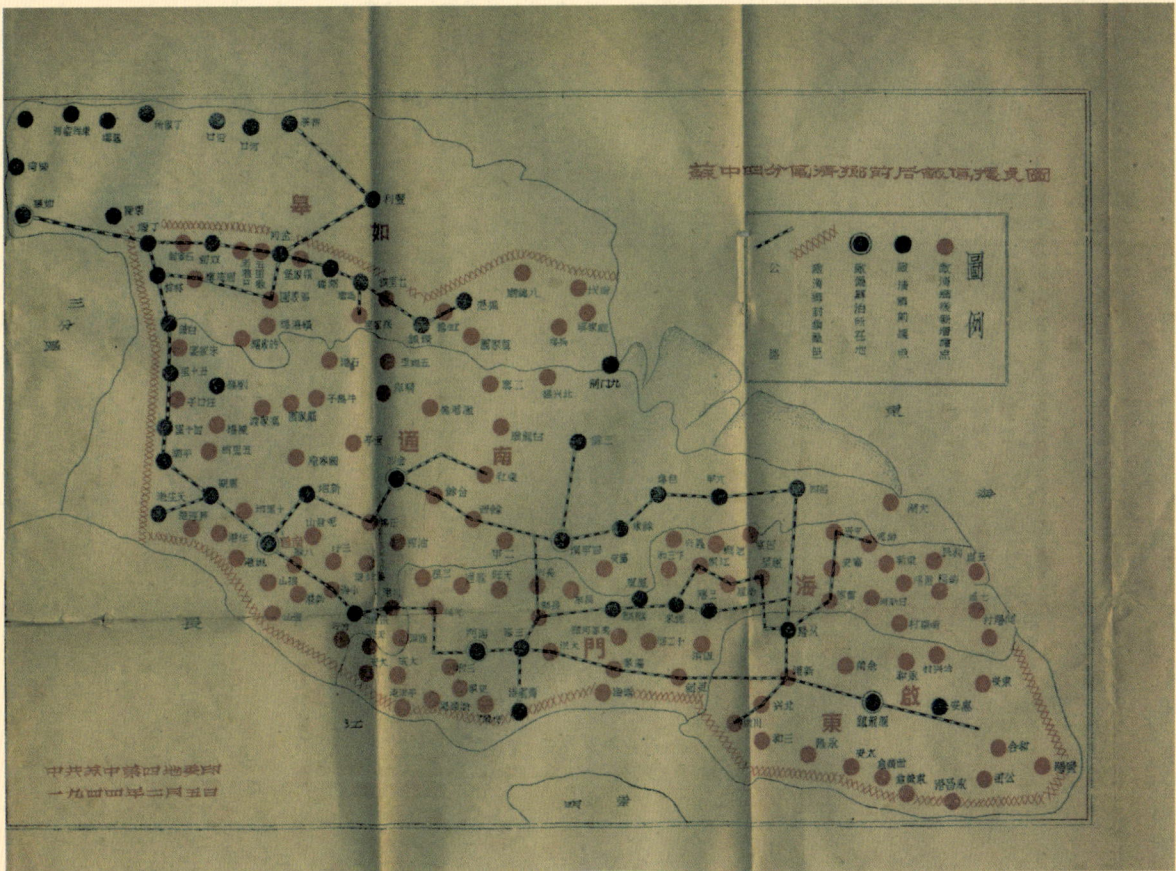

苏中四分区清乡前后敌伪据点图

（3）华中分局印制的《中国共产党党章》

保管单位： 泰州市档案馆

内容及评价：

该党章为中共中央华中分局1945年12月印制，系1945年6月11日中国共产党第七次全国代表大会通过。七大党章确立毛泽东思想作为党的指导思想，在中国共产党的历史上具有里程碑的意义，是民主革命时期最好的一部党章。这部党章对研究中共党史，研究中国共产党思想、理论和政治路线与时俱进的发展轨迹具有重要意义。

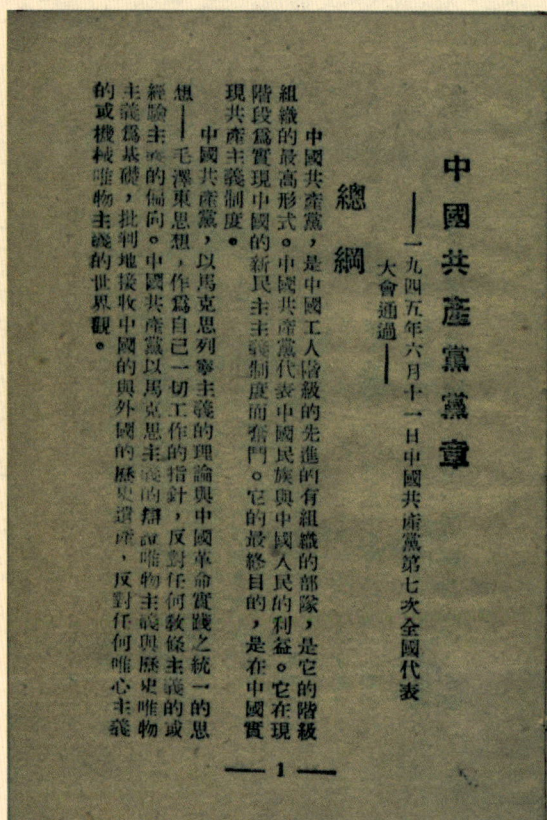

1945年12月中共中央华中分局印制的《中国共产党党章》

（4）《战役总结汇集》（卷一、卷二）

保管单位： 泰州市档案馆

内容及评价：

《战役总结汇集》（卷一、卷二）是粟裕大将使用过的书籍，共两册。书籍由中国人民解放军第二野战军司令部于1949年6月印制。卷一包含邓县作战经验教训、宛西战役总结、郦商战役总结、老襄战役总结、襄樊战役总结五部分内容。卷二包括淮海战役中双堆集歼灭战初步总结、歼黄维兵团初步战术总结、我纵在围攻十二兵团战役中的战术经验、围歼十二兵团战术总结报告、歼灭黄维兵团战术总结报告五部分内容。书中除用详实的文字对各战役、战斗进行总结分析外，还附有大量作战地图、统计表格和战场照片，对研究解放战争史具有重要史料价值，对纪念粟裕大将具有重要意义。

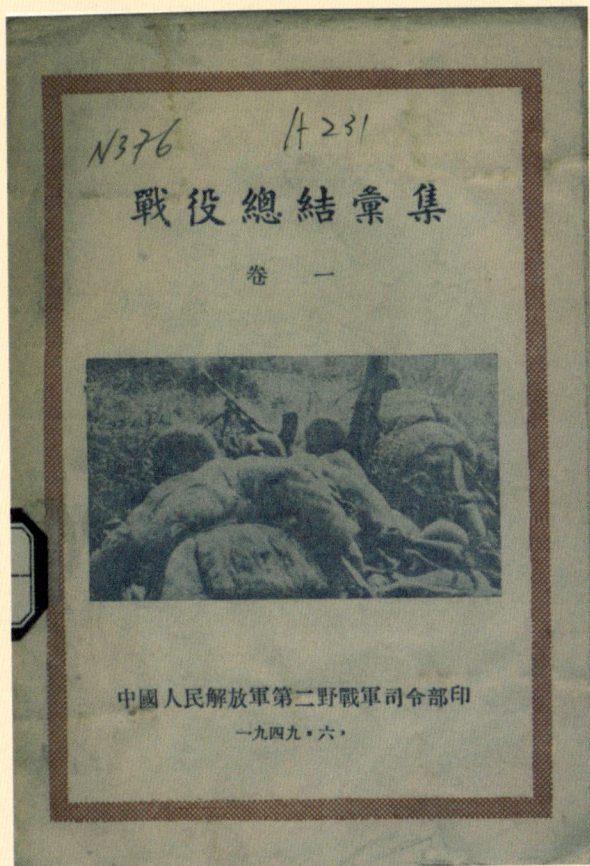

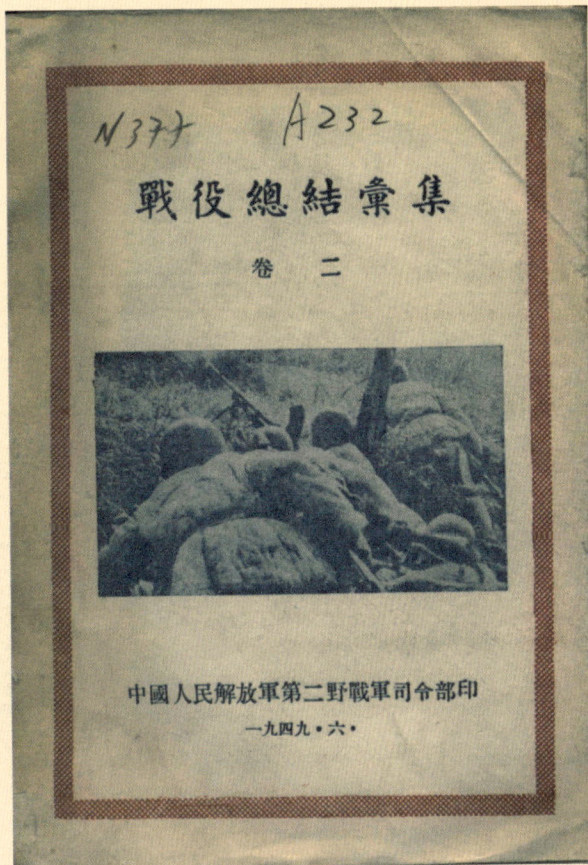

《战役总结汇集》（卷一、卷二）封面

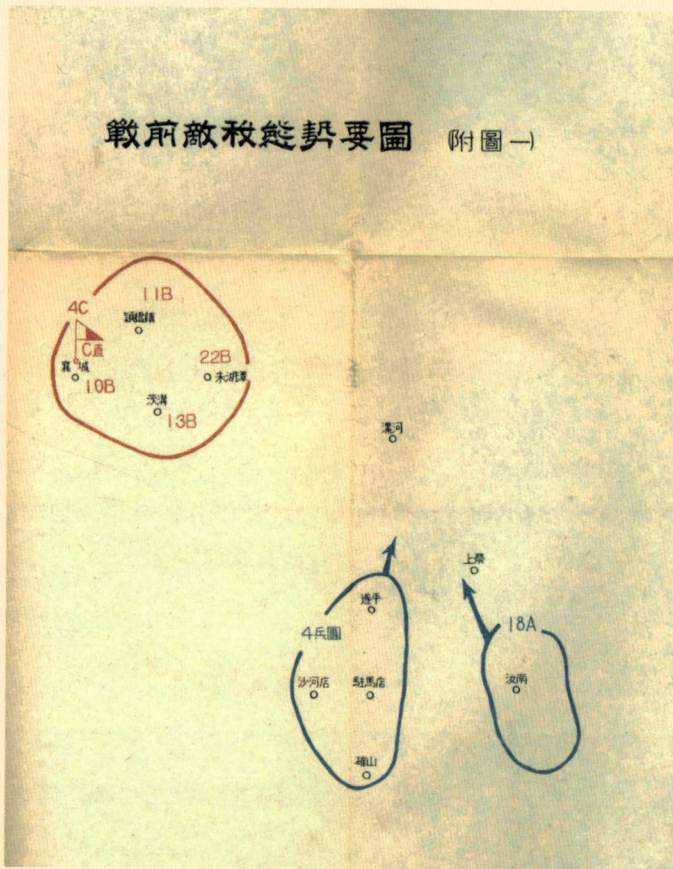

战前敌我态势要图（附图一）

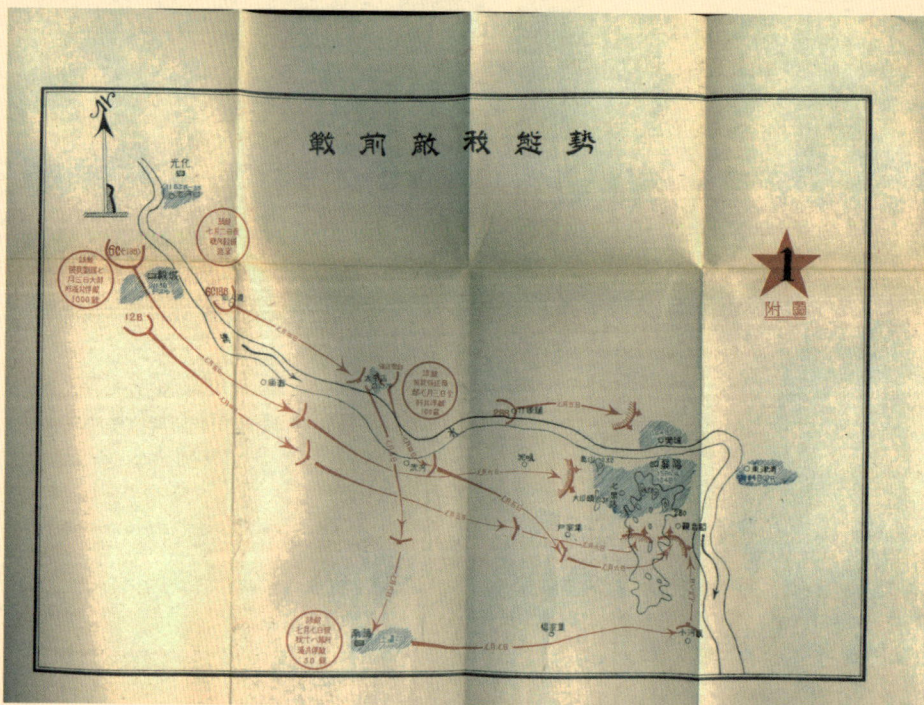

战前敌我态势图

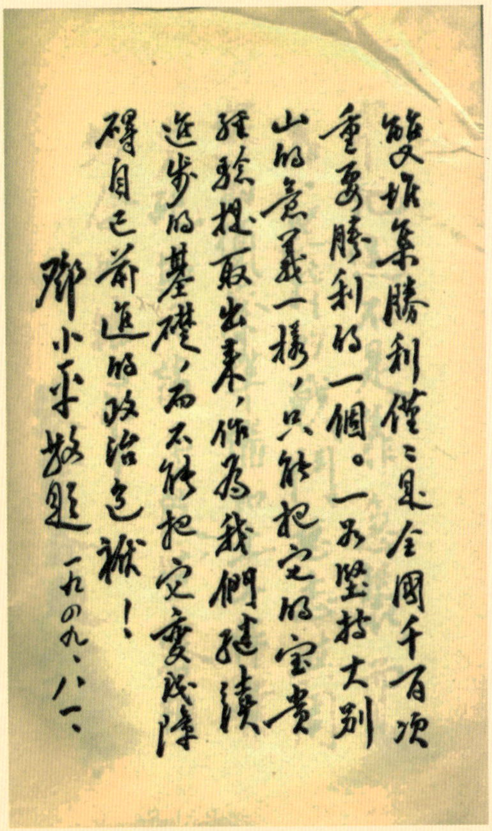

雙堆集勝利僅僅是全國千百次重要勝利的一個。一如堅持大別山的意義一樣，只能把它的寶貴經驗提取出來，作為我們繼續進步的基礎，而不能把它變成障礙自己前進的政治包袱！

鄧小平敬題 一九四九、八、一

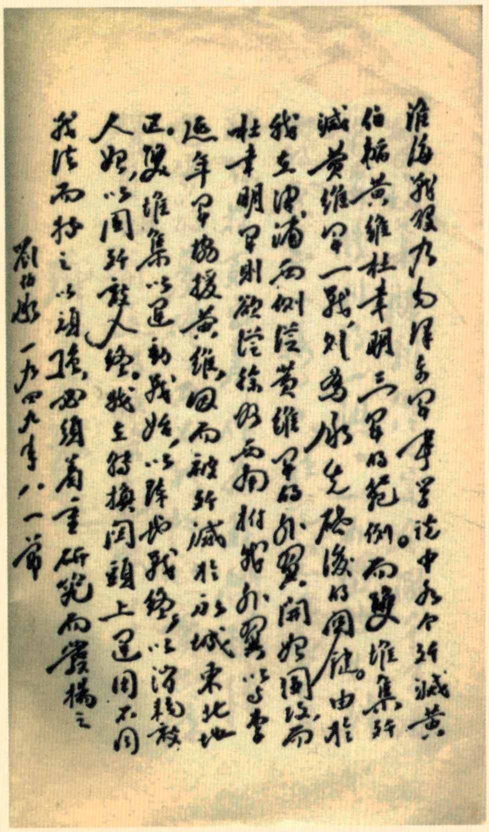

劉伯承 一九四九年八一節

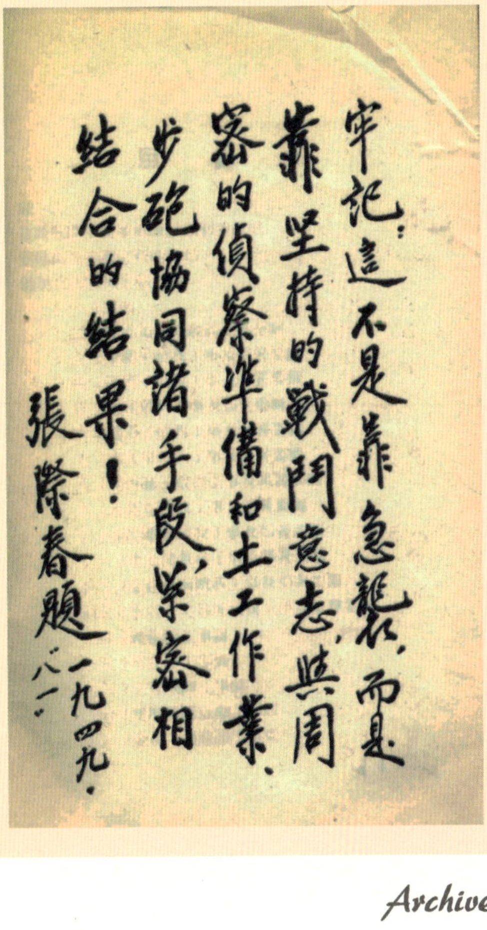

牢記：這不是靠急襲，而是靠堅持的戰鬥意志，與周密的偵察準備和土工作業、步砲協同諸手段，緊密相結合的結果！

張際春題 一九四九、八、一

《战役总结汇集》中刘伯承、邓小平、张际春的题词

全文：

战役总结汇集（卷一）

邓县作战经验教训

......

二、我参战兵力及战斗简单经过

我桐柏主力五个团（缺一个营），于五月三日晨一举攻克外城，歼敌六百余人。四日曾组织对内城攻击，因准备不够，未能奏效。又经重新准备并增调十纵一个师参加作战，复于九日黄昏发动对内城总攻，至二十四时将守敌全歼。共计毙伤俘敌团长、县长以下四千一百人。

......

战役总结汇集（卷二）

中共中央委员会之嘉奖电

刘伯承、陈毅、邓小平、饶漱石、张云逸、粟裕、谭震林、陈赓诸同志及中原人民解放军、华东人民解放军全体同志们：

你们继淮海战役第一阶段的伟大胜利之后，又取得了第二阶段的伟大胜利。自十一月二十三日至十二月十七日止，你们解放了战略要地徐州，全部歼灭了国民党最精锐兵团之一的黄维匪部全部第十二兵团四个军十个师及一个快速纵队；生俘该兵团正副司令黄维、吴绍周，争取了黄维兵团之一一〇师廖运周部起义；包围了由徐州向永城方向逃窜的杜聿明匪部邱清泉、李弥、孙元良诸兵团，并歼灭该敌三分之一以上；给从蚌埠向西北增援的李延年、刘汝明诸兵团以严重打击，迫使其向淮河以南回窜，从而使杜聿明匪部完全孤立于永城东北地区，粮尽援绝，坐以待毙；同时，又解放了淮阴、淮安，攻克灵璧，使淮河以北全境除杜聿明匪部所据永城东北地区之小块据点以外，均获解放，对于今后作战极为有利。凡此伟大战绩，均我英勇将士努力奋战，前后方党政军民一致协作的结果。特向你们致以热烈的庆贺与慰问之忱。尚望团结全体军民，继续努力，为全部歼灭当面匪军而战！

中国共产党中央委员会

一九四八年十二月十八日

中共中央委员会之嘉奖电

刘伯承、陈毅、邓小平、饶漱石、张云逸、粟裕、谭震林、陈赓诸同志，华东人民解放军和中原人民解放军的全体同志们：

淮海战役自去年十一月六日开始至今年一月十日已完全胜利结束，在这六十五天作战中，你们消灭了国民党反动政府在南线的主力黄百韬兵团全部五个军十个师，黄维兵团全部四个军十一个师（内有一个师起义），杜聿明所率邱清泉、李弥、孙元良三个兵团全部十个军二十五个师（内有一个骑兵旅），冯治安部两个军四个师（内有三个半师起义），刘汝明部一个师、孙良诚部一个军两个师，宿县和灵璧守军各一个师，以上共计正规军二十二个军，五十五个师，加上其他部队，共消灭敌军兵力约六十万余人。至此，南线敌军的主要力量与精锐师团业已就歼。你们生俘了战争罪犯国民党徐州"剿匪"总司令部副总司令杜聿明，国民党第十二兵团司令黄维及国民党军其他高级将领多名，击毙了国民党第七兵团司令黄百韬。你们击退了李延年、刘汝明两兵团的增援，迫使他们向沿江一线逃窜从而使淮河以北地区完全解放，使淮南一带地区大部入我掌握。凡此巨大战绩，皆我人民解放军指挥员与战斗员、人民解放军与人民群众、前后方党政军民团结一致，艰苦奋斗所获的结果，特向你们致以热烈的祝贺和慰问。

中国共产党中央委员会

一九四九年一月十七日

前 言

淮海战役，是人民解放战争中规模最大而最剧烈的一次战役；而双堆集作战，则是中野在自卫战争以来规模最大而最剧烈的一次作战。这次作战，所遇到的敌人，是蒋匪的第一等精锐部队黄维兵团，它的兵力之大、装备之较现代化、工事之强度、抵抗之坚决在中野来说，也都是第一次遇到的。然而我们终于战胜并彻底地歼灭了这一顽敌，就此协同华野部队，顺利地完成了淮海战役的全部伟大胜利。这中间的一切对敌斗争的方式与手段，有许多新的创造和发展，都是值得我们深切检讨和总结，我们原拟于各方面来搜集材料并集多数同志具体生动的意见和作品来逐行这一检讨和总结工作，使我们以血肉换来的经验，系统地总和起来，成为宝贵的结晶，以便在不断的战斗中逐次发扬和发展，用以战胜任何更顽强的敌人。嗣以所有部队都忙于整编装备并积极作新行动的各项准备工作，遂使这一目的未能完全达到。仅由野司一部分同志，就作战经过及亲到战场上实地以观察、测绘、笔记等所取得的材料汇集起来，成为本册，特先就此付印，以免因等待搁延而有所失遗。希望读者各同志，一面体谅□意，一面配合以各个参加战斗的部队，已初步总结出来的材料和尚未整理的意见来综合研究。凡有新的见解，均请汇转野司，以便将来情况许可时，再编印较为完善的东西！

李 达

一九四九，六，三〇

（5）粟裕亲笔题词

保管单位： 泰兴市档案馆

内容及评价：

1944年4月，人民群众为安葬在抗日战争中牺牲的革命烈士遗骸，在泰兴新街镇杨村庙建成了烈士堂和烈士塔；解放战争时期，被国民党军捣毁。1955年秋报请省民政厅同意，重建烈士祠，改称"杨村庙烈士堂"。1955年12月11日，中共泰兴县委员会、县人民委员会向陈毅副总理、粟裕参谋长发出了希望为杨村庙烈士堂纪念碑题词的信函。1955年12月20日，粟裕参谋长题"在人民革命战争中光荣牺牲的烈士们永垂不朽！"该题词后刻于杨村庙烈士堂前纪念塔上。

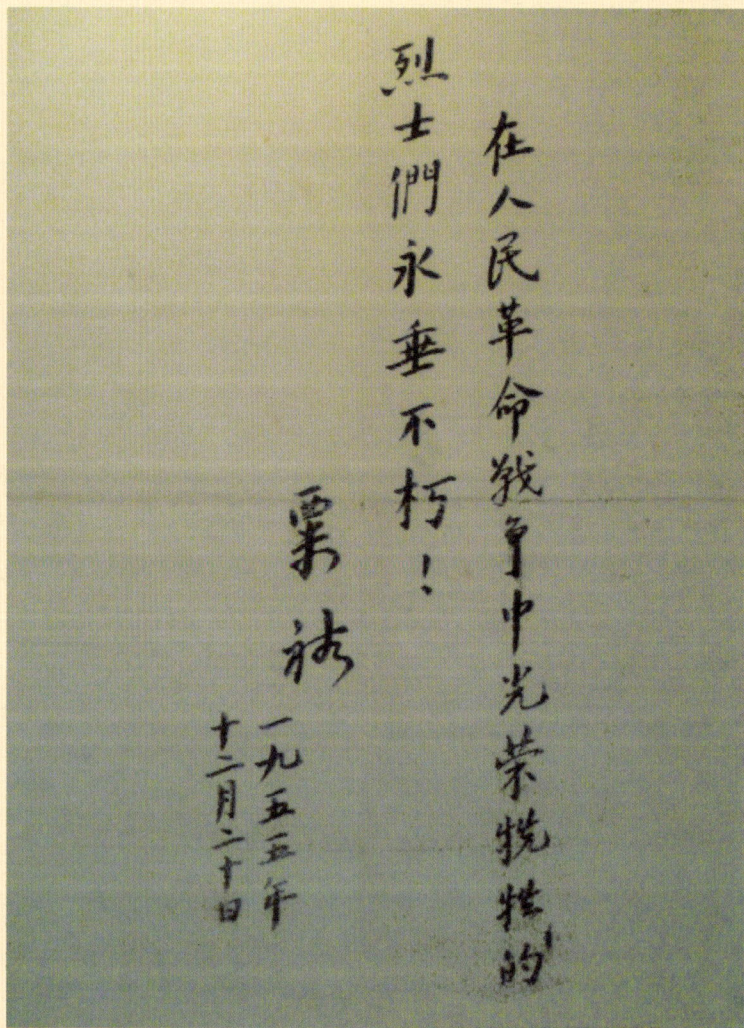

粟裕将军为杨村庙烈士堂亲笔题词

踏上時代的駿馬，奮勇往直前，開拓尚內，祗會前進！

陳致題

一九五八年十二月

中华人民共和国成立后档案

泰州工商业联合会档案

保管单位：泰州市档案馆

内容及评价：

　　泰州工商业联合会档案，共221卷。其中有各业公会委员名册、商业企业登记申请表、工商户调查表、所属行业会员组织情况调查表，各同业委员会组织章程、劳资协议、会员登记表及有关业务方面的报告、合同，公私合营企业私方人员情况调查表，1955年商业换证登记及全体商业户所报资金情况，国营、私营、合营企业私股金情况调查表、股东名册，资金在一万元以上的在职私方人员和居住本地资金在一万元以上无固定职业的资本家名册，1955年工商业普查登记表等。这部分档案齐全完整，保存完好，是研究工商企业发展史不可多得的档案材料，也是企业申报中华老字号的可靠依据。

1949年各业公会会员名册

1955年商业换证登记申请书

1955年豆腐业、机面业会员基本情况登记表

1961年底居住本地资金在一万元以
上无固定职业的资本家和资金在一万
元以上的在职私方人员名册

华东军区三野驻宁单位、南京市各界欢送出席全国英模大会全体代表暨列席代表留影

保管单位：泰州市档案馆

内容及评价：

照片拍摄于1950年9月18日，2009年10月由印永鑫捐赠。在华东军区暨第三野战军的78名代表中，有5位泰州籍的英模，他们分别是印永鑫、杨根思、刘虎臣、周文江、丁崇义。照片及其背后的历史对泰州地方党史研究和革命传统教育具有重要意义。

军区三野驻宁单位、南京市各界欢送出席全国英模大会全体代表暨列席代表留影
（前排右十为印永鑫，前排右十六为杨根思，二排右十七为刘虎臣，还有周文江、丁崇义）

兴化土地房产证档案

保管单位：兴化市档案馆

内容及评价：

中国共产党领导反帝反封建的新民主主义革命，先后经历了土地革命战争、第二次国内革命战争、抗日战争、解放战争以及新中国成立后的土地改革运动，广大农民分得土地，改善了生活，极大地调动了广大农民发展生产和支援战争的积极性。当前遗存于世的各个革命时期的土地证、房产证，就是保存和再现这一伟大变革的实物资料之一，这些档案不仅是研究中国共产党土地政策和政权建设的重要史料，也是新民主主义革命历史的实物见证。

馆藏房产档案涉及174329户。不同历史时期的土地证，质地、规格、式样、图案设计、内容设置、颁证机关印章的形状，以及颁发此证领导人的名章、毛笔填写的字体等都有较高的研究观赏价值。

苏北人民行政公署土地房产所有证存根（1951）

陈玉生军官身份证

保管单位： 泰州市档案馆

内容及评价：

陈玉生的军官身份证（编号为军字第134745号），由中国人民解放军南京军区司令员许世友、政治委员唐亮于1958年4月1日签发，为陈玉生之子陈忠于2009年10月捐赠。

陈玉生(1900~1994)，江苏泰兴人。1936年参加上海抗日救国会，1939年2月加入中国共产党，曾任苏中军区第三分区司令员、苏中独立旅旅长、华东野战军华中指挥部副参谋长、第三野战军十兵团副参谋长、苏南军区参谋长兼无锡警备区司令员。建国后，历任华东海军后勤司令部司令员、华东海军司令部副参谋长、江苏省人民委员会副秘书长、江苏省政协副主席。1994年3月21日在南京逝世。这本军官身份证从一个侧面见证了陈玉生的革命经历。

陈玉生军官身份证

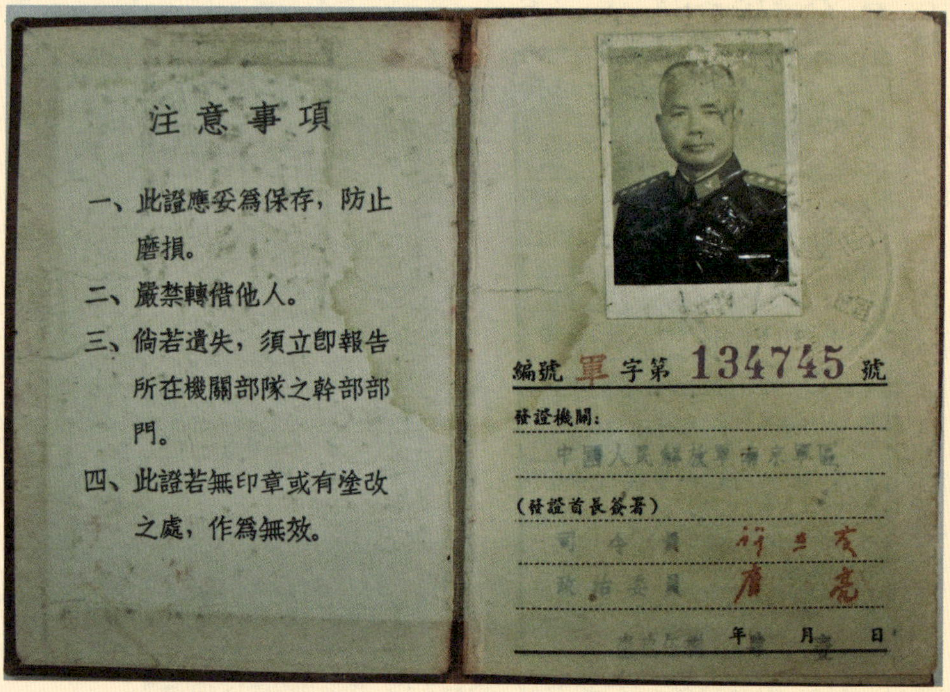

陈玉生军官身份证内页之一

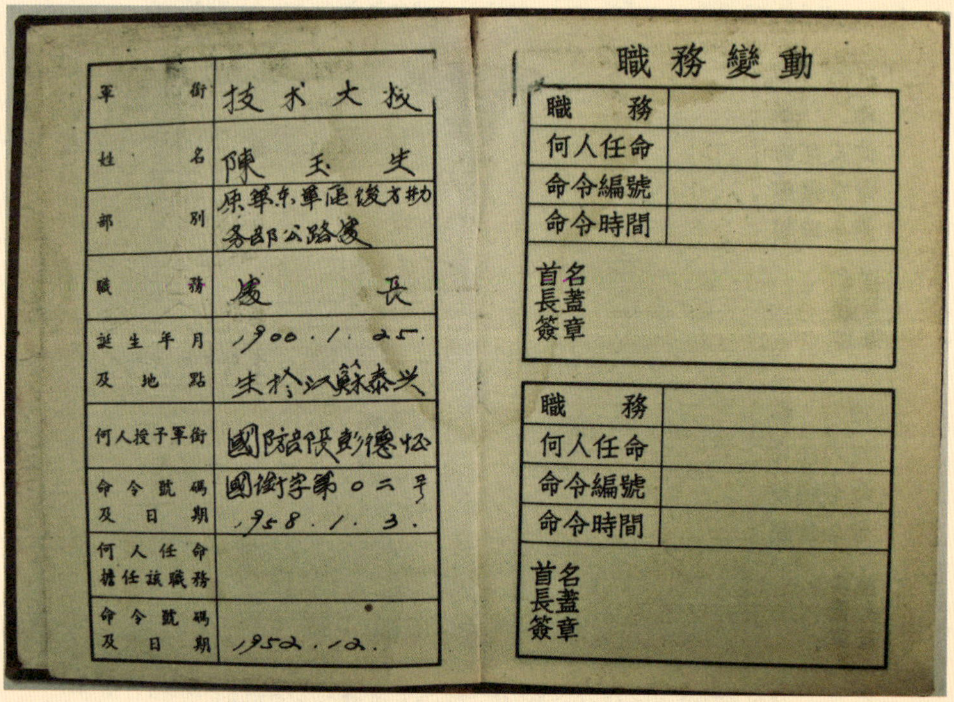

注意事项

一、此證應妥爲保存，防止磨損。

二、嚴禁轉借他人。

三、倘若遺失，須立即報告所在機關部隊之幹部部門。

四、此證若無印章或有塗改之處，作爲無效。

編號 軍 字第 134745 號

發證機關：

中國人民解放軍南京軍區

（發證首長簽署）

司令員 許世友

政治委員 唐亮

一九五六 年 月 日

陈玉生军官身份证内页之二

軍　　　銜	技術大校
姓　　　名	陳玉生
部　　　別	原華東軍區後方勤務部公路處
職　　　務	處長
誕生年月及地點	1900.1.25. 生於江蘇泰興
何人授予軍銜	國防部長彭德懷
命令號碼及日期	國銜字第○二號 1958.1.3.
何人任命擔任該職務	
命令號碼及日期	1952.12.

職務變動	
職　　務	
何人任命	
命令編號	
命令時間	
首長蓋簽名章	
職　　務	
何人任命	
命令編號	
命令時間	
首長蓋簽名章	

1958年陈毅给中共靖江县委亲笔批示

保管单位： 靖江市档案馆

内容及评价：

1958年，靖江县以水利为重点开展大规模农田基本建设，在江边港口建成涵闸13座，其中夏仕港闸最大。夏仕港闸的建成投用，改善了以黄桥为中心的靖江、泰兴和泰县3个县90万亩农田的灌排状况，改变了通扬运河以南广大地区农业生产面貌，使泰兴、泰县两县的沙土高地变为有充沛水源灌溉的水稻区，全年可增产粮食达千万斤。

夏仕港闸建设，系当时靖江乃至整个苏北地区水利建设的一件大事。港闸快竣工时，靖江县委有人提议请陈毅题字。陈毅虽未到过靖江，但他带领新四军东进，开辟苏北抗日根据地，通过黄桥战役打开局面，对如、泰、靖人民有着深厚的感情。1958年6月，中共靖江县委写信请陈毅为夏仕港闸建成题字。出于对陈毅同志的爱戴与敬仰，信中在对黄桥战役、苏中七战七捷等一些相关历史事件进行表述时难免有溢美之词。时任国务院副总理、外交部长的陈毅收信后，毫不留情地提出了批评意见。12月22日，陈毅在靖江县委的来信上亲笔批示：一、此信请寄回靖江县委。二、提［题］字，并提了意见，望加考虑。你们来信特别突出这三个人的名字（注：指信中提到的陈毅、粟裕、叶飞三人），这并不好，也无必要。特别最后一段的提法，更不妥当，例如"古今罕闻的七战七捷"和"奠定了解放战争必胜的基础"，这种夸大的提法有何好处？

陈毅不愿突出个人作用，实事求是地对待历史，谦逊而又语重心长地提请靖江县委"望加考虑"，寥寥数语，认真严肃，情深意切。当时，正值"大跃进"运动在全国掀起，陈毅实事求是的精神和做法，指引靖江在各项建设中少走了不少弯路。这份批示历史意义重大，值得后人学习、借鉴。

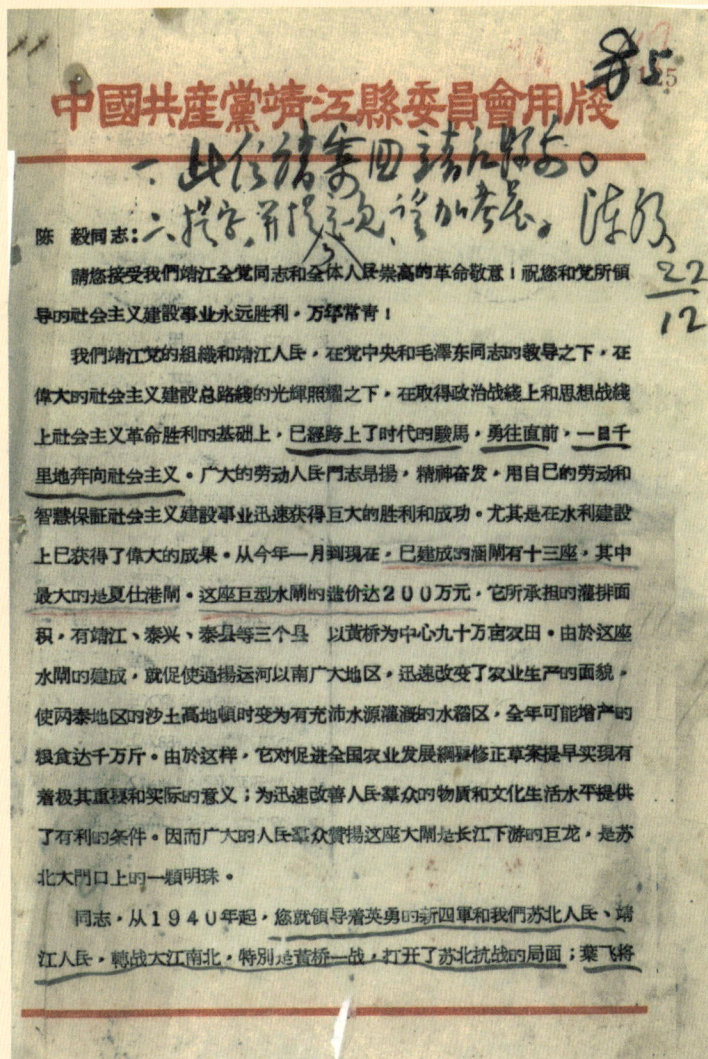

陈毅在中共靖江县委来信上的批示

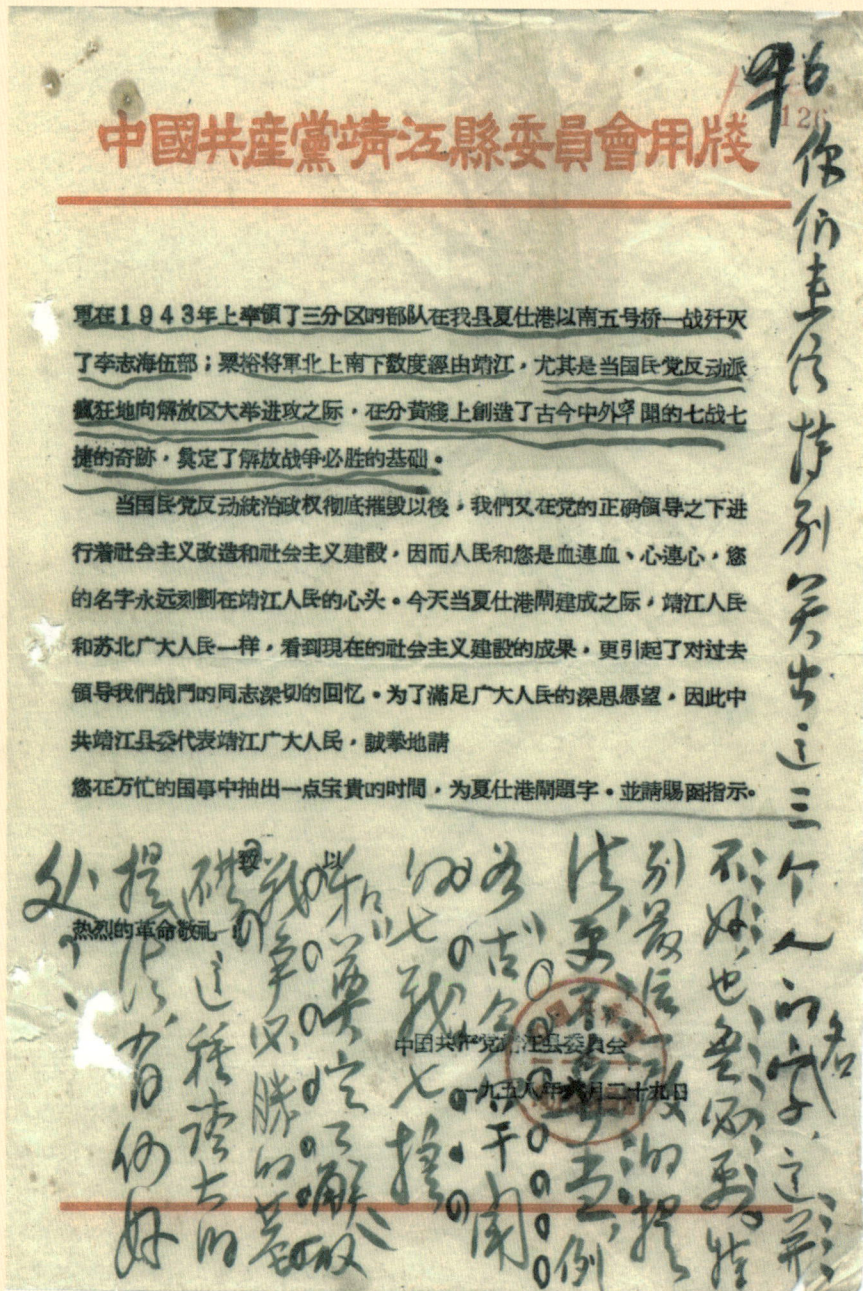

陈毅在中共靖江县委来信上的批示

中華人民共和國國務院總理辦公室

跨上時代的駿馬，勇往直前，奔向社會主義！

陳毅題

慶 一九五八年十二月

為夏仕港閘建成誌

陈毅为靖江夏仕港闸建成题词

扬子江上英雄船照片、船员合影

保管单位： 泰兴市档案馆

内容及评价：

1959年6月10日，《江苏文化革命报》刊登了吴炳南的报道：《泰兴县发现1949年渡江战役第一条到达江南的船——扬子江上英雄船》。在渡江战役中，该船运送炮兵39人，战马5匹，大炮2门以及其他军用物资。渡江战役结束后，被命名为"扬子江上英雄船"；秦长贵、丁年寿、朱以友、冯光友、严圣祥等船员被评为渡江特等功臣。1951年9月，秦长贵出席了在北京召开的全国劳模大会。后来，泰兴县革命历史文物征集办公室发现了这条船，这条船及部分用具被泰兴县委送至在北京举办的国庆十周年军事博物展览参展。

馆藏照片"扬子江上英雄船"及其船员合影，在一定程度上反映了人民群众为中国革命事业做出的重大贡献，也是浓厚的军民鱼水情的生动和直观体现。

扬子江上英雄船照片之一

扬子江上英雄船照片之二

扬子江上英雄船照片之三

扬子江上英雄船船员合影：（左起）秦长贵、丁年寿、朱以友、冯光友、严圣祥

中国靖江宝卷

保管单位：靖江市档案馆

内容及评价：

靖江宝卷是由唐代变文、宋代说经演化而成的一种俗讲文本。宝卷在靖江有近300年的传承和发展，集神话、歌谣、谚语、音乐、曲艺等为一身，融民俗、风情为一体，被誉为中国俗文学的活化石。靖江各类宝卷旧有文本100余种，现存各类印本、抄本仍有60余种，民间艺人口头文本30余种，宝卷讲唱艺人120多名，每年做会讲唱宝卷3000场以上。靖江境内的老岸地区，作为江北的吴方言"孤岛"，是宝卷传承最兴盛的地域。2007年1月，靖江市被中国民间文艺家协会命名为"中国宝卷传承文化之乡"。2008年6月，靖江宝卷入选第一批国家级非物质文化遗产名录。该馆馆藏的《中国靖江宝卷》规模宏大，种类齐全，全书270余万字，包括"圣卷""草卷""科仪卷"等基本类型。该套资料自1987年起，历经20年潜心挖掘、整理，于2007年编纂完成。《中国靖江宝卷》是地方俗文化的宝库，具有重要的学术研究价值。

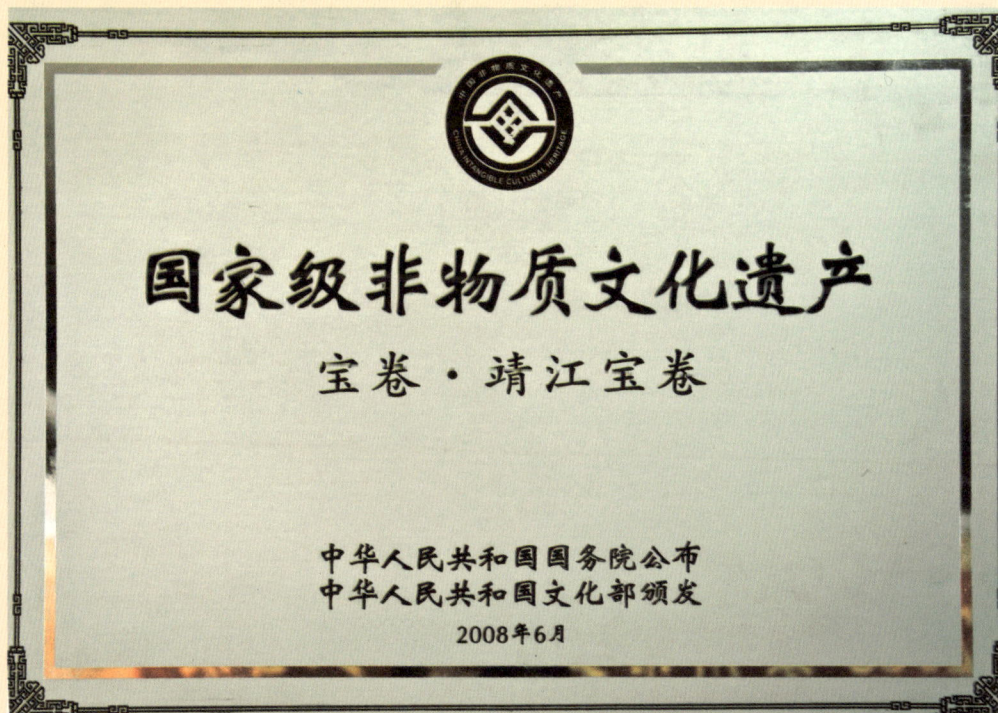

2008年6月，靖江宝卷被列入国家级非物质文化遗产名录。

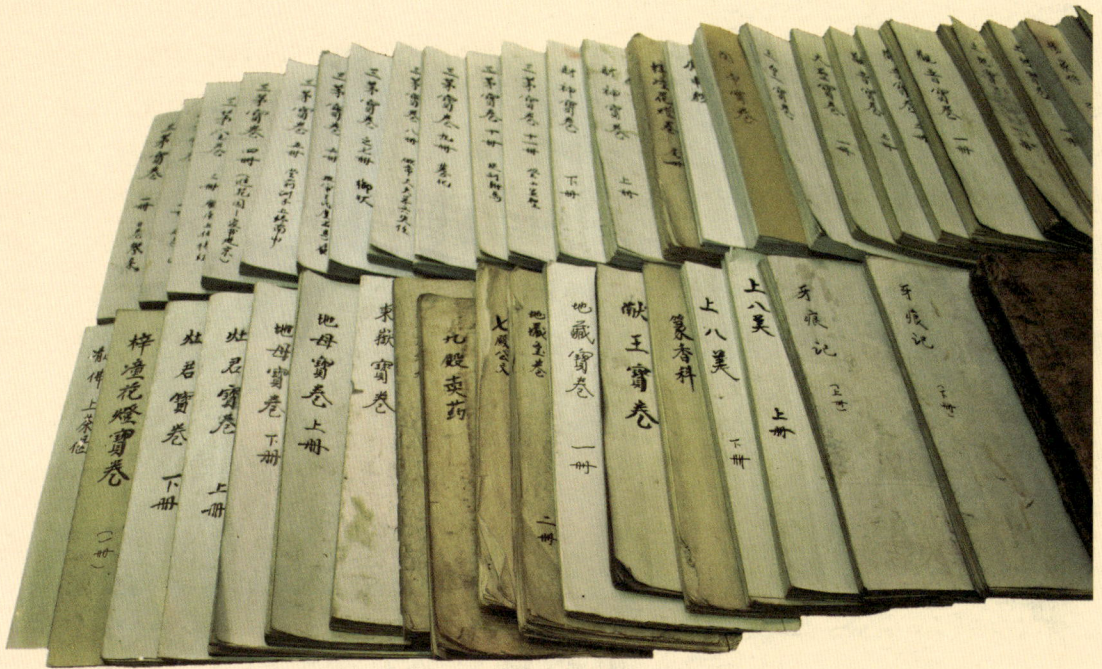

20世纪90年代挖掘整理的靖江宝卷手抄本

再说金连夫妇二人，家中十分豪富，金银满库、米麦
成仓。安童成对使女双双驴骡成队，马骡成行，夫妻
双双说说讲讲，赛如伏国天堂

水旱良田千万顷　　　草稿堆到九霄云
出入安童骑骡马　　　扫地了环耳戴金
东园十里荷花荡　　　西关十里水红菱
夫妻同庚三十九　　　男花女花不曾生

夫妇二人来家想，我家满库金银有何用处？？不如布施
斋僧做好事，看到果能修到了子，只遭吵咆安童
门口掛起斋僧牌来。

初一月半斋僧道　　　逢义初三济贫人
天阴布施钉鞋伞　　　黑夜布施点路灯
路不平来挑土修　　　桥环抽板换木头
十七八岁小光棍　　　助他铜钱做营生
鳏寡孤独无人养　　　接到家中过光阴
大做好事三年整　　　功德修下海能深

靖江宝卷手抄本内页之一

正月十六去开馆　　　更改没得半毫分
光阴似箭容易过　　　日月如梭晓恒行
来到正月十六日　　　金家前来接先生
素轿一顶先生坐　　　安童挑着后头跟
在路行程来得快　　　员外门到面前存

金连员外见先生一到，连忙出来迎接

二人行过客品礼　　　挽手相搀到高厅
分宾施礼来坐下　　　用茶解渴用点心

用过茶膳点心，金连悟先生来到东为厅上，院君叫了环
拿本中换过衣裳，也到东为厅上

本中来到东为厅　　　文质彬彬读书人
朝南拜拜孔夫子　　　回身来又拜老先生
先生见他名字好　　　还叫本中不改名
本中原是天官星　　　读起书来更聪明
教到上句知下句　　　提到后梢就知根
一目能观十行字　　　反将冷字黙先生

靖江宝卷手抄本内页之二

刘员外见到庞居士老先生一到，连忙迎接到滴水檐前

二人行过客品礼　　携手同行到高厅

分宾施礼来坐下　　用茶解渴说原因

刘员外说庞老先生，贵人不踏贱地，凤凰不站无宝高

山，今朝底高风吹到我个寒舍，莫非有何贵干？。刘

员外：到此非为别事，特未替你家小姐作媒个！"把

哪家？。哦，就是我坐馆来他家个，金连员外。他

家金本中，读为聪明，已是黄门秀士。他与你家小

姐同年同月，你看如何？。刘员外一听，心中高兴，连忙

拿张梅红纸，裁纸折迹，磨墨蘸笔，写个年庚草帖

刘员外为他留酒饭　　高厅上面饮盃延

先生吃得醉熏熏　　金家门上去说亲

庞老先生来到金府，恭喜员外贺喜院君，帖子对

灶头上香炉底下一压，必三天，家中太平碗盏不坏

金连叶安童清个罄月先生，算过命，合个婚，罄月

先生说，夫妻四合，婆媳三合，好用个，命里不要动响器

靖江宝卷手抄本内页之三

刘氏小姐是个贤德之人，过门之后，一家和睦，孝敬公婆

早起端水婆洗脸　　夜上点火送婆眠

婆待媳妇当亲女　　媳妇待婆当亲生

夫妻二人如姊妹　　争论没得半毛分

金本中完婚之后，还到右房读书。

本中读到十九岁　　阎王关照到来临

阴司阎君查文簿　　要勾本中赴幽冥

阎君出了勾魂牌票，差了天曹、地曹、水曹三位曹官各

骑善马一匹，到阳间勾取本中个真魂。

三位曹官朝前走　　各骑善马就动身

阴风惨惨来得快　　槐荫树到面前存

金本中命派没得家乡份，他配跌死运槐荫树下。三位曹

官拿乌对荒刻一丢，三人就对树下一睏，等候金本中。下文

再表本中那天清早起，觉得神使无力，来右房，口是要

打磕睡，先生说，本中你怎不读书？。先生呀

我头童眼花不好过　　四肢无力少精神

靖江宝卷手抄本内页之四

梓潼宝卷

——下册·三元救父

春游芳草地,夏赏绿荷池。秋饮黄花酒,冬吟白雪诗。——圣谕
　　唐伯虎春游芳草地,蔡伯喈夏赏绿荷池。
　　杨贵妃秋饮黄花酒,孟姜女冬吟白雪诗。

　　一文讲过二文来,前文讲过后文开。
　　前文讲过添福寿,开开后文免三灾。
　　昔日如来金口言,提起宝卷又接连。上册里面,经论品文,书论篇章,《梓潼宝卷》不过讲到陈梓春龙宫招亲,此也不必重论,下文单提何来?
　　仍然提起梓潼卷,交头接尾往前行。
　　好似久旱逢甘雨,春宵一刻值千金。
　　光阴似箭容易过,日月如梭晓夜行。
　　看看不觉五天整,姻缘一满要离分。
　　陈梓春说:"贤妻呀!我离家已经五天,父母来家一定很心焦,我要家去了。
　　先生望我将书读,父母望我转家门。
　　等到明年寒食节,再来陪伴众夫人。"
　　三位公主说:"相公呀!你果晓得这是底高地方?""哎呀,大不了是你格家呢。"公主说:"恩夫,你倒拿窗子推开来望望看。"
　　梓春推开楼窗看,平空跌倒地埃尘。

不好了!
　　波浪滔滔东洋海,浪头子渥得层上层。

罢了啊!
　　"我今一死也便罢,父母双亲靠何人。"
　　父母双亲哎!人家说养儿防老,积谷防饥,谁知我身落东洋大海,不得回家,怎生是好哩?父母双亲!
　　十月怀胎空带我,三年乳哺枉费心。
　　孩儿不能尽孝义,做不到端汤奉水人。
　　三位公主说:"相公哎!不必啼哭!你真正要回家去,我送你犀牛角三分,这东西可以分水格。"

　　三寸三分犀牛角,水分两路往前行。
　　前面一条阳关道,梓春一见喜十分。
　　多谢贤妻来助我,永生永世不忘恩。
　　陈梓春拜别了岳父、岳母,同三位公主一一告别。三位公主说:"相公呀!
　　一夜夫妻百夜恩,五宿夫妻海能深。

《靖江宝卷》刊印本内页

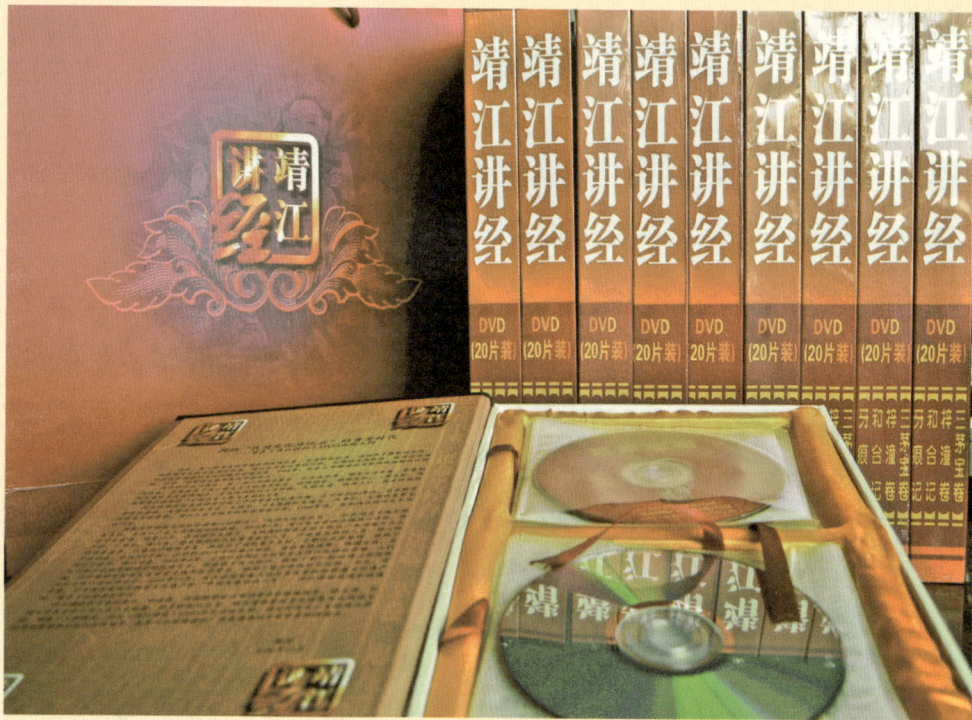

靖江宝卷音像制品

靖江讲经

 名人档案

公葬韩紫石档案

保管单位：泰州市档案馆

内容及评价：

公葬韩紫石档案有泰县县政府召开公葬韩紫石老筹备会纪略、1948年关于征集韩紫石先生行状讣告事略等的训令，以及为韩紫石建筑享堂、树立坊表的劝募书等，是研究韩国钧的重要史料。

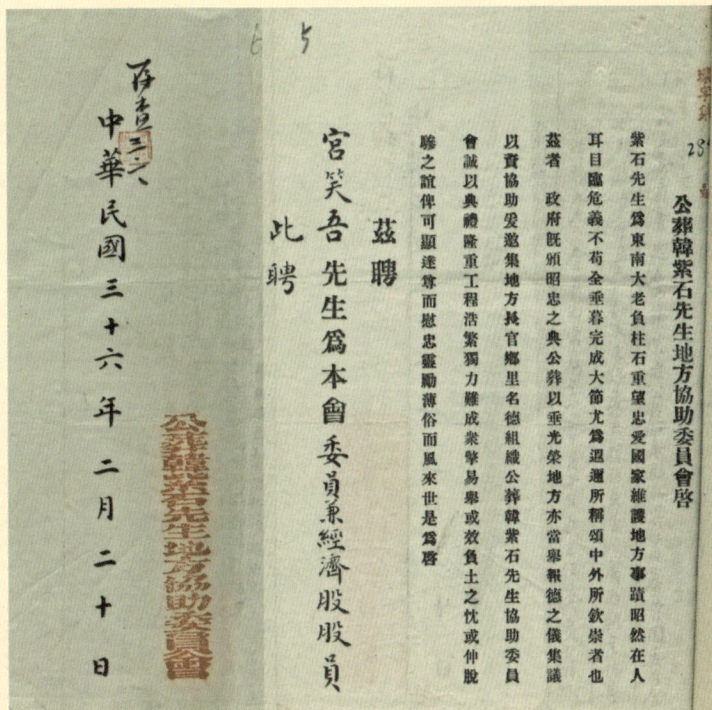

公葬韩紫石先生地方协助委员会启

全文：

公葬韩紫石先生地方协助委员会启

紫石先生为东南大老，负柱石重望，忠爱国家，维护地方事迹昭然，在人耳目。临危义不苟全，垂暮完成大节，尤为遐迩所称颂，中外所钦崇者也。兹者，政府既颁昭忠之典，公葬以垂光荣，地方亦当举报德之仪，集议以资协助。爰邀集地方长官、乡里名德，组织公葬韩紫石先生协助委员会，诚以典礼隆重，工程浩繁，独力难成，众擎易举，或效负土之忱，或伸脱骖之谊，俾可显达尊而慰忠灵，励薄俗而风来世。是为启。

兹聘宫笑吾先生为本会委员兼经济股股员。

此聘

公葬韩紫石先生地方协助委员会（章）

中华民国三十六年二月二十日

全文：

泰县县政府训令

案准：国史馆（卅七）史征字第二六七号公函内开

迳启者：

本馆辑修国史，积极征求各项史料。凡名人碑传事略均在搜罗之列。请贵府代为征集韩紫石先生行状讣告事略著述等件汇寄本馆，以备采摭立传。相应函达即希查照办理。见复为荷。

等由：准此。合亟令仰遵照，广为征集。克速汇送凭转为要。

此令

县长　丁作彬

中华民国三十七年三月卅日

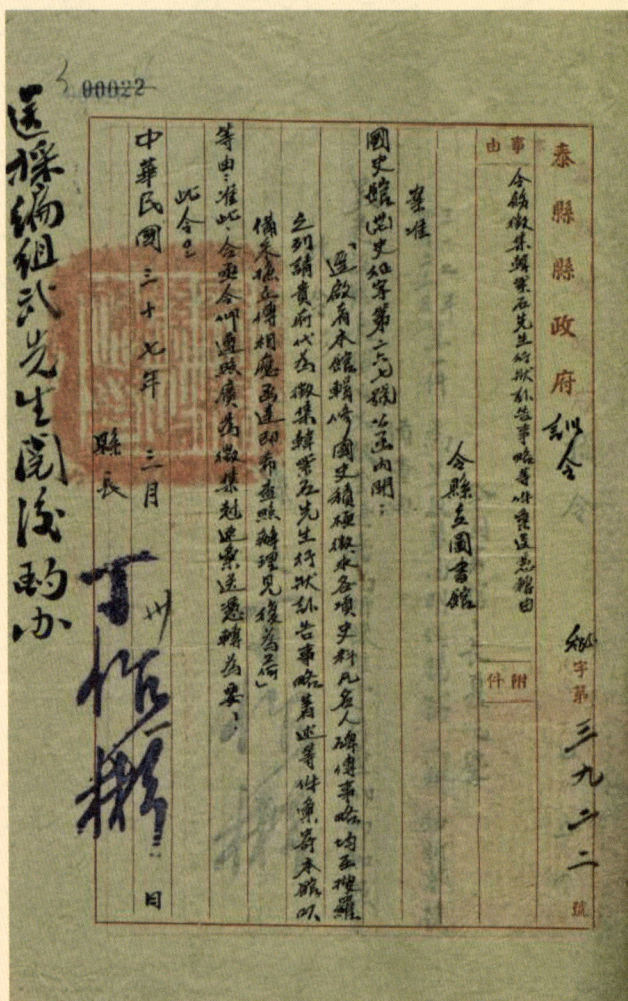

泰县县政府训令（拟文）

梅兰芳相片、剧照、雕像

保管单位：泰州市梅兰芳纪念馆

内容及评价：

　　梅兰芳（1894~1961），祖籍泰州，生于梨园世家，著名京剧表演艺术大师，被誉为"四大名旦之首"。他与德国布莱希特、苏联斯坦尼斯拉夫斯基一起，并列为"世界三大艺术表演体系"代表人物。1956年3月，梅兰芳携家人回泰州祭祖期间，演出了《宇宙锋》、《贵妃醉酒》、《霸王别姬》等多部代表性剧作，轰动乡里，盛况空前。1984年，梅兰芳诞辰90周年之际，为纪念梅兰芳，县级泰州市人民政府在凤城河畔兴建了梅兰芳纪念馆。1985年2月，时任国家主席李先念题写馆名。

　　馆藏梅兰芳个人资料十分丰富，对梅兰芳个人及其艺术成就研究具有重大价值。

梅兰芳

梅兰芳返乡演出海报

梅兰芳《霸王别姬》剧照之一

梅兰芳《霸王别姬》剧照之二

梅兰芳《贵妃醉酒》剧照之一

梅兰芳《贵妃醉酒》剧照之二

梅兰芳雕像（由著名雕塑艺术家刘开渠雕塑）

高二适《南都帖》及兰亭论辩

保管单位：泰州市姜堰区高二适纪念馆

内容及评价：

高二适（1903~1977），当代著名学者、诗人、书法家。原名锡璜，更名二适。字适父，号舒凫、舒父、麻铁道人、高亭主人等。出生于江苏省泰县兴泰乡小甸址村的一个书香世家。1918年考入省立第五师范学校（扬州），后转入江苏省立第二师范学校（上海）。1924年返乡担任小学教员、校长。1928年考入上海正风文学院专修中国文学。1930年入北平研究院国学研究门读研究生。1935年先后被聘为国民政府侨务委员会办事员、科员。1937年七七事变后，任立法院秘书。此间，曾在重庆朝阳学院、南京建国法商学院教授国文。新中国成立后，先后在上海工专、华东交通专科学校、华东水利学院从事教学与图书馆工作。1962年经章士钊推荐，被聘为江苏省文史研究馆馆员。1977年3月15日病逝于南京。

高二适一生精研文史、书法。书法博涉诸家，真草隶行各臻其妙，融会贯通，自出新意，成就卓著。其草书融真行、章草、今草、狂草于一炉，形成独特的个人书风，有"当代草圣"之称。其代表作《南都帖》，是继王羲之《兰亭序》、颜真卿《祭侄文稿》、苏东坡《寒食诗帖》之后的天下第四草稿。高二适为人刚正谨严，奖掖后学，堪称一代宗师。1965年在毛泽东的支持下，就《兰亭序》的真伪与郭沫若先生展开学术争鸣，声震士林，影响深远。为此，毛泽东曾致信郭沫若，信中云："郭老：章行严先生一信，高二适先生一文均寄上，请研究酌处。我复章先生信亦先寄你一阅，笔墨官司，有比无好。未知尊意如何？毛泽东。"章士钊誉高二适为"天下一高"，熊秉明先生题联"书风激荡，人品峥嵘"。高二适存诗数百首，并著有《兰亭序真伪驳议》、《〈兰亭序〉真伪之再驳议》、《新定急就章及考证》、《刘梦得集校录》、《柳河东集讲疏》以及多部书法作品集。

馆藏高二适个人资料系统地收藏了其主要学术研究成果，是研究高二适个人生平及其学术成就的十分重要的参考资料，具有较高的保存价值。

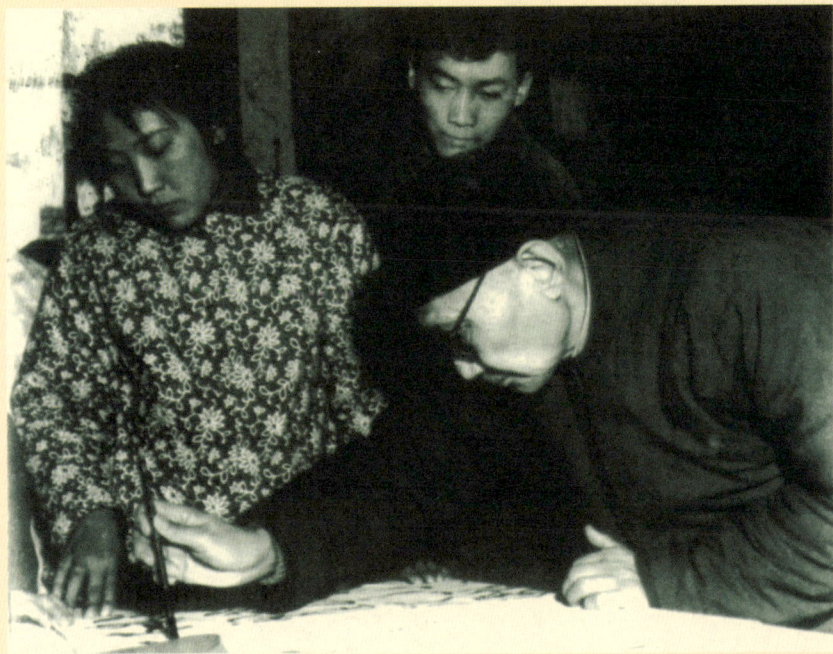

挥毫中的高二适

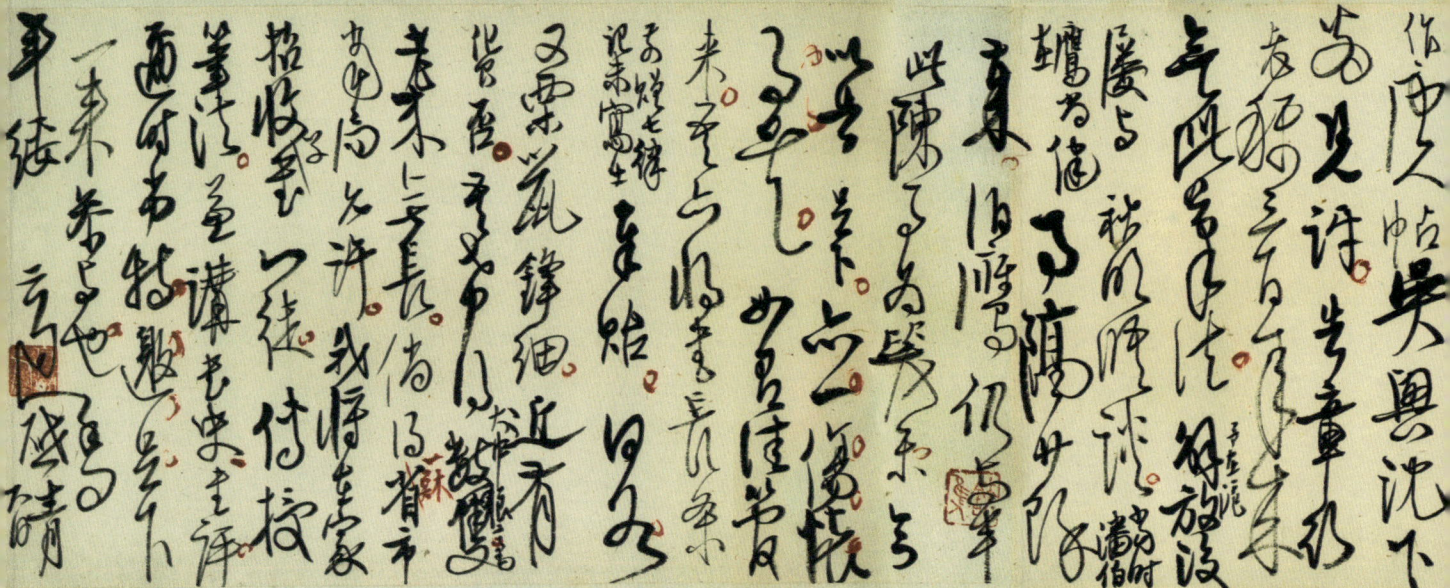

高二适代表作《南都帖》

全文：

在山老弟：

前复函计达览。南都有学生子要吾为本字格，忽忆足下书迹似欠临帖，然今碑版荡尽无可求，弟
悦习吾此字格，乃所谓学王而不为者也，半载可见功。特邮寄两纸，视之何如？吾求尊处狼毫，不知何
时可得？上海书画社来人，面要余作字，一诺已三月，弟在沪曾过此社否？是否作长帧有可悬挂地未？
惟吾平生最不喜为人作书件，一不欲获虚誉，次则识吾书者殊少也（北京即有不逞之徒，忌吾书声呵
呵）。吾在蜀作唐人帖，吴兴沈下翁见讶，告章行老称三百年来无此笔法。解放后（予在沪），屡与秋
明晤谈（当时潘伯鹰尚健在）。事隔廿余岁，伯鹰仍举此陈事为笑乐。今以告足下，亦一伤怀事矣。如
有佳管来，吾亦将书长条（前赠七律记未写出）奉贻，何如？又粟鼠锋细，近有货否？吾希得（大中狼
毫）数只。老来无长，倘得（苏）省市当局允许，我将在家招收学书门徒，传授笔法兼讲书史、书评，
迨时当特邀足下一来参与也。

手问年绥

高二适　启
十二月六日

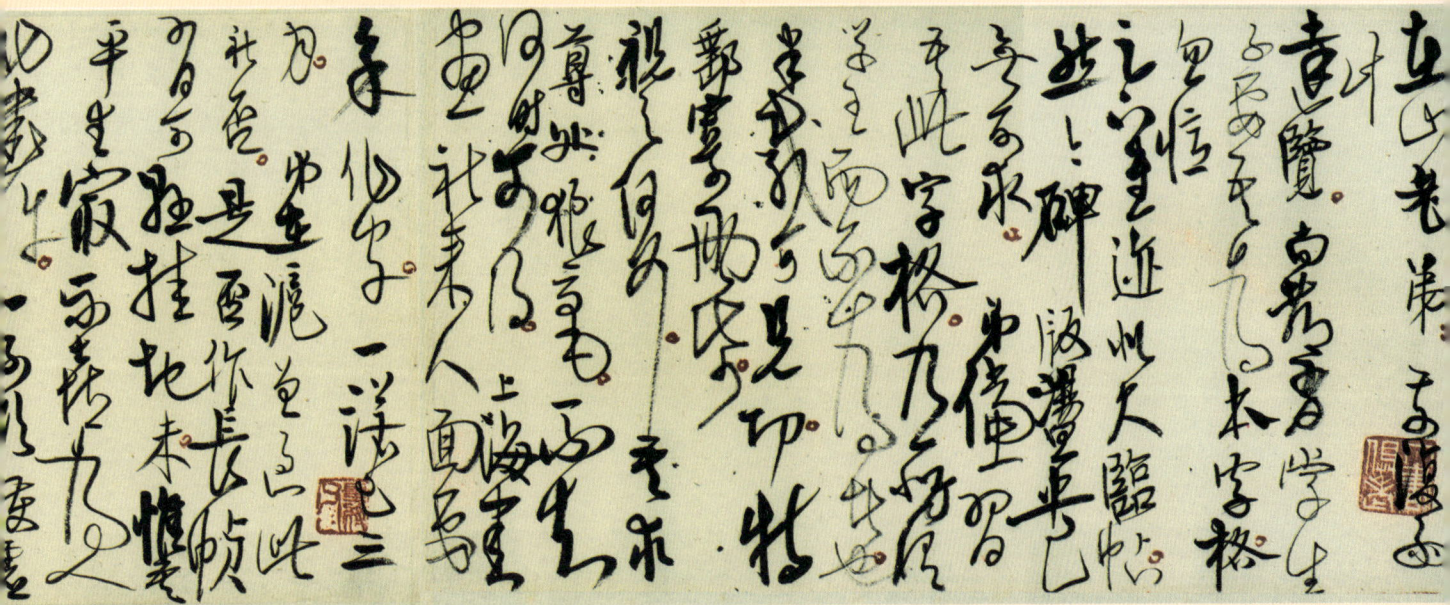

浅析：

　　该稿中高二适坦陈其书艺成就，并举沈尹默早在20世纪40年代即称之为"三百年来无此笔法"的书坛奇才为之佐证。然虽名重一时，惜数十年间总不能为世所用，故抒怀才不遇、郁郁不得志的心情。另一方面则充分体现了高二适为传承书法艺术，奖掖后学，诲人不倦，不求虚誉的长者风范。

　　该稿为高二适晚年的巅峰之作，通篇起伏跌宕，气韵灵动，如锥画沙，坚可屈铁，如日出天崖，如江河奔涌。丰富的情感演化成点线的奔突，融真行、章草、今草、狂草于一炉，四体书风痛快淋漓，谋篇布局汪洋狂肆。顶天立地的自我丰神之独特风格和扑面而来的书卷气、才气、骨气以及不平之气，充分体现了高二适一以贯之的狭路相逢勇者胜的气概和自信。

　　众多专家、学者在激赏之余纷纷评价该稿为继王羲之《兰亭序》、颜真卿《祭侄文稿》、苏东坡《寒食诗帖》之后的天下第四草稿。

　　1965年，南京出土了与王羲之同时代的东晋《王兴之夫妇墓志》和《谢鲲墓志》，引发了郭沫若对东晋书法面貌的思考。6月10、11日，《光明日报》连载了郭沫若《由王谢墓志的出土论到兰亭序真伪》一文，认为《兰亭序》后半文字，兴感无端，与东晋时期崇尚老庄思想相左，书体亦和上述新出土的墓志不类，因而断言，其文其书，应为王羲之七世孙陈隋永兴寺僧智永所依托。此文一出，在全国书学界和史学界产生了强烈震撼，一时间附和之声不断。然高二适读后，独持己见，撰写《〈兰亭序〉的真伪驳议》一文，认为《兰亭序》为王羲之所作是不可更易的铁案，此文旨在从根本上动摇乃至推倒郭沫若的"依托说"。该文在毛泽东主席的关心和支持下，于当年7月23日在《光明日报》全文刊登，《文物》第七期影印了高二适"驳文"全部手稿。随着"驳文"的发表，文史界、书法界立即掀起了自解放以来前所未有的学术争鸣，影响深远。后文物出版社于1977年出版《兰亭论辩》一书，收入郭沫若、宗白华、徐森玉、启功、史树青、章士钊、高二适、商承祚等正反双方文章计18篇。

合成照片：左为郭沫若，右为高二适，中为《兰亭序》帖（部分）。

全文（节选）：

由王谢墓志的出土论到兰亭序的真伪

郭沫若

……

三、由墓志说到书法

一九五八年，在南京挹江门外老虎山南麓，发掘过四座东晋墓，都是颜姓一家的。其中一号墓出土了一种砖刻的墓志，其文为：

"琅耶颜谦妇刘氏，年三十四。以晋永和元年七月廿日亡，九月葬。"颜谦见《晋书·颜含传》，他是颜含的第二子。颜含被列入《孝友传》中，是"琅耶莘（县）人"，为人厌恶浮伪，不信卜筮，反对权豪。虽官至右光禄大夫，而生活朴素，为世所重。"致仕二十余年，年九十三卒，遗命素棺薄敛"。这样的人，在崇尚浮华的东晋当年，是别具风格的。

颜含有三个儿子，长子名髦，次子名谦，第三子名约。据说三人"并有声誉"。长子做过黄门郎，侍中和光禄大夫。次子颜谦官至安成太守，安成郡在今江西新喻和湖南萍乡一带。第三子做过零陵太守。老虎山三号晋墓出土了一个石章，曰"零陵太守章"，那便是颜约的官章了。

老虎山二号晋墓中出铜章一，六面刻字，乃颜綝字文和之墓。綝乃约之子，见《金陵通传》。四号墓中亦出一铜印，形制全同，也六面刻字，乃颜镇之之墓。镇之无可考，与綝殆属于兄弟行。

晋人喜以砚殉葬，颜家四墓中共出砚六枚，陶砚四，瓷砚、石砚各一。并有墨出土，经化验，其中有的成分与现代墨同，是值得注意的。

颜谦妇刘氏墓出土物中有一陶砚，灰色，圆形，三足。考晋初左太冲之妹左菜，（《左菜墓志》早年出土，文献上误菜为芬，芬乃左太冲长女名，见《左菜墓志》，不可混。）是有名的才女；谢安的侄女，王羲之的媳妇、王凝之之妻谢道韫，同样有才名；王羲之向她学过书法的卫夫人茂猗更是有名的书家；可见当时的妇女很留心翰墨。

此外在镇江市东郊还出土了一种《刘尅墓志》。一九六二年十二月，镇江市砖瓦厂在市南郊取土，发现了一座古墓。一九六三年二月，市博物馆进行发掘，出土瓷器十数件，三足青瓷砚一件，三足黑陶砚一件，砖刻墓志两方。墓志砖面涂以黑漆，甚坚实。正反两面均刻字，两砖文字相同。其文为：

"东海郡郯县都乡容丘里刘尅，年廿九，字彦成。晋故升平元年十二月七日亡。"

升平元年是晋穆帝即位后第十三年。旧历既届十二月，在公元则当为三五八年。刘尅事迹，不详。

以上几种墓志的年代先后，列表如下：

谢鲲墓志	晋明帝太宁元年	公元三二三年
兴之墓志	晋成帝咸康七年	公元三四一年
颜刘氏墓志	晋穆帝永和元年	公元三四五年
兴之妇墓志	晋穆帝永和四年	公元三四八年
刘尅墓志	晋穆帝升平元年	公元三五八年

五种墓志只是三十五年间的东西。以《兴之夫妇墓志》来说，二人之死虽然相隔了八年，但墓志是

一个人写的。在这儿却提出了一个书法上的问题，那就是在东晋初年的三十几年间，就这些墓志看来，基本上还是隶书的体段，和北朝的碑刻一致，只有《颜刘氏墓志》中有些字有后来的楷书笔意。这对于传世东晋字帖，特别是王羲之所书《兰亭序》，提出了一个很大的疑问。

王羲之和王兴之是兄弟辈，他和谢尚、谢安也是亲密的朋友，而《兰亭序》写作于"永和九年"，后于王兴之妇宋和之之死仅五年，后于颜刘氏之死仅八年，而文字的体段却相隔天渊。《兰亭序》的笔法，和唐以后的楷法是一致的，把两汉以来的隶书笔意失掉了。

旧说王羲之以三十三岁时写《兰亭序》，其实"永和九年"时王羲之已四十七岁。这可作为旧说不尽可靠的一个旁证。王羲之自来被奉为"书圣"，《兰亭序》被认为法帖第一。但《兰亭序》的笔法和北朝碑刻悬异，早就有人怀疑。固守传统意见的人，认为南朝与北朝的风习不同，故书法亦有悬异。后来知道和南朝的碑刻也大有径庭，于是又有人说，碑刻和尺牍之类的性质不同，一趋凝重，一偏潇洒，也不能相提并论。因此，书家中分为南派与北派，或者帖学派与碑学派，问题悬而未决。

其实存世晋陆机《平复帖》墨迹与前凉李柏的《书疏稿》，都是行草书；一南一北，极相类似。还有南朝和北朝的写经字体，两者也都富有隶书笔意。这些都和《兰亭序》书法大有时代性的悬隔。碑刻与尺牍的对立，北派与南派的对立，都是不能成立的。现在由于上述几种南朝墓志的出土，与王羲之的年代是相同的，就中如《颜刘氏墓志》还带有行书的味道，而书法也相悬隔。东晋字帖，特别是《兰亭序》的可靠性问题，便不能不重新提出来了。

东晋字帖的种类相当多，没有工夫一件一件地加以论列，我现在只想就《兰亭序》的可靠性来叙述我的见解。

四、《兰亭序》的真伪

……

五、依托说的补充证据

为了把问题叙述得明白易晓起见，我现在把王羲之的《临河序》和传世《兰亭序》，比并着写在下边。

《临河序》

永和九年，岁在癸丑，暮春之初，会于会稽山阴之兰亭，修禊事也。群贤毕至，少长咸集。此地有崇山峻岭，茂林修竹，又有清流激湍，映带左右，引以为流觞曲水，列坐其次。

是日也，天朗气清，惠风和畅。娱目骋怀，信可乐也。

虽无丝竹管弦之盛，一觞一咏，亦足以畅叙幽情矣。

《兰亭序》

永和九年，岁在癸丑，暮春之初，会于会稽山阴之兰亭，修禊事也。群贤毕至，少长咸集。此地有崇山峻岭，茂林修竹，又有清流激湍，映带左右，引以为流觞曲水，列坐其次。虽无丝竹管弦之盛，一觞一咏，亦足以畅叙幽情。

是日也，天朗气清，惠风和畅。仰观宇宙之大，俯察品类之盛，所以游目骋怀，足以极视听之娱，信可乐也。

夫人之相与，俯仰一世，或取诸怀抱，悟言一室之内；或因寄所托，放浪形骸之外。虽趣舍万殊，静躁不同，当其欣于所遇，暂得于己，快然自足，不知老之将至。及其所之既倦，情随事迁，感慨系之矣。向之所欣，俯仰之间，以为陈迹，犹不能不以之兴怀。况修短随化，终期于尽。古人云："死生亦大矣。"岂不痛哉!

每揽昔人兴感之由,若合一契,未尝不临文嗟悼,不能喻之于怀。固知一死生为虚诞,齐彭殇为妄作。后之视今,亦由今之视昔,悲夫!故列叙时人,录其所述,虽世殊事异,所以兴怀,其致一也。后之览者,亦将有感于斯文。

右将军司马太原孙丞公等二十六人,赋诗如左。前余姚令会稽谢胜等十五人,不能赋诗,罚酒各三斗。

这样一对照着看,很明显地可以看出:《兰亭序》是在《临河序》的基础之上加以删改、移易、扩大而成的。"天朗气清"与"丝竹管弦"为《临河序》所固有。暮春时节,偶有一天"天朗气清"是说得过去的。"丝竹管弦"连文见《汉书·张禹传》,"禹性习知音声……身居大第,后堂理丝竹管弦"。可见王羲之亦有所本。至于《兰亭序》所增添的"夫人之相与"以下一大段,一百六十七字,实在是大有问题。王羲之是和他的朋友子侄等于三月三日游春,大家高高兴兴地在饮酒赋诗。诗做成了的,有十一个人做了两篇,有十五个人做了一篇;有十六个人没有做成。凡所做的诗都留存下来了。唐代大书家柳公权还书写了一通,墨迹于今犹存。在这些诗中只有颖川庾蕴的一首五言四句有点消极的意味,他的诗是:"仰怀虚舟说,俯叹世上宾。朝荣虽云乐,多毙理自因。"虽消极而颇达观。但其他二十五人的诗都是乐观的,一点也没有悲观的气息。我只把王羲之的两首抄在下边。

(一)"代谢鳞次,忽焉已周。欣此暮春,和气载柔。咏彼舞雩,异世同流。乃携齐契,散怀一丘。"

(二)"三春启群品,寄畅在所因。仰眺望天际,俯磐绿水滨。寥朗无厓观,寓目理自陈。大矣造化功,万殊莫不均。群籁虽参差,适我无非新。"

就这两首诗看来,丝毫也看不出有悲观的气氛——第一首末句"散怀一丘"是说大家在一座小丘上消遣,这和《临河序》的情调是完全合拍的。即使说乐极可以生悲,诗与文也可以不必一致,但《兰亭序》却悲得太没有道理。既没有新亭对泣诸君子的"山河之异"之感,更不适合乎王羲之的性格。《世说新语·言语篇》中有下述一段故事:

"王右军(羲之)与谢太傅(安)共登冶城。谢悠然远想,有高世之志。王谓谢曰:夏禹勤王,手足胼胝。文王旰食,日不暇给。今四郊多垒,宜人人自效,而虚谈废务,浮文妨要,恐非当今所宜。"(此故事亦见《晋书·谢安传》。)

请把这段故事和传世《兰亭序》对比一下吧,那情趣不是完全象[像]两个人吗?王羲之的性格是相当倔强的,《晋书·本传》说他"以骨鲠称"。他自己是以忧国忧民的志士自居的。他致殷浩书有云,"若蒙驱使关陇巴蜀,皆所不辞"。又他谏止殷浩北伐书,痛斥当时的吏政腐败,他要"任国钧者,引咎责躬,深自贬降,以谢百姓。"又说"自顷年割剥遗黎,刑徒竟路,殆同秦政,惟未加惨夷之刑耳。恐胜广之忧,无复日矣!"阶级立场限制了他,他没有雄心以陈胜、吴广自任,而是怕陈胜、吴广起事。但尽管这样,总比那些"割剥遗黎"者要稍胜一筹。他虽然也相信五斗米教,常服药石,这是当时统治阶级的通习,并不是他个人有意遁世。他后来同王述闹意气,悲愤誓墓,永绝"贪冒苟进"。这也并不表明他的消极,不,倒是相反。他是在骂王述之流"贪冒苟进",而不愿同流合污。王羲之的性格,就是这样倔强自负,他决不至于象[像]传世《兰亭序》中所说的那样,为了"修短随化,终期于尽",而"悲夫""痛哉"起来。

但这一大段文字也有它的母胎。会稽山阴同游者之一人孙绰有《兰亭后叙》,其中有这样的几句:

"乐与时过，悲亦系之。往复推移，新故相换。今日之迹，明复陈矣。"

这就是"俯仰之间，已为陈迹"的不胜今昔之感的蓝本。但这倒真是两个人的感情了，不能够信手地"合二而一"。

……

七、王羲之的笔迹应当是怎样?

总之，《兰亭序》是依托的，它既不是王羲之的原文，更不是王羲之的笔迹。

那吗，王羲之的笔迹究竟应该是怎样?

先请注意一下离王羲之只有一百六十年左右的梁武帝的《书评》吧。这篇《书评》是根据袁昂《古今书评》而把它稍稍整理、润色、扩充了的。袁昂以梁武帝普通四年(公元523年)奉命评书，他只评了二十五人，梁武帝却扩充为三十四人。评语大同小异，唯袁昂文字颇零乱，疑有错简，故今不根据袁昂，而根据梁武帝。梁武帝总比唐人较多地看见过王羲之的笔迹。

隋僧智果所书梁武帝《书评》被收入《淳化阁法帖》中。其中关于王羲之的评语是这样:

"王右军书，字势雄强，如龙跳天门，虎卧凤阙，故历代宝之，永以为训。"

"字势雄强"和性格倔强很相一致，但《兰亭序》的字势却丝毫也没有雄强的味道。韩退之的《石鼓歌》早就讥讽过，"羲之俗书趁姿媚"，《兰亭序》的字迹是相当妩媚的。清人包世臣，在他的《艺舟双楫》中也说:"《书评》谓'右军字势雄强'……若如《阁帖》所刻，绝不见'雄强'之妙。即《定武兰亭》亦未称也。"《阁帖》即《淳化阁法帖》，其第六、七、八诸册收入了王羲之的草书，在包世臣看来，连那些字迹都是有问题的。唐人张怀瓘的《书议》，列王羲之的草书于八人之末。他也早就说过:"逸少(草书)则格律非高，功夫又少。虽圆丰妍美，乃乏神气，无戈戟銛锐可畏，无物象生动可奇。"又说:"逸少草，有女郎材，无丈夫气，不足贵也。"这些批评是相当严峻的，和梁武帝的《书评》恰恰相反。这就表明:现存王羲之草书，是否都是王羲之的真迹，还值得作进一步的研究。

但梁武帝的《书评》评得却很抽象，有意追求辞藻。所谓"字势雄强"，所谓"龙跳天门，虎卧凤阙"，使人很难仿佛王羲之的字迹到底是怎样一种体裁。

关于这个问题，康生同志就文献中作了仔细的探索。他认为"王羲之在唐以前和唐初是以善草隶、隶书、章草著名的。"他收集了资料五条如下:

（一）"羲之少朗拔，为叔父廙所赏，善草隶。"

（二）"羲之书在始未有奇，殊不胜庾翼、郗愔，迨其末年，乃造其极。尝以章草答庾亮，亮以示翼。翼叹服，因与羲之书云:'吾昔有伯英章草书十纸，过江亡失，常痛妙迹永绝。忽见足下答家兄书，焕若神明，顿还旧观'。"

（三）"及长，辩瞻，以骨鲠称，尤善隶书，为古今之冠。"

（四）"有七子，知名者五人。玄之早卒。次凝之，亦工草隶。"

（五）"献之……工草隶，善丹青。……时议者以为羲之草隶，江左中朝，莫有及者。献之骨力远不及父，而颇有媚趣。"

康生同志说:"王羲之的字迹，具体地说来:应当是没有脱离隶书的笔意。这和传世《兰亭序》和羲之的某些字帖，是大有径庭的。"这见解非常犀利。我也找到了一些补充证据值得在这儿叙述。

梁代庾肩吾有《书品》一文，他把汉魏以来迄于梁代的名书家一百二十八人分为三等九品，统称之为"善草隶者"。其中包含着王羲之与王献之父子，王羲之是上上品三人中的第三人，王献之是上中品五人中的第五人。

何谓"草隶"?庾肩吾是分开来说的，草是草书，隶是隶书。

"寻隶体发源秦时，隶人下邳程邈所作。始皇见而重之，以奏事繁多，篆字难制，遂作此法，故曰隶书。今时正书是也。

"草势起于汉时，解散隶法，用以赴急。本因草创之义，故曰草书。建初中京兆杜操始以善草知名，今之草书是也。"

隶书是没有问题的，这儿所说的"今之草书"指的是章草。建初是后汉章帝的年号，后人虽然有的把章草说成为章帝所造，其实是章帝时代所开始流行的一种写表章的草写隶书，字字分离，不相连接。故庾又云："隶既发源秦史，草乃激流齐相，跨七代而弥遵，将千载而无革。"自秦至梁为"七代"，这是说梁代以前，正书就是隶书，草书就是章草。庾所说的过去的事是正确的，但他说到将来千年也不会变，那就没有说对。

"齐相"即指杜操。杜操之名，后人书中每改为杜度，如庾肩吾《书品》列"杜度伯度"于上中，谓"杜度，滥觞于草书，取奇于汉帝，诏复奏事。昔作草书"。"汉帝"即指汉章帝。唐人张怀瓘《书断(中)》列杜度于"精品"，云"后汉杜度字伯度，京兆杜陵人。御使大夫延年曾孙，章帝时为齐相，善章草。"又引萧子良云"本名操，为魏武帝讳，改为度。"怀瓘不同意萧说，谓"蔡邕《劝学篇》云'齐相杜度，美守名篇'，汉中郎不应预为武帝讳也。"其实萧子良是说后人为曹操讳，非杜操自讳。怀瓘似将杜操与杜度判为二人，在其《书断(上)》论章草条下，既引萧子良说"章草者汉齐相杜操始变稿法"，又云"至建初中，杜度善草，见称于章帝，上贵其迹，诏使草书上事。"杜操与杜度既误为二人，因而"汉齐相"亦有误作"魏齐相"者。如齐人王僧虔录《宋羊欣：采古来能书人名》云："京兆杜度为魏齐相，始有草名。"此又后人妄作聪明者所臆改。唯庾氏《书品》中杜度与杜操之名亦歧出，此盖由于讳改未尽，或则回改未尽。(前代讳者，后代因不讳而又改回原字，故书中往往零乱。)窦臮《述书赋(上)》窦蒙注："杜操字伯度，京兆人，终后汉齐相。章帝贵其迹，诏上章表，故号章草。"此最为翔实。

还请注意《羊欣：采古来能书人名》那篇纪录吧。羊欣是王献之的弟子，是晋宋两代的人。文中在草书之外还有所谓"草稿"，或单称"稿"。

一、卫瓘字伯玉，"更为草稿。草稿，相闻书也"。("相闻"乃尺牍之意。)

二、杜畿、杜恕、杜预，"三世善草稿"。

三、王导"善稿、行"。(稿书与行书。)

四、王献之"善隶、稿"。(隶书与稿书。)

说到王羲之，则是"博精群法，特意草隶"。草、隶者章草与隶书。这和王献之"善隶、稿"对照起来看，草书与稿书的差别、大王与小王的差别，可以一目了然。宋代宗炳的九体书中，"稿书"与"半草书"、"全草书"并列，宋代王愔《文字志》(见《法书要录》卷一)在"古书有三十六种"中亦以"稿书"与"草书"并列。这些都证明：唐以前所说的"草"是章草，唐以后所说的"草"是"稿书"。章草有一定的规律，"稿书"则比较自由。故张芝曾云："匆匆不暇草书"，是说没有工夫作有规律的章草，只好写"稿书"。实际上"稿书"并不始于卫瓘，特卫瓘的稿书写出了风格而已。近代发现的西陲魏晋竹木简上的文字其实都是"稿书"。但那些稿书虽然没有章草那么谨严，却总还保留着隶书的笔意。这是时代使然，任何变化都是有一定的过程的。

我很欣赏上举李文田的推测，"故世无右军之书则已，苟或有之，必其与《爨宝子》《爨龙颜》相近而后可"。请注意，他说的是"相近"，也就是说必须有隶书笔意而后可。隶书的笔意究竟是怎样的呢?具体地说来，是在使用方笔，逆入平出，下笔藏锋而落笔不收锋，形成所谓"蚕头"和"燕尾"。南北朝人的碑刻字或写经书，虽已收锋，仍用方笔;凡一点一划、一起一收，笔锋在纸绢等上转折如画三角形。这样的用笔法，就是所谓隶书笔意。

再者，李文田所提到的《宝子碑》，以清乾隆四十三年出土于云南曲靖县南七十里杨旗田，后移入城内武侯祠侧。《龙颜碑》在云南陆良县东南二十里贞元堡，直到清代道光年间才被当时的云贵总督阮元幕下的文人们所注意到，而加以重视。《宝子》刻于东晋安帝义熙元年(公元405年)五月。——碑文作"太亨四年，岁在乙巳，四月"，盖安帝元兴元年(公元402年)曾改元为太亨，后又改回元兴，元兴只有三年，于第四年春正巳改元为义熙，陆良道远，不知道中央已屡次改元，故犹沿用太亨年号至于四年四月。《龙颜》则刻于宋孝武帝大明二年(公元458年)。

有趣的是，《王兴之夫妇墓志》的字迹与《宝子》极相类似，而《谢鲲墓志》的字迹则与《龙颜》相近。这可证明，在南朝的晋宋时代，无论在中央或极辟远的地方，文字结构和北朝的碑刻完全是一个体段，对于两汉的隶书都是一脉相承的。这就是李文田所说的"时代为之，不得作梁陈以后体"。

故有《王兴之夫妇墓志》与《谢鲲墓志》的出土，李文田的预言可以说已经实现了一半。我很相信，在南京或其近境的地下，将来很可能有羲之真迹出土，使李的预言能得到全面的实现。姑且写在这里，作为第二次的预言。

一九五六年三月三十一日

书 后

文章脱稿后，我同一位对于文字学和书法都有研究的朋友谈及李文田的说法。出乎意外的是，这位朋友却不以李说为然。他认为《临河序》是节录，文后的四十个字是把文外的记事掺杂进去了的。

我只得请他把《兰亭墨迹》的神龙本，拿出来研究一下。这是所谓《冯承素摹本》。因为唐人把隔水换过，一首一尾还留下"神龙"二字的长方形半印。文前剩下"神龙"二字的左半，文后剩下右半。"神龙"是唐中宗的年号，在存世墨迹本中，大家倾向于以这本为最好。它的真迹尚存故宫博物院，我曾经亲自去对勘过。

我对不同意李文田说的朋友说道:暂且把文章的真伪避开，就字论字吧。依托者在起草时留下了一个大漏洞。那就是一开始的"永和九年，岁在癸丑"的"癸丑"两个字。这两个字是填补进去的，属文者记不起当年的干支，留下空白待填。但留的空白只能容纳一个字的光景，因此填补上去的"癸丑"二字比较扁平而紧接，"丑"字并且还经过添改。这就露出了马脚，足以证明《兰亭》决不是王羲之写的。在干支纪岁盛行的当年，而且已经是暮春三月了，王羲之写文章，岂有连本年的干支都还记不得，而要留空待填的道理?……

我的话还没有十分说完，朋友已经恍然大悟了。《兰亭序》是依托，看来是无可争辩的。

全文：

《兰亭序》的真伪驳议

高二适

　　顷见《光明日报》连载郭沫若先生"由王谢墓志的出土论到《兰亭序》的真伪"一文。文章的内容，划为七大段，洋洋洒洒，都两万余言。关于兰亭部分，郭先生的立论要旨：在其文（三）"由墓志说到书法。"大抵概括于南京附近出土的东晋墓石（原作墓志，本人改称）。拓片，与王羲之所写《兰亭序》年代是相与上下的。由于墓石上的书体，与《兰亭序》笔迹迥殊，于是《兰亭序》的可靠性的问题，便不能不重新提出了。原文尤其是席清季顺德李文田题满人端方收得吾乡汪容甫先生旧藏"定武褉帖不损本"的跋语之势。他论定了"《兰亭序》不仅从书法上来讲有问题。就是从文章上来讲也有问题。"又其文由（五）到（六）揭题以《兰亭序》为依托，郭先生更斩钉截铁的批判了这篇文章，"根本就是伪托的，墨迹就不用说也是假的了。"郭的决定性的论断如此。又其文（七）"王羲之的笔迹，应当是怎样。"这一段作者更认定"现存王羲之的草书，是否都是王羲之的真迹，还值得作进一步的研究。"这些又都是郭先生根本在怀疑凡属祖刻"澄清堂"及其次"淳化阁"等丛帖上刻的右军书迹，此乃不啻在帖学上作了一个大翻身。惟兹事体大；而问题又相当的繁复。今日而有人提出了这样的问题，倒真是使人们能够"惊心动魄"的。二适无似。谨以浅陋之质；怀战慄之思。俾掇芜言，创为驳议如左：

　　首先郭先生之为此文。愚以为是系于包世臣在其《艺舟双楫》论书十二绝句内咏"龙藏寺"诗。诗云："中正冲和龙藏碑，坛场或出永禅师。山阴面目迷梨枣，谁见匡庐雾霁时。"世臣设想"龙藏寺"为陈智永僧所书。又其自注"称'龙藏寺'出魏'李仲璇''敬显隽'碑。……左规右矩近《千文》。《书平》谓右军笔势'雄强'，此其庶几。若如'阁帖'所刻，绝不见'雄强'之妙，即《定武兰亭》亦未称也"等语。世臣本以北碑起家，其不信"褉帖"及大王书，此影响尚属微薄。（余疑包未见帖本佳刻，其于华亭模"澄清堂"又顷水雨十一字，未为能手。而世臣极称之。至"龙藏寺"为北齐张公礼之书，宋拓本字迹尚存，何可张冠李戴。）至李文田题端方《定武兰亭》，疑问丛生。其断语称"文尚难信：何有于字。"这问题就显得重大了。何况郭先生对"右军传世诸帖，尚欲作进一步的研究"主张来。

　　今吾为驳议行文计。请先把清光绪十五年顺德人李文田跋端方的帖语所存在的诸疑义，燃栝起来，分为两点。盖缘郭文李跋，前后都有错杂突出的意义。窃恐理之难清；词安可喜。

　　（一）李云："定武石刻，未必晋人之书。以今所见晋碑，皆未能有此一种笔意，此南朝梁陈以后之迹也。可疑一也。"按李称晋碑，系指《爨龙颜》《爨宝子》的笔意不与《兰亭》帖合。郭文则指南京镇江先后出土之东晋墓石拓片上之隶书也。墓石文差不多均与《兰亭序》在同一个时期. 而墓石与《兰亭》笔迹，又是悬殊。

　　（二）李跋引用《世说新语·企羡篇》王右军得人以《兰亭集》序方《金谷诗》序。又以已敌石崇，甚有喜色条。李云："刘孝标注引王右军此文，称曰'临河序'，今无其题目，则唐以后所见之兰亭，非梁以前之兰亭也。《世说》云：人以右军《兰亭》拟（按此当作方。拟方两字，意小有别。）石季伦《金谷》，右军甚有喜色。是序文本拟（此处即见方、拟字用法。）《金谷序》也。今考《金谷序》文甚短，与《世说注》所引《临河序》篇幅相应。（此处李以用字异于世说，本文已自入误矣。）而《定武本》（应作兰亭。定武与兰亭用法自有别，此李又一误。）自夫人之相与下多无数字。此必隋唐间人知晋人喜述老庄而妄增之。不知其与《金谷序》文不相合也。可疑二也。即谓《世说注》所引，或经删节。……然录其所述之下，《世说注》多四十余字，注家有删节右军文集之理；无增添右军文集之理。此又其与右军本集不相应之一确证也。可疑三也。有此三疑，则梁以前之兰亭，与唐以后之兰亭，文尚难信，何有于字。且古称右军善书：曰'龙跳天门，虎卧凤阁。'……故世无右军书则已，苟或有之，必其与《爨宝子》《爨龙颜》相近而后可。以东晋前书，与汉魏隶书相似。时代为之，不得作梁陈以后体也，然则定武虽佳，盖足以与昭陵诸碑相伯仲而已。隋唐间之佳书，不必右军笔也，往读汪容甫先生《述学》有此跋，今始见此帖。亦足以惊心动魄。然余跋足以助赵文学之论，……"等语。今按李文田此一跋文，措词尖巧，一般以为最可倾倒一世人。其跋似又囿于北碑名家包世臣之诗义。以吾观之，包李之论据虽工，而其言之不中，亦且无能为讳矣。

此处提示包李评述《兰亭》的识见。而今代郭先生著为论辩，又是采撷前二家先入之见，而更加以序文"癸丑"二字作为留白补填之题材。及"兰亭出于依托，藉词以取证依托者（智永）所露出来的马脚"云云。郭文又说："现存神龙本的墨迹，就是兰亭序的真本。就应该是智永所写的稿本。"

以上为撮合郭先生的论列《兰亭序的真伪》的一文。大似拟议个人要为交割清晰。则知余所持之驳难、会其有在，庶无间我乎？以下则节节驳难李文田诸可疑之点。

寻当日右军修其禊事，兴集为文。其手笔藁草，本可无须命题，如羲之之于集序，亦并未著己名也。羲之虽未命题著名，而《世说》本文，固已标举王右军《兰亭集序》字面。至方之《金谷诗序》，岂必在文章短长之数？及梁刘孝标加注，又换新题为《临河序》。是故李跋即不得云："今无其题目"。况又称"唐以后之《兰亭》，非梁以前之《兰亭》哉？"余意自唐太宗收得《兰亭》，即命供奉拓书人，赵模、韩道政、冯承素、诸葛贞等四人，各拓数本。一时欧、虞、褚诸公，皆模拓相尚。故唐模《兰亭》确甚繁夥。然所谓"梁以前出世之兰亭。"文田究从何得睹？（余此信姜夔说。）遣词缭绕，不澈不明。此李文田之误一也。然吾窃诧异《世说》载"王右军得人以兰亭方金谷诗序。甚有喜色。"夫以誓墓辞荣之身；忽侪望尘下拜之辈。右军宜无可喜。然《世说》竟称其事。吾于此亦欲有如郭先生论文所云："尽信书则不如无"之感。凡此固《兰亭文》（东坡用此称，）真假的支节问题，原非最要。最要为何？吾请仍以《世说注》为证。吾则重袭郭的原文，抄出《临河》《兰亭》两序为对比的前例。我今也钞《世说注》"陆机荐戴渊于赵王伦；及《陆机本集》全文，为率先解剖李跋中可疑的一件事。即我前文以为文田最能倾倒一世人的一件事。"

《世说新语·自新》。戴渊少时游侠条。（文长不录。）刘注如下。陆机荐渊于赵王伦曰：

盖闻繁弱登御，然后高墉之功显。孤竹在肆，然后降神之曲成。伏见处士戴渊。砥节立行，有井渫之洁。安穷乐志，无风尘之慕。诚东南之遗宝，朝廷之贵璞也。若得寄迹康衢，必能结轨骒骥。耀质廊庙，必能垂光瑜璠。夫枯岸之民，果于输珠。润山之客，烈于贡玉，盖明暗呈形，则庸识所甄也。

与赵王伦荐戴渊笺（陆机本集全文）盖闻繁弱登御，后然高墉之功显。（此下《世说注》有删节）孤竹在肆，然后降神之曲成。是以高世之主，必假远迹之器。蕴匮之才，思托太音之和，伏见处士广陵戴若思，年三十。（此下《世说注》文字，有移动及增减处。）清冲履道，德量允塞。思理足以研幽，才鉴足以辨物。安穷乐志，无风尘之慕。砥节立行，有井渫之洁。试东南之遗宝，宰朝之奇璞也。若得托迹康衢，则能结轨骒骥。曜质廊庙，必能垂光玙璠矣。（此下"世说注"有增添文。）惟明公垂神采

156

察，不使忠允之言，以人而废。

以上《世说新语》的注，与《陆平原（机）集》对看。较易了然"注家有增减前人文集之事。"而李文田跋语却说"注家有删节右军文集之理；无增添右军文集之理。"这是站不住脚的。而李又曾昌言《世说注》《临河序》的文字。与《右军本集》有不相应之确证，李若同时见此二文，倘否可云《陆机文集》，荐戴渊与赵王伦笺，又与《世说注》陆机荐戴渊与赵王伦文，有不相应之确证耶？《世说注》《临河序》（"临河"二字、吾意系刘孝标的文人好为立异改上的。至于末尾上的右将军司马孙承公等二十六人，迄罚酒各三斗诸文。则是记述禊集诗事。此或系禊饮中人写的。刘既删节右军文，遂不妨给他添上，这也是注家的能事。但此别无证据，惟照《晋书羲之本传》称"作序以申其志。"则夫人之相与一大段，确可说是右军的本文。特假此附记。）与《右军本集》序文，同被刘孝标删添而异其词，已无疑矣。本是一个《兰亭》，而李跋乃判为"梁以前唐以后两个《兰亭》，"此李文田之误二也。至于李又尝称："故世无右军书则已，苟或有之，必其与《爨宝子》《爨龙颜》相近而后可。"吾熟知右军书博精群法，不名一体。今李文田欲强右军之写兰亭，必如铭石之书而后可。斯乃胶柱鼓瑟，亦其无博识常理者。此李文田之误三也。吾行文至此，不禁心情鼓盪。猛忆郭先生原文（七）"王羲之笔迹，应当是怎样"的小标题下。有云："关于这个问题，康生同志，就文献中作了仔细探索。"以及康生先生列举了五个例证。结语"是王羲之的字迹，具体的说来，应当是没有脱离隶书的笔意。"等语，旨哉言乎！王右军《定武兰亭》佳本，即是没有脱离过隶书笔意的。但除《定刻五字未损本》，则为最不易识。而非可取证求索于通称褚模之《神龙本》，亦不可以以羲之已变隶入正行，而要其重新字字作隶法。昔黄山谷谓"楷法生于兰亭。"即指《定武本》言。而草生于隶，（草为章草。）正生于草，亦生于隶。此为书法上相传授之一准则，世人往往未尽能识之，今《定武兰亭》，确示吾人以自隶草变而为楷，（此意未经人道过，为吾苦思而得之。）故帖字多带隶法也。昭陵茧纸，如在人间，当亦不外乎此。今欲证吾言，明帖意，特模出如干字如次：《兰亭序》首行（指定武佳本言）癸丑之丑，即系蝎扁隶法。曲水之水，如魏《张黑女志》，宇宙之宇，似汉《西狭颂》中字。而王十朋《玉石版本》尤神妙。形骸之外，外字右卜，由急就章卜字来。亦与《瘗鹤铭》外字同法。欣欠右一笔作章草发笔状，不是捺。老之将至，老字与皇象章草同科。死生亦大矣死字，隶体。临文之文，亦同于急就章。及钟宣示表。（钟帖今本系王临）。此右军变草未离钟皇处。至其序中的改字笔迹。如"回""向之""夫""文"等。凡欧模宋拓佳本，皆未脱离此种隶式。《定武兰亭》，余所见以"元人吴柄藏本"，最为不失笔意。

又余今为此驳议，在他一方面言之。亦殊想拍合郭先生继康生先生后，"找到了的一些补充证据。"以为他日得有反覆讨论到王右军的字迹真假之所同异。今特根据汪容甫自跋其"修禊序"语甄录少许。容甫的考订鉴赏，其精诣处远在同时的翁覃溪上。观其第一跋曰："今体隶书，以右军为第一，右军书，以修禊序为第一。修禊序，以定武本为第一。……"隶字着得最有眼光。又曰："定武乃率更响拓，而非其手书。唐书文苑传，称率更本学王羲之书，可谓高识。此必柳芳、吴兢之旧文。宋子京采用之尔。"称定武为欧阳询响拓，容甫是有一定的看法的。在本题李跋端方的帖尾文，亦尝引用容甫之友人赵文学魏之论断，顾李文田未能领会赵氏之本意，遂至放言一发而难准。赵云："南北朝至初唐碑刻之存于世者，往往有隶书遗意，至开元以后，始纯乎今体，右军虽变隶书，不应古法尽亡。今行世诸刻，若非唐人临本，则传模失真也。"汪容甫题跋到此，吾意必为郭康两先生所叹服。再吾忆往年在沪，于闽诗人李拔可墨巢斋中，偶林子有谈隶变及章今草法之递嬗，墨巢翁是之，别后之翌日，墨巢忽举其所藏王右军书影本见遗。附有残帖拓片，极可贵。此盖吴门缪氏所收淳化初刻也。其书点画波磔，皆带隶法。尝为容甫所推许，今亦见汪氏重模之禊序跋尾中。故容甫曾寄慨词：谓"前贤遗翰，多为俗刻所汩没。而不见定武真本，终不可与论右军之书也。"以上各则，似稍涉琐尾。然为考求《兰亭》之真伪，不知能值得郭康二先生一顾否？然余独不解郭先生论《兰亭》真伪的大文，何以一定要牵联到南京近境出土之晋石。引攻错北碑者为已张目。今审包世臣所咏"龙藏"句意，乃适为浅陋已。（见上下文。）而李文田则昌言"使右军而有书，必其与"爨龙颜""爨宝子"相近而后可。"吾今试问之，假如王右军当日写兰亭序，竟作"二爨"碑字体，即得符于梁武"龙跳虎卧"之势耶？吾恐其又不必然矣。

然则此一疑问，将从何而得解，吾于此仍当继吾言也。

尝读张怀瓘《书断》"行书，王愔云：晋世以来，工书者多以行书著名。昔钟元常善行押（字亦作狎，）书是也。尔后王羲之，献之，并造其极焉。"今李文田斤斤焉欲王右军兰亭序之书，与大小爨相近。郭先生以获见王谢墓石，又著论从而广之。且词益加激厉；理益加横肆。吁！是皆不识羲之得名之所自而然。又怀瓘别有《书论》云："其真书，逸少第一；元常第二。其行书，逸少第一；子敬第二。又右军得重名者，以真行故也。"窃意南京他日倘有可能得再发现东晋碑碣，其碑字亦必与王兴之夫妇，谢鲲等墓石书体不相远。盖南朝本禁立碑。其碑是否出于当时名能书者之手。今则举不可知！观王右军字迹，从未有见之墓石者，其故端可思。是故郭先生以为江南所掘石刻，"使李文田预言可以说已经实现了一半。"及"将来在南京近境的地下，很有可能有羲之真迹的出土。使李的预言，能得到全面的实现，"等语。鄙意郭先生有此雅怀，则殊难必其料量到此。何也，以碑刻字体例，固与兰亭字迹无可通耳。

又查宋羊欣《采古来能书人名》，颖川钟繇条：……"钟书有三体。一曰铭石之书，最妙者也。二曰章程书，传秘书教小学者也。三曰行押书，相闻者也。三法皆世人所善"云。按此即所谓太傅之三色书者，其用法自各有别。吾偶得元人著《衍极》一书。其中有言："初行草之书，魏晋以来，惟用简札。至铭刻必正书之。故钟繇正书，谓之铭石。"此语明显，堪作前文注脚。缘此之故，使右军写碑石，绝不可作行草。而今右军书兰亭，岂能斥之以魏晋间铭石之隶正乎？是李跋前后所言，均属无所依据，是可不攻而自破矣。考羲之本属各体皆工，允为当时及后世人所临习。今梁陈间书，总不离羲、献父子。而反谓羲之为梁陈以后体耶？此文田之误四矣。吾索不乐随人俯仰作计，如云："右军书兰亭序，在书法上不妨发挥他的独特性。"又"王羲之所写的行书和真书。是当时的新体字，还不登大雅之堂"等说法。这是哗众取宠。羌无故实。惟草生于汉，汉碑无虑数什佰种，而竟未见有作草者。北朝魏齐、南朝东晋梁陈，书风虽不尽同。而地上所表立，地下所发掘者。累世迄均无一魏晋人行押书，此亦可思矣。溯自唐太宗令弘福寺僧怀仁集王右军真行书，为"圣教序"文刻石。及太宗御书之"晋祠铭"，以至后来敦煌发现之"温泉碑。"（宝刻类篇，著录此名。）始次第开行草立石之渐。厥后高宗御书之"万年宫"，"李贞武"及"大唐功德颂"皆真行之间也。而文皇父子，亦均得法于右军之《兰亭》。贞观诸臣工，又均竟相模拓羲之《兰亭》书迹。观魏徵对太宗言："褚遂良下笔遒劲，得王逸少法。"又高宗龙朔间，许围师称"魏晋以后，惟称二王，"斯乃可见一斑。惟模勒《兰亭》，而能夺真，当时只得欧阳询"定武"一刻耳。夫太宗之收《兰亭》也，于羲之传亲为制赞。又誉右军作《兰亭序》，以申其志。文皇"笔意"，更载"学书先须知王右军绝妙得意处，真书《乐毅》，行书《兰亭》，草书《十七帖》"云云。窃以太宗之玄鉴，欧阳信本之精模。当时尚复有何《兰亭》真伪之可言。又观右军年五十三，或恐风烛奄及。遂作"笔阵图"以遗子孙云："夫书，先须引八分章草入隶字中，发人意气。"此倘即为《兰亭》法以立家训否？总之《兰亭》而有真赝，绝不能逃唐文皇之睿赏矣。何谓"有梁以前唐以后兰亭之说耶！"此李文田之误五矣。

前义既粗陈。吾乃说向褚模"神龙本"之考究。据郭称："神龙墨迹本，应该就是智永所写的稿本。也就是《兰亭》序的真本。"此浮誉难实，永禅师无可当。鄙意郭先生既找到了《兰亭》出于依托，此或不得不归之智永。抑或归之智永，始可弥缝其己之依托之说。"墨池堂"所刻，吾不能举。惟知其中亦收有"神龙兰亭"，模手失笔极多。吾不久前在大公报"艺林"，见有署名启功者，谈《神龙本》兰亭一文。及附印有《神龙》全本。予以廓大镜照之，审京"故宫博物院"藏本，与通行石本初无二致。不知此是否为宋人苏耆家《兰亭》三本之一，为耆子、才翁东斋所遗之物，题为褚遂良模者。如其是也。米南宫当日曾谓："其改字多率笔为之，有褚体，余皆尽妙，此书下真迹一等。"云云。予今据"艺林"启功先生所谈帖中一字。（每）与郭先生文中所考定为比。启功云："这里每字的一大横，与上下文各字一律是重墨。而每字的部分，则全是淡笔。表现了改写的程度"。郭云："这里的'每'字，最值得注意。他是先用浓墨笔写成一字，然后用淡墨笔添写为'每'字。故一字中有浓有淡。"我从这一点看来，便知道两位笔下的《神龙兰亭》，原是一个东西。郭先生拟《神龙》于智永，不识别有何种秘义？寻《神龙本》亦只逊于《定武》一筹。故米评又有："勾填之肖，自运之合"语。已示微意！吾见《神龙》除改字（改笔的率）外，即无一隶笔可寻。意者青琐瑶台，其不逮《定武》乃在自运之合耶？而智永"千文"真迹，（阁帖承足下还来帖。有人认系释智果书。其末两字，为押字也。）长安有刻石，书坊有宋拓影本流传。其真书近虞永兴，（世南本从智永为师）草则多有章书笔致，在铁门限固应有临习兰亭遗迹，但何可以褚模之本归之。至郭称："帖中'癸丑'二字，是留下空白补填上的，"以此折服其友人。审文中转折，岂无"口是而心非"。吾意兰亭中的"癸丑"二字，自有此帖，即今化身千亿，自始即已如此作。从来模帖，贵在毫铦备尽，与真无差，此属是已。窃意"癸丑"一字，如郭的文章所称说"属文者记不起当年的干支，留下空白待填，"然而干支配合，缀成岁纪。此人连著留下两个字的空白，都忘却了。还谈得上什么兴集为文。此等处原不是兰亭序的真伪的核心问题，然若稍稍领会右军的"用笔阵图法"（见后文引）书道固在玄妙之间耳。郭先生于《神龙本》考证精详，此是也。而视为智永之真迹，掠取其七代祖先而代之。鄙意郭先生的友人，震慑于"补填"二字之说。接着便认"兰亭是由于依托。"此其文过饰非，不肯明辨是非。此在今日对人对事，均非所宜出矣。

此处余得钞来唐人李嗣真的《书后品》踵庚肩吾"推能相越，小例而九。引类相附，大等而三。"之意。其书列王羲之为"逸品，"褚遂良得"上下品，"释智永得"中中品。"嗣真兼称"智永精绝，惜无奇态。"此三人《书品》相越如上。倘《神龙》属之智永，取"智"而抑"褚"，无论书迹之相悬殊其"品"亦极难称。是故郭文书后一段，其自发语："这个墨迹，很可能就是真迹"。又"今存神龙本，墨迹就是兰亭序的真本了。"若视同定案亦颇可有待商之处在。

或有问余曰：兰亭"癸丑"二字，不作填补说，应作何解？余曰：此王羲之所留真迹也。以《定武》照之，皆然。以其他本照之，亦无不然。寻"笔阵图"：有"夫欲书者，先乾砚墨。凝神静思。……若平直相似，状如算子。上下方整，前后齐平，此不是字，但得其点画尔。"又"用笔亦不得使齐平大小一等，"此右军屡言之、不一见。观序文"癸丑"一格作两字，如第十二行行首"一世"二字，亦然。丑作隶扁，世字隶草尤神妙。抑此等字法，张伯英亦时发之。顾其佳境，乃在"引八分章草入隶字中"，发人意气耳。何深疑焉！

　　愚不才中岁嗜书，坐卧王氏书帖。往于佳本《兰亭》，时有心神散朗，一似帖气显露"雄强"，使人凭生振发。故事：有赵文敏在元大德间，与同时鉴赏家霍清臣等十三人，集鲜于伯几池上。座有郭右之者，出羲之思想帖真迹（刻淳熙续帖中）侑客。观者无不咨嗟叹息，真见有"龙跳虎卧"之势。吾意此并非难遇也。玩书字故应如相马然，牝牡骊黄，妙尽神凝，却能涵茹性趣。又吾每一临习《吴炳不损本》，思与古人"神交"，解衣盘礴，辄成"默契"。此吾之所得也。岂识包世臣能识华亭重开"澄清帖"残本，又顷"水雨以复为灾彼何似"两行十一字，（据张溥百三名家集，顷水作须求，澄清今传四卷、吾查未见此帖，而戏鸿本未可定为佳模也。）叹其如"虫网络壁，劲而复处"而又作诗讥刺《定武兰亭》为未称梁武书平之势。文人见异思迁，是非无准。岂不痛哉！包李一时均服膺北碑，或于帖学褊见，兼有所未窥。此倘《世说》所称："轻在角角弱中为人作议论者。"

　　以上余于郭先生兰亭真伪的"驳难"，其大处略尽于此。谨议，一九六五年七月七日夜中南京。

（原载1965年7月23日《光明日报》）

杨根思烈士个人资料

保管单位：泰兴市杨根思烈士陵园

内容及评价：

杨根思（1922～1950），泰兴县羊货郎店人（今根思乡）。1942年参加革命，1944年3月参加新四军。1945年11月，加入中国共产党。战争期间，杨根思浴血奋战，战功累累，被誉为"爆破大王"。鲁南战役齐村战斗胜利后被评为华东一级战斗英雄；淮海战役后被评为华东三级人民英雄。1949年5月，参加全军首届英模大会，被评为一级战斗英雄，随后提升为连长；1950年作为正式代表出席全国英模代表大会；9月26日受到毛泽东主席、朱德总司令接见；11月7日，随中国人民志愿军出国；29日，在朝鲜咸镜南道长津郡下碣隅里南小高岭战斗中，杨根思带领三排战士坚守阵地，接连击退敌人8次反扑，最后杨根思只身抱炸药包冲入敌阵，与群敌同归于尽，用生命保住了小高岭阵地，为夺取第二次战役胜利立下了卓越功勋。1952年5月9日，杨根思被中国人民志愿军领导机关追记特等功，授予"特级英雄"光荣称号（全军只有杨根思和黄继光获得这一殊荣），并将杨根思所在连队命名为"杨根思连"，三排命名为"杨根思排"。1953年6月25日，朝鲜最高人民会议常务委员会授予杨根思"朝鲜民主主义人民共和国英雄"称号和"一级国旗勋章"、"金星奖章"。1955年泰兴县人民政府在其家乡修建"杨根思烈士祠"；1965年更名为"杨根思烈士纪念馆"，张爱萍题写了馆标；后又更名为"杨根思烈士陵园"。

杨根思烈士个人资料是进行爱国主义教育的珍贵素材，具有重大的宣传价值。

朝鲜政府及金日成首相赠送的礼物：丝织品

朝鲜政府及金日成首相赠送的礼物：雨衣

朝鲜授予的一级国旗勋章、证书和金星奖章、证书

杨根思获得团部授予的一等人民英雄《功劳奖状》（1948年5月25日）

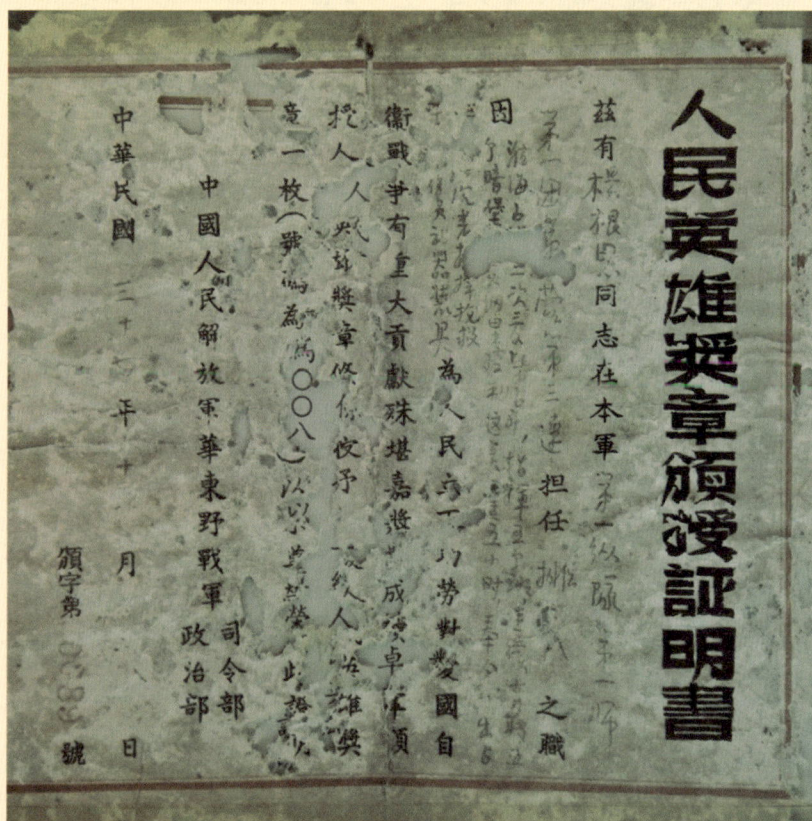

华东野战军颁发的《人民英雄奖章颁授证明书》（1948年11月）

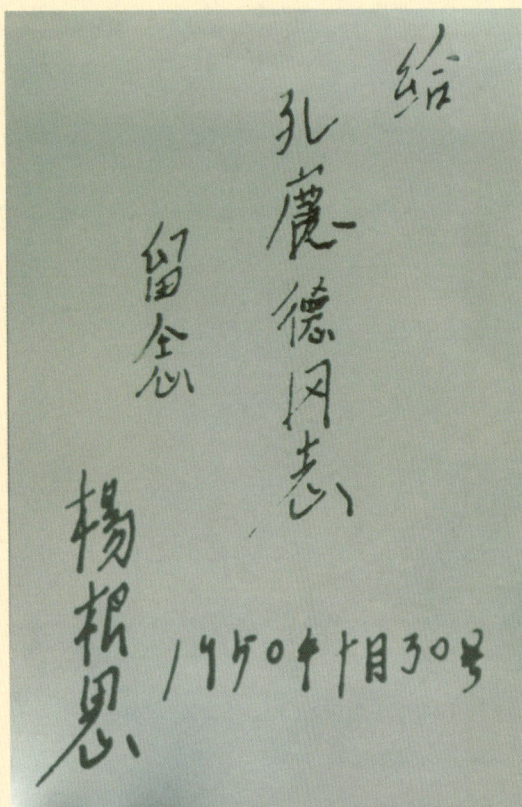

杨根思送给孔庆德（同乡）的签名照（1950年10月30日）

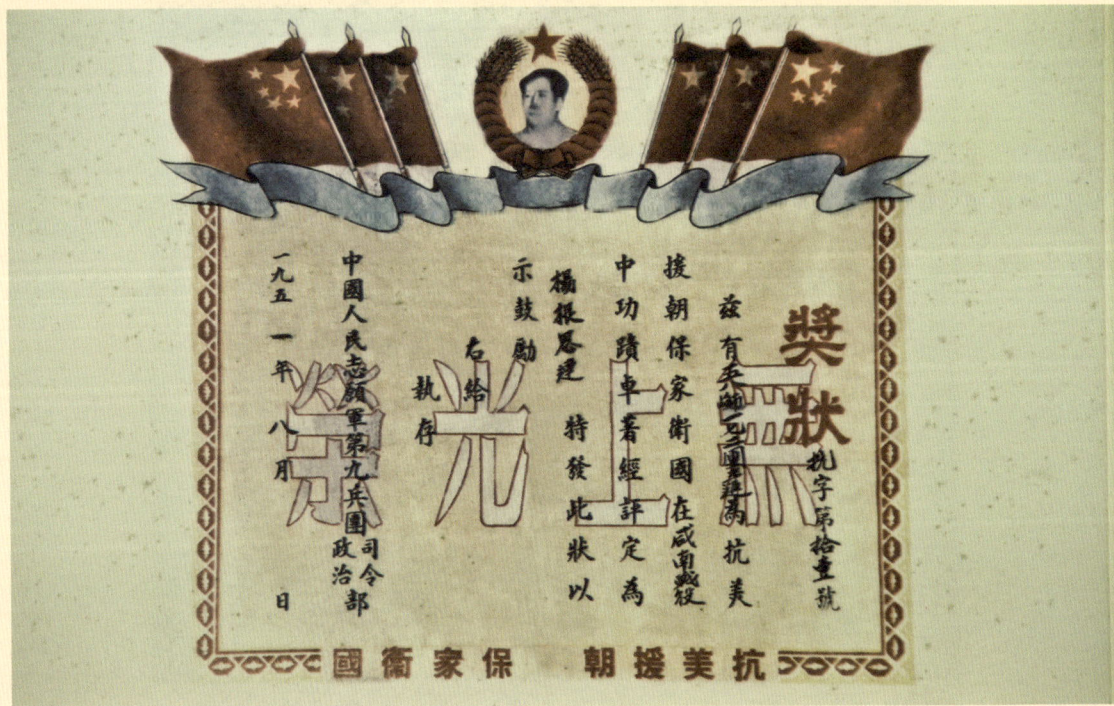

中国人民志愿军第九兵团命名杨根思连的奖状（1951年8月）

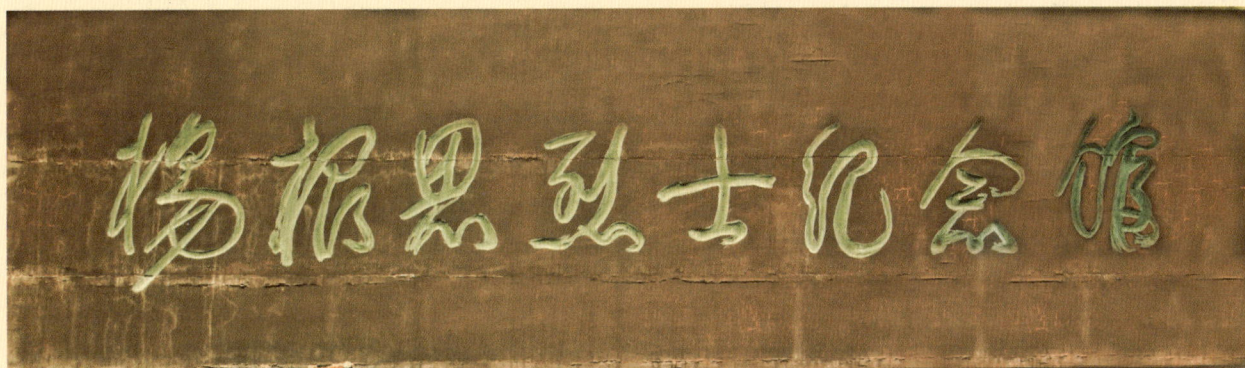

杨根思烈士纪念馆标（张爱萍题）

叶培建档案资料

保管单位：泰兴市档案馆

内容及评价：

叶培建，1945年1月生，江苏省泰兴市人。1967年毕业于浙江大学无线电系。1980年赴瑞士留学，1985年获博士学位。1985年归国后，在北京控制工程研究所工作，任研究室主任。1986年加入中国共产党。2003年成为中国科学院院士。多年来，他一方面从事控制系统、机器人视觉及计算机应用工作，主持了中国空间技术研究院的计算机工程和设计上水平的技术工作，推动普及了计算机在卫星、飞船设计及制造中的应用；另一方面，从事卫星研制，担任总设计师兼总指挥。同时作为院卫星应用的技术顾问，完成了不少技术指导工作和工程项目。

2006年，泰兴市档案馆派员赴京拜访叶培建院士。叶培建院士捐赠了院士绶带1条、月球仪1只、论文集2本、航天系列纪念章5枚、照片若干及部分纪念封等。这些资料都是叶培建院士个人收藏和使用过的，具有较大的纪念意义。

叶培建院士的部分代表证、出席证

叶培建的院士绶带

叶培建捐赠的月球仪

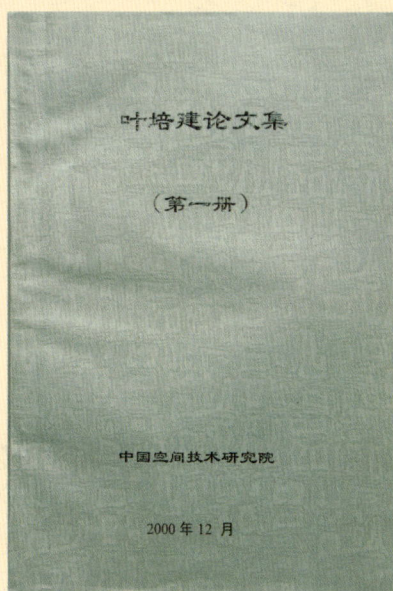

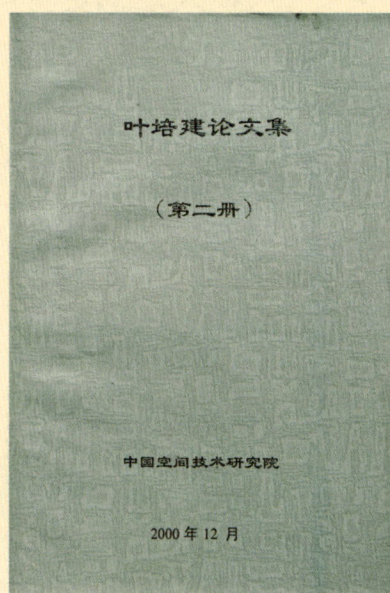

《叶培建论文集》

中国航天系列纪念章：创业章、奠基章、发展章、奋斗章、开拓章

泰興縣志序

邑之有志猶古史之紀邦國也是邑乘其史之流

于人言史筆難志詎獨易龍牧邑雨載大者錢穀

軍需次者爰書都鄙凤夜殫心喘惴然方懼不克

勝任且泰雖九土襟江帶為郡東南要津綢繆

識　　　　司尤慮靖職弗遑　　上下數百年

漫羅往蹟　括為一書則曷敢哆譚也茲夏之

前六月　橄有修志之役莫識所從問之則康熙

十三年前令李公蜚英奉修在先會滇南兵務倥

明《万历泰州志》

保管单位： 泰州市档案馆

内容及评价：

明《万历泰州志》，本为十卷，现仅存一至四卷，分上、下两册(手抄本)，成书于万历三十二年（1604）。泰州人章文斗编次，广昌黄佑纂修，泰州知州李存信校刊。志首有序四篇、泰州志图、目录。全志篇目为"十纲五十八目"。"十纲"是：辨职方、陈经制、程物土、叙官联、识遗爱、考人仕、标名节、沐恩光、备幽异、铨艺文。明《万历泰州志》是现存最早的泰州地方志，为泰州的文史研究、编史修志、历史文化名城申报和地域地名研究，提供了权威史料。

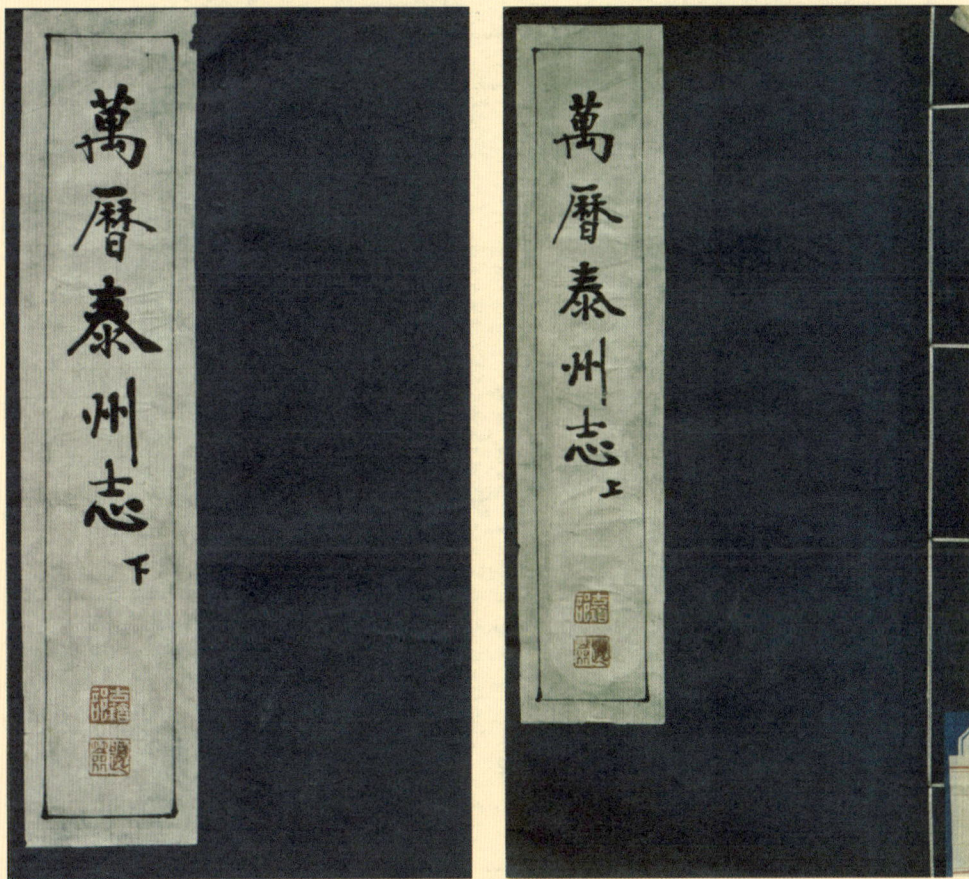

明《万历泰州志》（上、下册）

泰州志目錄

一曰辨職方天
星野　疆境　沿革
形勝　街市　鄉都
風俗
二曰陳經制
城池　學校　署廨
坊表　鋪舍　橋渡
兵戎

泰州志 目錄 一

三曰程物土
戶口　貢賦　力役
馬政　河渠　鹽課
物產
四曰敍官聯　蒞仕　駐劄
職制
五曰識遺愛地
牧政　師表　撫臺
海道
六曰考入仕　進士　舉人
碑蔭

歲貢　例監　武舉
椽碑
七曰標名節
理學　名臣　孝子
流寓　修士　期壽
武勳　隱流　尚義
貞節
八曰沐恩先　孺子　武冑
馳封
九曰備幽異

泰州志 目錄 二

壇壝　廟祠　寺觀
異占　古蹟　崎街
丘墓
十曰銓藝文人
徵治　徵獻　徵勝
泰州志目錄終

明《万历泰州志》目录

清康熙、光绪、宣统《泰兴县志》

保管单位：泰兴市档案馆

内容及评价：

清康熙《泰兴县志》，为康熙二十二年（1683）知县钱见龙编修，卷一舆图、沿革、疆域、山川、建置，卷二风俗、祀典、赋役、物产、古迹，卷三秩官、循吏、选举、人物，卷四艺文、杂记。该志共四卷十六门，吸纳前志所长，篇目设置类于康熙志，且有不同，以"星野"入"疆域"，"城池"、"公署"入"建置"，"名臣"改"名宦"入"人物"，"宅墓"改"第宅"，"冢墓"入"古迹"，而同万历志增"循良"。每门前有序论，或论及门类设置之缘起，或阐明收录内容之观点，颇具特点，颇为珍贵。

清光绪《泰兴县志》，修于光绪十二年（1886）。光绪十一年（1885），泰兴知事杨激云，"检阅旧乘，见体例繁琐，文义谫陋，且历年已久"，于是聘人修志，该年四月始，至次年十月成。以前的县志均将烈女录入"人物志"，而光绪志却独立一志。

清宣统《泰兴县续志》，1924年成初稿，1930年定稿，1933年刊印。全志由续、补、校三部分组成，统称宣统《泰兴县续志》，以承光绪《泰兴县志》，亦有别于国体变更后的新志。1918年，江苏省长公署通令所属各县重修县志，泰兴县知事王元章、前清翰林院编修沈文翰（卒于1921年）与金铖主其事。该志总纂金铖充分实践清代学者章学诚的方志学理论，并有所突破和创新，其在处理续志与前志的关系、注重实地访问调查、增强续志的学术性等方面积累了较为成功的经验，并为新方志续修者所借鉴。

清康熙《泰兴县志》

全文：

《泰兴县志》序

邑之有志，犹古史之纪邦国也，邑乘其史之流乎？人言史笔难，志讵独易？龙牧邑两载，大者钱谷军需。次者爱书都鄙，夙夜殚新，惴惴焉方惧不克胜任。且泰虽丸土，襟江带海，为郡东南要津。绸缪讥察，皆有司责，尤虑靖职不遑；而欲上下数百年，漫罗往迹今绪，括为一书，则何敢哆谈也。兹夏之前六月，檄有修史之役，莫识所从，问之则康熙十三年前令李公蜚英奉修在先，会滇南兵务倥偬，上行遂缓，而李令未几物故，未竣厥举，今我国家海内荡平，车书一统，汇诸郡、州、邑志辑成会典，昭示百祀，诚宏谟也。龙叨职守，讵敢诿诸？爰进邑之绅士耆长咨询典故，咸曰："有前志在。"而所谓前志者，一修于明嘉靖十三年朱令筼，一修于万历九年高令桂，业已代远。再修于万历二十五年陈令继畴，购而阅之，又复梨枣模糊，辩可什之八九。刬明末暨今垂八十余年，纪述寥寥，求其足以润续简编者，又什之三四而已。是役也，洵戛戛乎难之。虽然，弗敢谓钱袋绵邈，而本朝御极以来，政行四方，遂焕然无所征汇也。若所为分野山川之图度，建置沿革之因迁，有可得而考献者焉，户口之登耗，田赋之存没，有可得而稽核者焉。徂役之全书，有可得而盱衡囊兹，准时揆宜，编定之弗侔者焉。道里河梁衢陌烟井之棋置星布，有可得而瞭晰者焉，抑宫墙署宇缮坠有时，于是乎学校公署有志。祝史掌故修举有典，于是乎祠祀有志。以及风尚贞淫，生植蕃弱，方土不齐，于是乎风俗有志。且也吏绩有循良，兵防有更置，所以肃官箴、整壁垒，则秩官武御之未可略也。岳星之钟聚，秀灵之蒸挺，所以激风教、励宾王，则人物选举之未可遗也。他如志古迹以耸观感，志杂纪以启博闻，邹、枚、沈、宋之英，嘉言懿什发为采缋，百世照人颜色。志艺文以搜著述，无不采撷成篇，俾可新诸剞劂。应各宪邮筒，以上报圣天子玺书之名，岂谓庶几其有完书哉，是役也，期限严迫，无敢少延瞬晷，弥月告成，未免挂一漏万。其间往者易察，来者难综。如禔祥丰歉，既鲜传辞；忠孝节烈，略闻旌述。将以阐幽夸异，则佚事疑赝；旁求扬藻，则汗青难偏。是以条流粗举，宁休文之致讥；踵事增华，俟博物之君子。龙雕镂无文，籍谋邑之绅士耆长，订纂成帙，庸以裏不朽之举。

康熙二十二年闰六月 日，知泰兴县事辽阳钱见龙撰序。

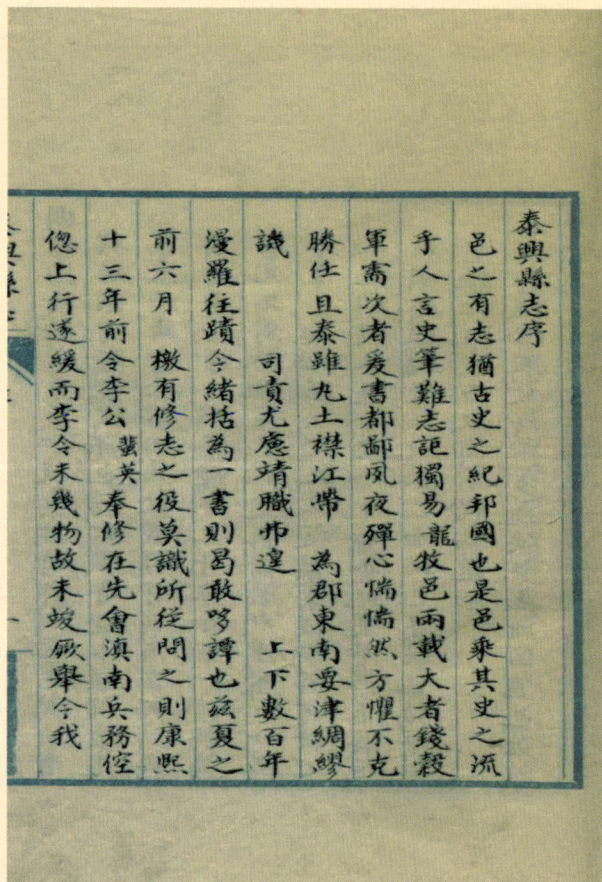

清康熙《泰兴县志》序

清光绪《泰兴县志》

清光绪《泰兴县志》：各节气太阳距地平高弧度分

清宣统《泰兴县续志》

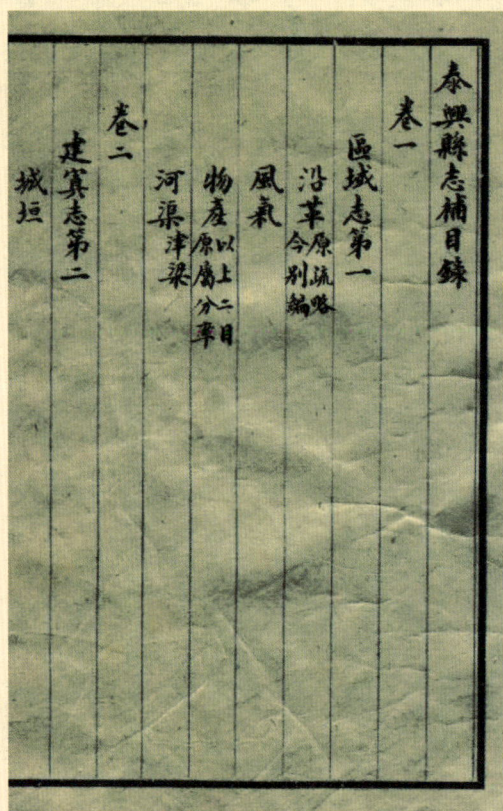

清宣统《泰兴县续志》补目录

清光绪《靖江县志》

保管单位： 靖江市档案馆

内容及评价：

清光绪《靖江县志》，修于清光绪五年（1879），共计19卷，由知县叶滋森、褚翔等任总纂。该套志书均系原版，是靖江目前保存最完整、最齐全、最权威、最具价值的一部志书。尤其珍贵的是，该书对靖江人民的抗英斗争作了非常详细的记述，为研究靖江人民的抗英斗争提供了最权威、最详实的第一手资料。

清光绪《靖江县志》

清光绪《靖江县志》关于靖江抗英斗争的记载

全文：

道光二十二年七月，知县杨凤翽及守备王武滔率民兵击败英夷于巽河口。先是英夷寇进犯吴淞，提督陈化成力战遇害。总督牛鉴退走金陵，下檄撤防埋炮。六月初英夷兵船大股入长江，逼金陵，并分驻兵船沿江要口。而我兵既彻［撤］江岸寂然。七月八日黄田港夷人驾轻舟北渡，掠东双港朱姓家寻去。初九日，复驾舟由巽河口登岸，入已故明经倪希贤家，劈其棺；入城，南门肆行凶暴，伤数人，毙一人，民众哗然，齐声杀鬼，夷人惊走。有白酋迷去路，沿外城根东走，城上人下砖石击碎其颅，众人毙之拽至县署，杨侯凤翽命瘗之。度夷人次日必来，随夜集绅士议战守，众莫决。明经陈凤喈独主战，众难之。喈曰："目前势甚急，战，或可以保旦暮，不战，则听其蹂躏，合城生灵靡粉可立待也。"于是刘明经、泰詹、朱明经、义宣，皆赞成之。时以饷无出，仓卒莫办，文生陈立基首先捐钱一千缗以经其始。作为朱上舍士纯、盛西曹襄笠司出入。刻即号召，募得强壮兵勇三百人，齐集江堤，以备守御。初十日黎明，邑侯杨凤翽、守备王武滔，偕绅士陈凤喈等诸江堤部署指挥，令城汛把总马廷栋、水师额外何鼎勋，分领台、鸟枪兵萧凤书、周仲元等埋伏巽河两岸，待时而动；分派民勇，各执器械，伏江堤以为援应。已刻，夷人果驾炮船径抵巽河口登岸。我兵乘其未集，开始抬鸟枪击之。夷人急登舟施放大炮，双方互相轰击，直至未正，夷人败去。杨侯上其事，二大府制军刘鉴颇不惬意。抚公通采大加奖励，并拨银一千两以充军饷。各富户亦皆慕义慷慨捐输。嗣是益募勇，日夕训练，立赏罚，明纪律，西至澜港，东至苏家港，连巽河口，分作三哨，各派兵勇昼夜巡逻，军威严整，夷人屡窥不敢犯。直到九月杪，夷船悉数退出，防堵乃撤。

书画作品

宋代《汝帖》

保管单位： 泰州市档案馆

内容及评价：

《汝帖》为上、下两册，是北宋大观三年（1109）八月，河南汝州郡守王采集古碑70余家（西周以来几乎所有皇帝和书法名家）真草隶篆手迹刻石拓本编辑而成。原存京城宫中。金陵宝华山文海和尚赴京城在皇坛传戒时，由和硕亲王允禄赐给。泰州光孝律寺一世祖炳一和尚由宝华山分灯来光孝律寺时，其师父文海和尚将《汝帖》相赠，相传至今。

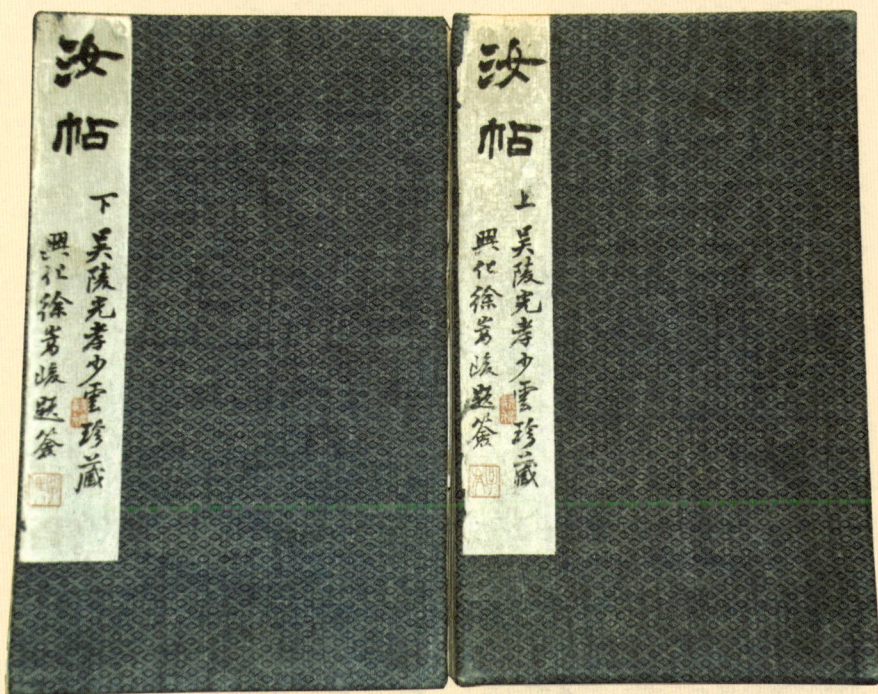

《汝帖》

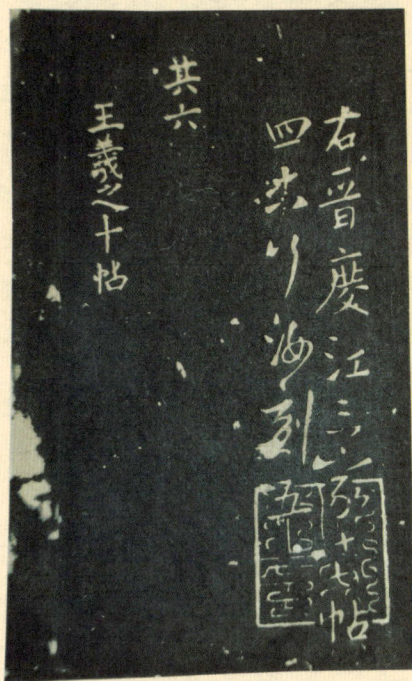

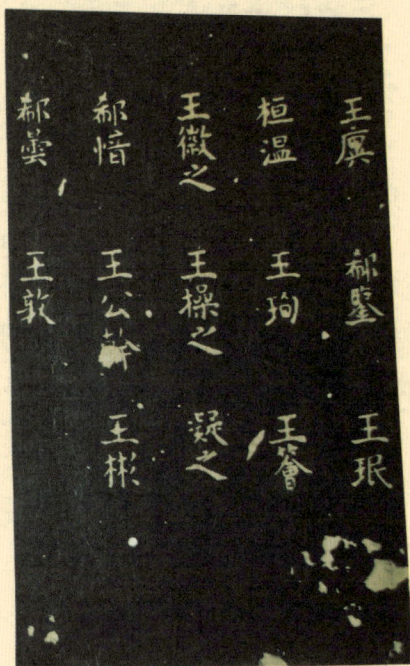

王羲之十帖

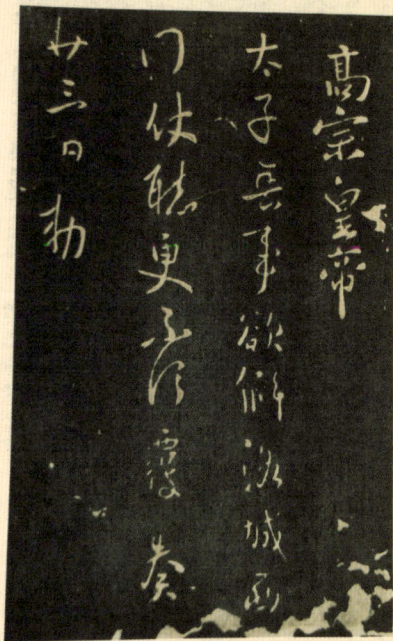

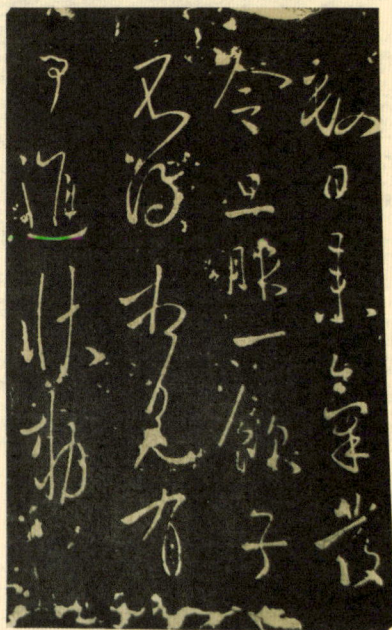

宋高宗皇帝所书

王振鹏《历代贤妃图》

保管单位：泰州市档案馆

内容及评价：

　　王振鹏（生卒年不详），字朋梅，浙江温州人。元代著名宫廷画家，擅长人物画和宫廷画，被元仁宗皇帝赐号为"孤云处士"，并官至漕运千户。传世作品有《伯牙鼓琴图》、《阿房宫图》、《金明池图》。

　　《历代贤妃图》，绢本，画10幅，题跋5幅。元至大三年（1310）用矿物颜料手绘而成。该画运笔细劲，结构严谨，精致有体。每幅均撰录史要，记其所画贤妃（后）之代表性事迹。据清代泰州夏荃（1793~1842）所著《退庵笔记》卷六记载，此图原存泰州北山开化禅寺。

王振鹏《历代贤妃图》局部之一

王振鹏《历代贤妃图》局部之二

董其昌真金手书《般若波罗蜜多心经》

保管单位： 泰州市档案馆

内容及评价：

董其昌（1555~1636），明代官吏、著名书画家。字玄宰，号思白、香光居士。南直隶松江府华亭（今上海松江）人。万历十七年进士，授翰林院编修，天启时累官南京礼部尚书。

《般若波罗蜜多心经》蓝底，真金书写。运笔自如，神气飞劲。初藏泰州北山开化禅寺，后转光孝寺，保存至今。

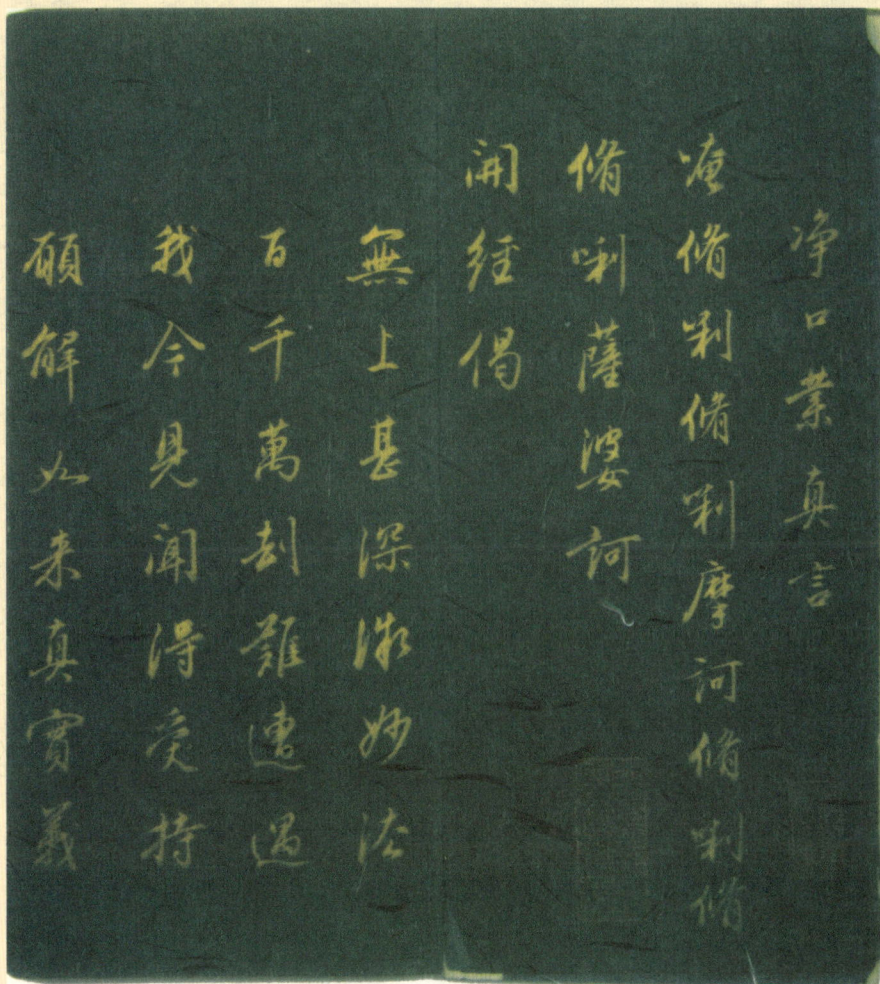

《般若波罗蜜多心经》之一

般若波羅蜜多心經

觀自在菩薩行深般若波
羅蜜多時照見五蘊皆空
度一切苦厄舍利子色不
異空、不異色、即是空
空即是色受想行識亦
復如是舍利子是諸法空
相不生不滅不垢不淨不

《般若波罗蜜多心经》之二

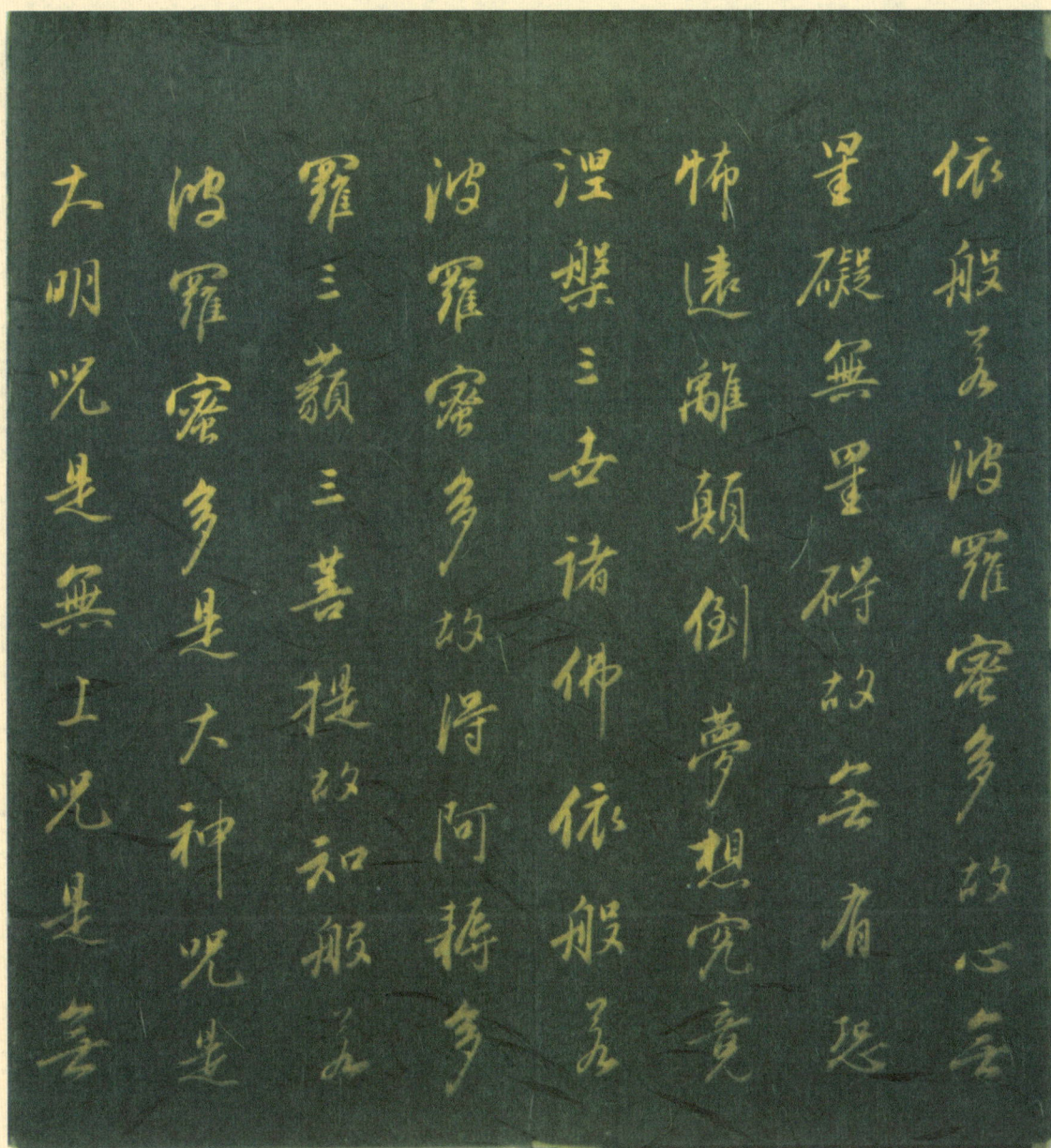

《般若波罗蜜多心经》之三

等、呪能除一切苦真實不

虚故説般若波羅蜜多

即説呪曰

揭諦揭諦波羅揭諦波

羅僧揭諦菩提薩婆訶

般若波羅蜜多心経畢

佛弟子華亭菩貝昭休手書

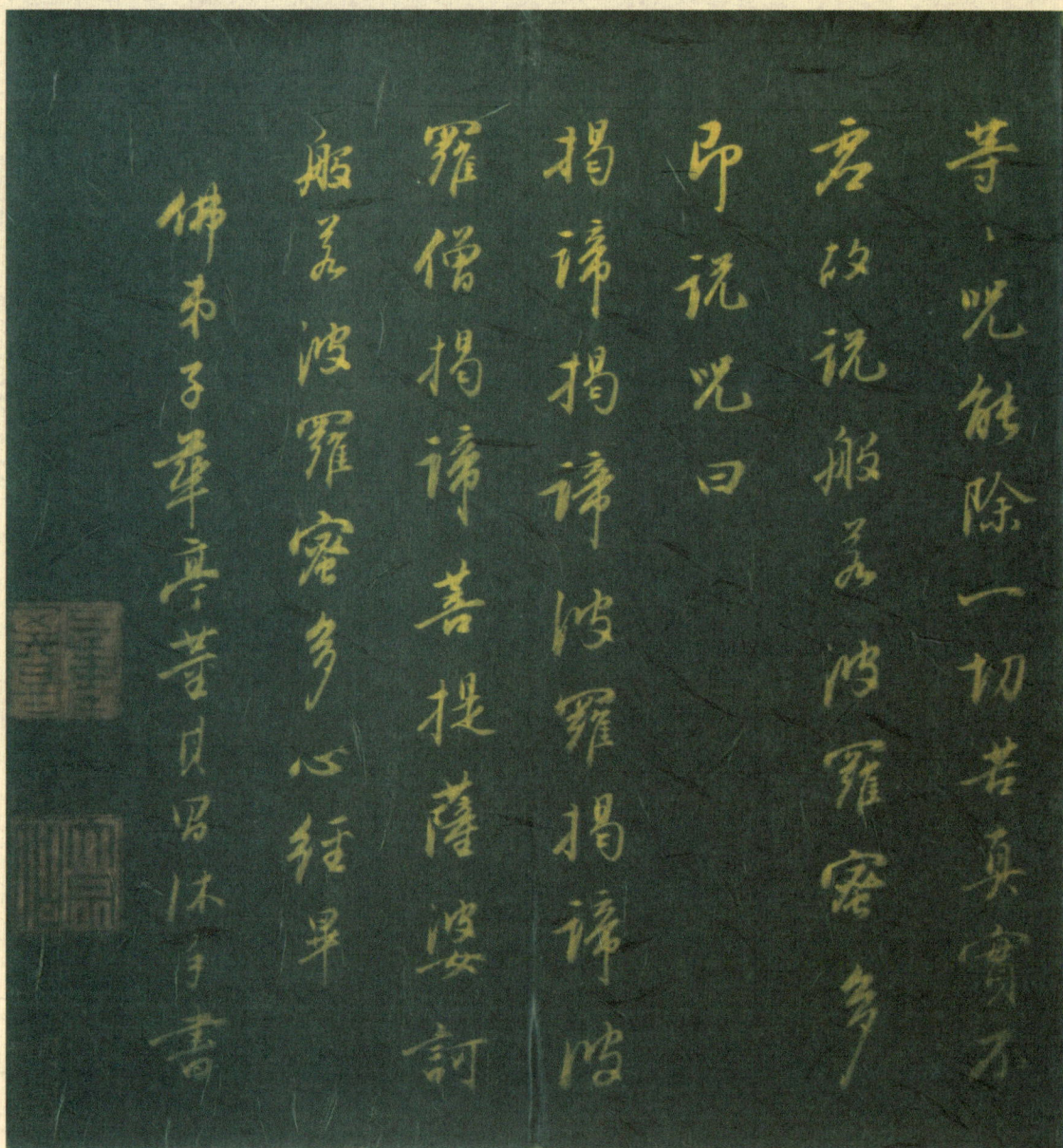

《般若波罗蜜多心经》之四

唐志契《乱山茅屋图轴》

保管单位：泰州市博物馆

内容及评价：

唐志契（1579～1651），字玄生，江苏泰州人。诸生，精绘事，而以绘画理论名世。常游名山大川，经月坐卧其下，取法自然。画格清远，亦有宋、元人风范。所作《绘事微言》为古代重要绘画理论著作。《乱山茅屋图轴》是其存世不多的画作之一。

《乱山茅屋图轴》近处用"实"，坡石松林，水流环绕，墨色浓郁；中景为丘壑飞泉，渐远渐淡，渐虚渐藏；远景为悬崖峭壁，巨石峰峦，烟云缭绕，山体下部被云雾淡去，上部微微显露，更增山高石危之感。山以披麻皴，积墨苔点，反复渲染勾勒，厚重圆润，平和中见雄奇，淡远中见功夫。近中景之间以屋宇亭舍、木桥栏杆相连，更有老翁执杖，行走山间，秋色寒山，成可游可观可登之佳境。画家远取宋人山水画法，笔力劲健老辣，构图严谨，虚实相生。

唐志契《乱山茅屋图轴》

王铎《墨竹图轴》

保管单位：靖江市档案馆

内容及评价：

　　王铎（1592～1652），明代著名书画家，字觉斯，一字觉之，号十樵、嵩樵，又号痴庵、痴仙道人，另署烟潭渔叟，河南孟津人。其画山水花木竹，皴擦不多，以晕染作气，深沉丰蕴，意趣自别；其书法独具特色，世称"神笔王铎"，有"南董（其昌）北王"之誉。其传于后世的书画作品中，书法作品甚多而绘画作品较少，尤其是传之后世的画竹之作极为罕见。画中所绘之竹，惟妙惟肖，栩栩如生，笔墨的运用已经达到了炉火纯青的地步。此画与郑板桥笔下的墨竹图实有异曲同工之妙，普通的竹子在作者的笔下被赋予了人的情感特征，其笔法娴熟简练，瘦竹鲜活生动，敬慕之情跃然于纸上。《墨竹图轴》堪称画竹之作中的极品，具有极高的艺术欣赏与收藏价值。

王铎《墨竹图轴》

朱耷《秋花危石图轴》

保管单位：泰州市博物馆

内容及评价：

朱耷（1626～1705），清代杰出的"四僧"画家之一，号八大山人。明王室后裔，江西宁王朱权的九世孙，世居南昌。明王朝灭亡后，皈依佛门，埋头读书，潜心书画。他给自己起了许多别号，如个山、人屋等，书画题款常署"八大山人"。八大山人四字连书，既像"笑之"，又似"哭之"。擅长写意花鸟，笔墨简练，运笔狂放，随意挥洒；绘画讲究构图的精心布局，纵横驰骋，黑白交映，虚实相生。是清初画坛文人画的巨匠，对后世影响很大。

馆藏《秋花危石图轴》画于1699年，长112厘米，宽56.5厘米。画面正中一块突兀耸立的巨石倾侧欲倒，几乎占据了整个画面，巨石下面的石缝中顽强地生长着一朵玉簪花，正含苞待放，刚劲湿润的笔墨表现了花茎的勃勃生机。在整个画面上，玉簪花所占比例极小，但就是这小小的玉簪花给画面带来了精神。画家用危石暗喻清朝统治者，用玉簪花象征自己，在高压之下保持着自己的气节。画面构图是八大山人典型的险峻构图。技法上画家以稍干的笔墨放笔勾勒危石，浓淡墨色恰好表现了石块的转折向背。再以干笔皴擦表现石块纹埋，与玉簪化的湿笔形成对比，各自质感都有鲜明的表现。

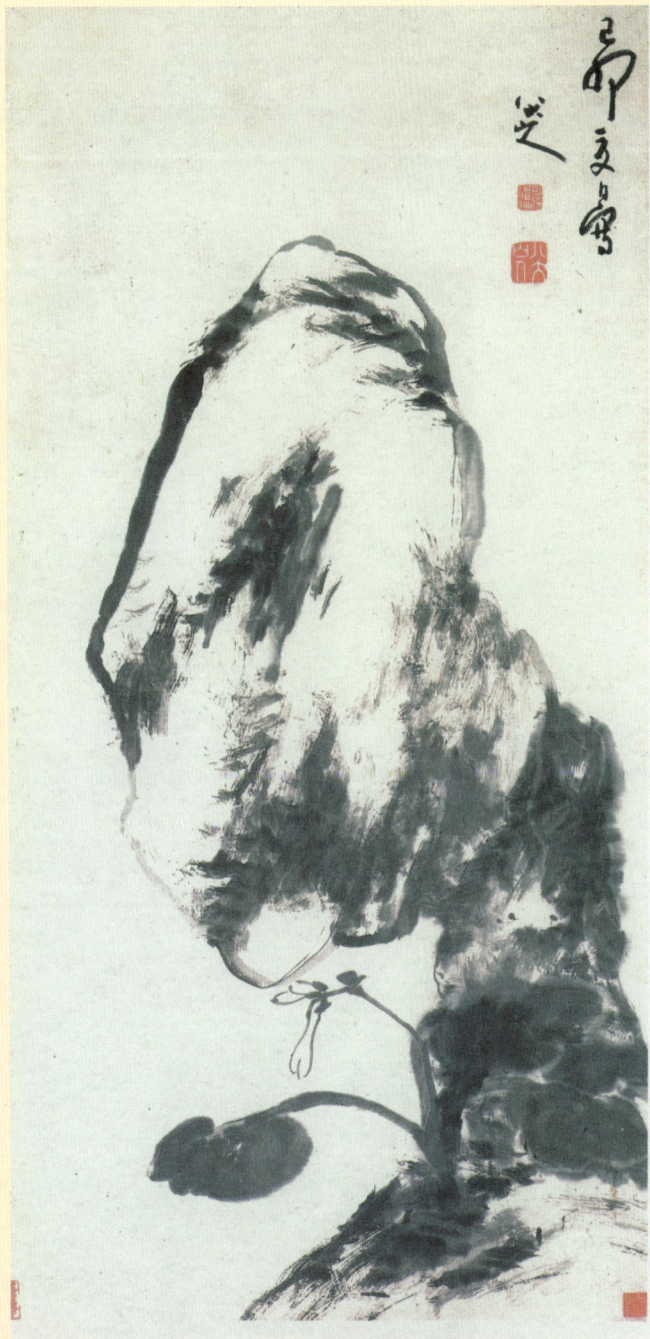

朱耷《秋花危石图轴》

王原祁《仿大痴山水图》

保管单位：靖江市档案馆

内容及评价：

王原祁（1642～1715），清代著名画家、清代山水画正统画派——娄东画派的领袖人物，字茂京，号麓台，又号石师道人，王时敏之孙，江苏太仓人。其绘画风格对清代与近代山水画有深远影响。王原祁既承董其昌之学，又受清代最高统治者之宠，弟子颇多，形成娄东画派，与王时敏、王鉴、王翚合称清初"四王"。此画创作于清康熙五十三年（1714），画中层岩叠嶂，岗阜错落，水岸曲折，丛树苍郁，作者采用枯笔焦墨，层层皴擦，赋色鲜丽明快，墨色交融，笔力稳健刚劲，风格润泽厚重。该画仿黄公望笔法，用披麻皴法描绘，意境平淡温和，有超然野逸之趣，乃王原祁晚年山水画作中的上乘力作，系极为难得的艺术珍品。

王原祁《仿大痴山水图》

郑板桥《墨竹图轴》

保管单位：泰州市博物馆
内容及评价：

　　郑燮（1693~1766），字克柔，号板桥，江苏兴化人，是扬州画派中重要画家之一。他诗书皆佳，绘画以兰、竹、石为主要题材，更以画竹名擅天下。他选取兰、竹、石为题材以表现清廉节操的可贵，表现自己决不与贪图富贵、阿谀奉承之辈同流合污的心情。郑板桥画竹非常注意观察生活，认真揣摩不同时间、不同地点的竹子的变化并加以提炼，用简练的笔法表现生活中的竹子，现实与意境形成了巧妙的吻合。他说："江馆清秋，晨起看竹，烟光日影、露气，皆浮动于疏枝密叶之间。胸中勃勃，遂有画意。其实胸中之竹，并不是眼中之竹也。因而磨墨、展纸、落笔、倏作变粗，手中之竹，又不是胸中之竹也。"

　　《墨竹图》是郑燮辞官后的一幅作品，是一幅能够代表郑板桥"清瘦竹"风格的力作，长76厘米，宽87厘米。画面构图简练，几竿横斜穿插的竹子，在微风的拂动下尽展风姿；几层浓淡相衬的竹叶，呈现了前后近远的竹林景色。竹枝清秀劲挺，竹叶倾侧多姿，用墨浓淡结合，层次分明，充分体现了中国画墨分五彩的韵味。画中点与线的结合巧妙，疏与密、舍与取恰到好处。画右有题画诗："扬州鲜笋趁鲥鱼，烂煮春风上巳初。说与厨人休斫尽，清光留此照摊书。"

郑板桥《墨竹图轴》

郑板桥《行书轴》

保管单位： 兴化市博物馆

内容及评价：

郑燮有"诗书画"三绝之称。郑板桥少年时期对楷书用功研习，以后学习了晋帖，又对汉隶、魏碑、宋代大书法家黄庭坚的书体下了很大的功夫，对同时代的书家高且园的书法细心揣摩。曾宰山东范县、潍县历十多载，政绩卓著。晚年去官，卖画于扬州。

《行书轴》文字出自唐代大诗人王维《王右丞集》之《山中与裴秀才迪书》。书体正是郑板桥富有特色的"六分半书"，世人又称"板桥体"。书法以楷、行为主，融汇了隶书、魏碑、篆书等书体笔法。字形较横扁，既有篆书隶书古朴苍劲的金石味，又有跌宕飞动的行草味。后人用"乱石铺街"来形容他的书法艺术，郑板桥则称自己的书法为"震电惊雷之字"。大小不一，错落参差，轻重缓急，节奏分明，富有韵律。字形犹如奔雷坠石，鸿飞兽骇；又如鸾舞蛇惊，老树盘根。于个性中显现传统，于传统中张扬个性，契合了板桥"十分学七要抛三"的艺术思想。

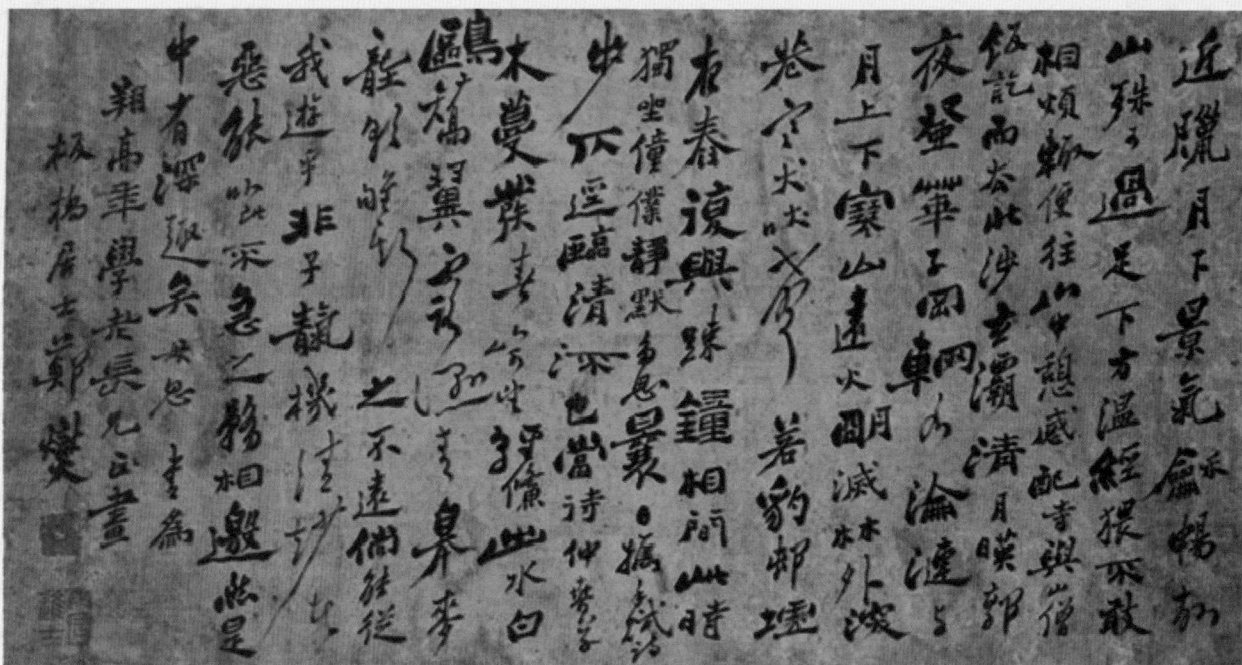

郑板桥《行书轴》

刘墉《临名家书轴》

保管单位： 泰州市博物馆

内容及评价：

刘墉（1719～1804），字崇如，号石庵，山东诸城县人。是清朝著名书法家，康有为称其为"帖学之集大成者"。刘墉的传世书法作品以行书为多，古人论书曾有"书贵瘦硬"的说法，而刘字却从肥的方面加以突破，肥而不腻，敦厚沉着，真劲蕴藏；圆而不滑，厚味耐玩。正如康有为所说："石庵出于董，然力厚思沉，筋摇脉聚。近世行草书作浑厚一路，未有能出石庵之范围者"。

《临名家书轴》是刘墉临摹古代书法名家的一件书法立轴，长113厘米，宽57.3厘米。一幅之中共临写了10段著名的古帖；有的临写段落还有刘墉自己所作的注记，注记内容包含了作者对古帖的艺术评价，十分珍贵难得。从书体风格来看，已经做到了"精华蕴著，劲气内歛。殆如浑然太极，包罗万象，人有莫测其高深耳"，应当是晚年的意临作品。其中有的是大小不同的正楷，有的是行书，刘墉的标注为小楷。10段书法的气韵、体势却是宛如一家。

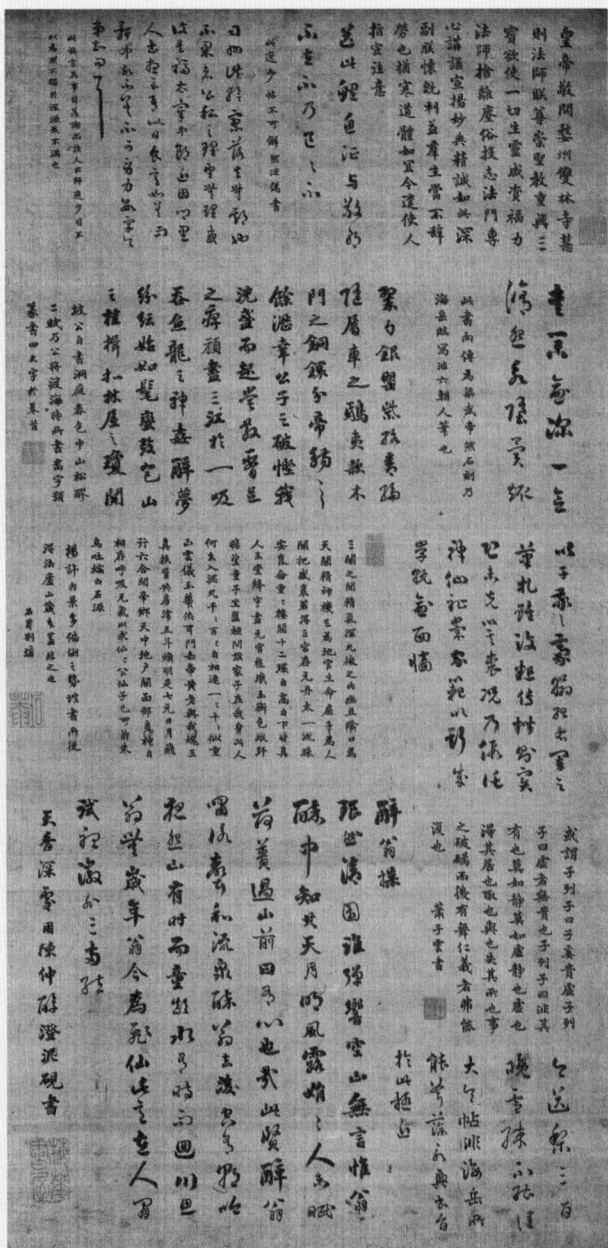

刘墉《临名家书轴》

戴文节山水卷绘画作品

保管单位：泰兴市档案馆

内容及评价：

　　戴熙（1801~1860），字醇士，号榆庵，浙江杭州人，道光十二年进士，官至兵部侍郎，谥文节，清代山水画大家。戴文节山水画全长四米，共分三个部分。第一部分为冯煦题词："鹿床墨妙"，题名下有其印章，上刻"蒿庵八十以后所作"。第二部分为戴文节水墨画，画法类似金陵画派画法，采用积墨手法，淡浓调配得当，树木山石层次分明，相得益彰。第三部分前半部为戴文节后人于光绪丙戌年所写，指出此画是其先叔祖父文节公赠送给敬庵府君作为画范的，文后附有印章，上刻："诵先人之清芬"。后半部分为清末名家沈曾植（字子培，晚号寐叟）对该画的高度评价，落款为"长水寐叟"，文后附印章，刻有"海日楼"三字（为沈曾植住所名），书法大气磅礴，笔法运用非常灵活。戴文节山水卷绘画作品具有较高的收藏和鉴赏价值。

戴文节山水画

戴文节山水画——冯煦题词部分

注：冯煦（1842~1927），原名冯熙，字梦华，号蒿庵，晚号蒿叟、蒿隐。江苏金坛五叶人。

戴文节山水画——绘画部分之右

戴文节山水画——绘画部分之中

戴文节山水画——绘画部分之左

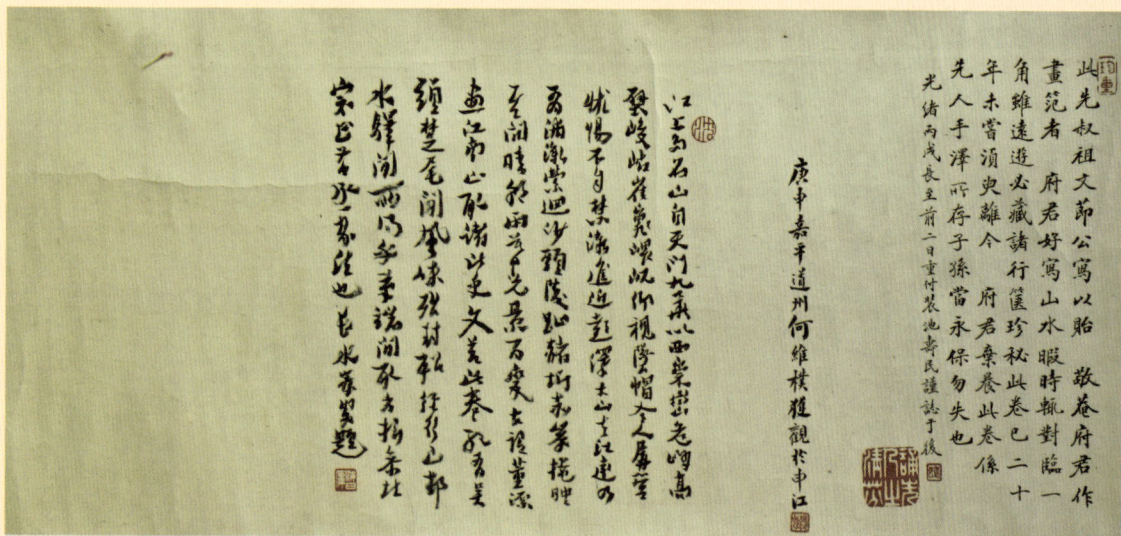

戴文节山水画——沈曾植等题词部分

胡郯卿《醉墨轩画稿》

保管单位： 泰兴市档案馆

内容及评价：

胡郯卿（1865～193?），近代画家。江浦白下（原南京市白下区，2013年与秦淮区合并，名为秦淮区）人，名廷帘，字涂，别署龙江居士，也称龙江老人，出身书香门第，天资聪颖、勤奋好学，山水、走兽、人物、花鸟无所不能，而生平最擅长绘虎，数十寒暑磨炼而成当时名家。国内外书画爱好者均以得其尺幅画卷为幸。中年时胡郯卿游历了常州、汉口、上海等名城，饱览了江南风光及各地古迹，最后来到白下兴中门内定居，又买下瓦屋三间作其"醉墨轩"画室。胡郯卿43岁时作有《醉墨轩画稿》，绘画精美，有花鸟、兽类，桐城张鹤年题字，多位名人作序，共有150多幅画。

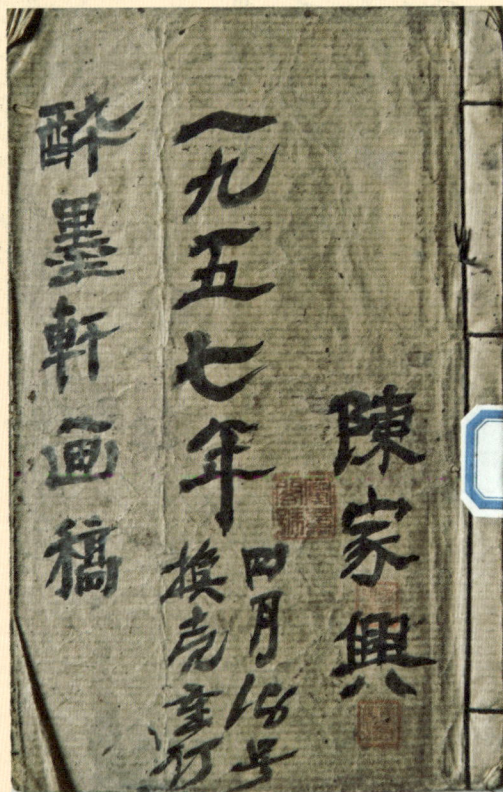

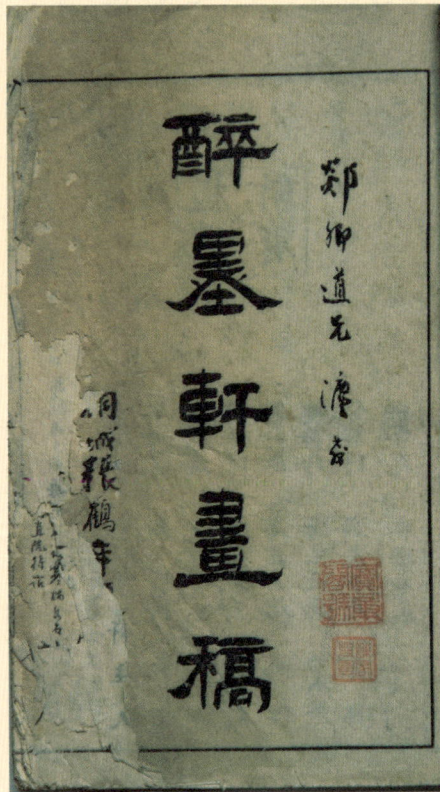

胡郯卿《醉墨轩画稿》封面（收藏人于1957年重新换壳装订）

胡郯卿《醉墨轩画稿》内页

胡郯卿《醉墨轩画稿》——虎

胡郏卿《醉墨轩画稿》——花

胡郏卿《醉墨轩画稿》——景

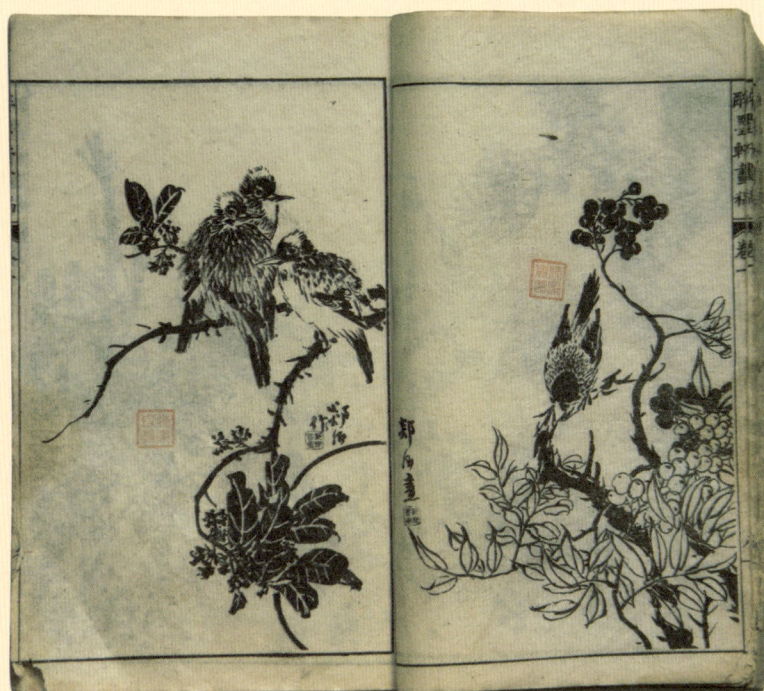

胡郯卿《醉墨轩画稿》——鸟

康有为《行书五言联》

保管单位：泰兴市博物馆

内容及评价：

康有为（1858～1927），又名祖诒，字广厦，号长素，又号明夷、更生、西樵山人、游存叟，晚年别署天游化人，广东南海人，人称"康南海"。清光绪年间进士，官授工部主事。出身于仕宦家庭，乃广东望族。是近代著名政治家、思想家、书法家和学者。他信奉孔子的儒家学说，并致力于将儒家学说改造为可以适应现代的国教。曾担任孔教会会长。书法上力倡碑学，扬碑抑帖，身体力行。在近代书法史上影响巨大。所著《广艺舟双楫》为重要的书法理论著作。

《行书五言联》长174厘米，宽74厘米。对联文字取自杜甫《寄刘峡州伯华使君四十韵》中的诗句"神融蹑飞动，战胜洗侵凌"，原意是讲文章气势飞动，文笔无有敌手。这里写赠朋友，自然另有深意。书法以行为主，间有行草，吸收北碑之庄重端方之态，横竖笔画平直，铺笔而行；其余则放笔开张，重按轻提，行笔生动。通篇工整而气势张扬。

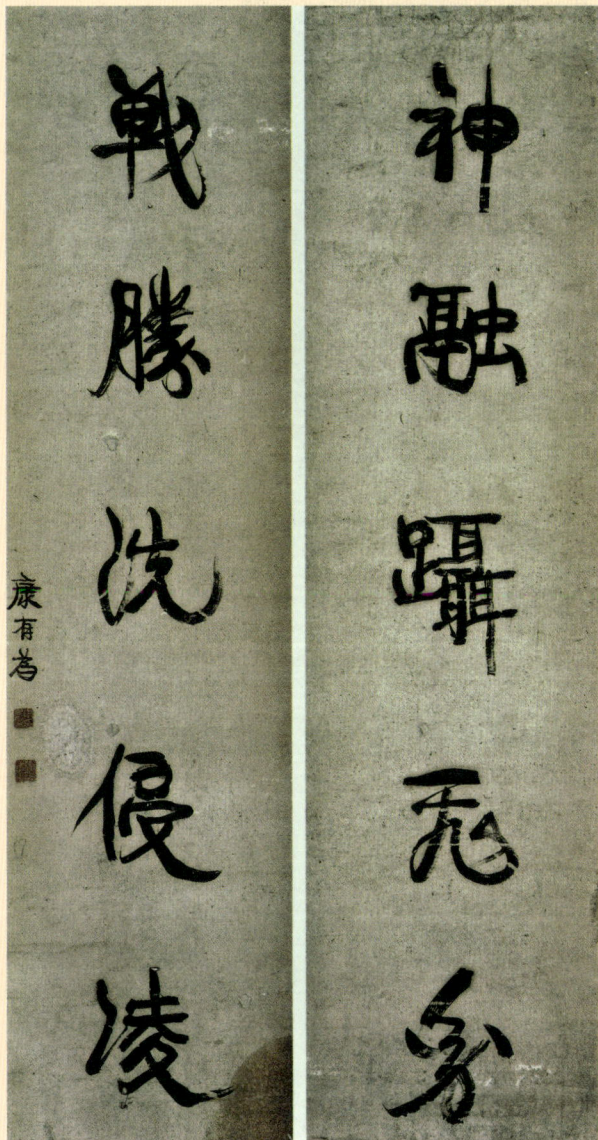

康有为《行书五言联》

梁启超《行书中堂》

保管单位： 泰兴市博物馆

内容及评价：

梁启超（1873～1929），字卓如，号任公，别署中国之新民，广东新会人。康有为弟子，清光绪十五年（1889）举人。近代著名政治家、文学家。在书法艺术方面，梁启超早年研习欧阳询，后从学于康有为，书宗汉魏六朝碑刻，尤其北魏张黑女墓志、隋龙藏寺碑，间亦作画。

《行书中堂》长82厘米，宽41厘米。这件作品描写了有关道教名山罗浮山冲虚观环境景色。书法上兼融魏碑和行楷的写法，以魏碑风格为主，写得自然灵动，古朴厚重，是梁启超书法的典型风格。钤印章二：白文"新会梁氏伯子"，"启超长寿"。

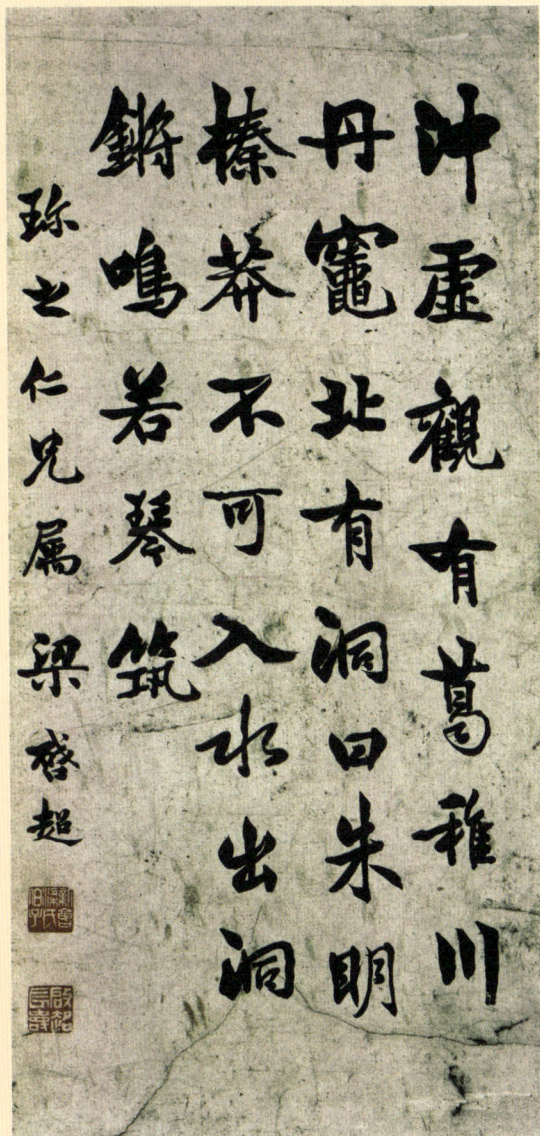

梁启超《行书中堂》

《朱仲甍遗墨》

保管单位： 泰州市档案馆

内容及评价：

朱仲甍（1880～1943），初名维松，后改甲昌，字仲甍，别号锡龙，大沩山僧，泰州人。19岁入县学，后补廪贡生。民国初曾当选国会参议院议员，后任北京总统府秘书、参事、战后经济调查局顾问、江苏省省长公署秘书等职，1929年返居故里。生平酷嗜书法，临池达五十年，成就卓著，尤精隶书。将其为镇江焦山、南京栖霞山等处寺院所书楹联、横幅、条屏、扇面、诗文手稿等数十件影印成册，名曰《朱仲甍遗墨》。

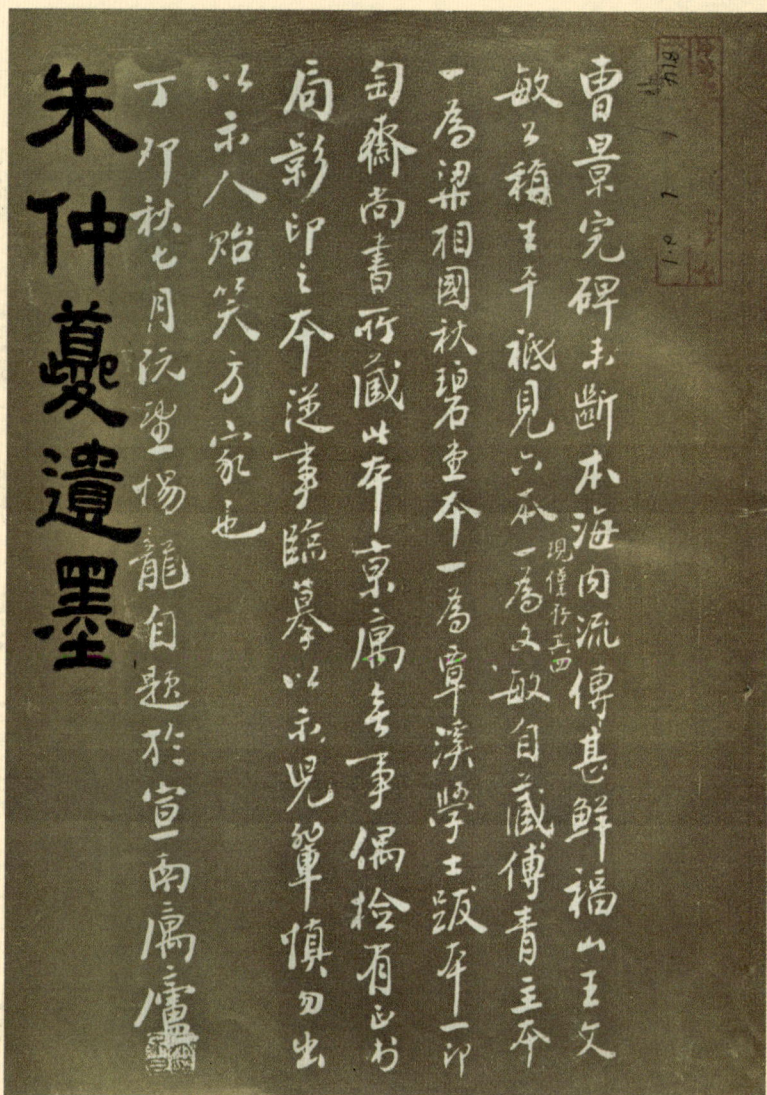

《朱仲甍遗墨》封面

目錄

《朱仲夔遗墨》目录

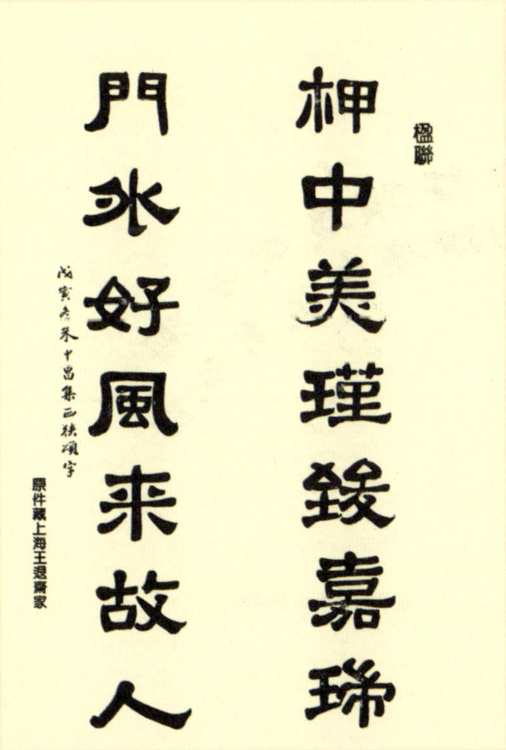

《朱仲夔遗墨》内页之一：楹联

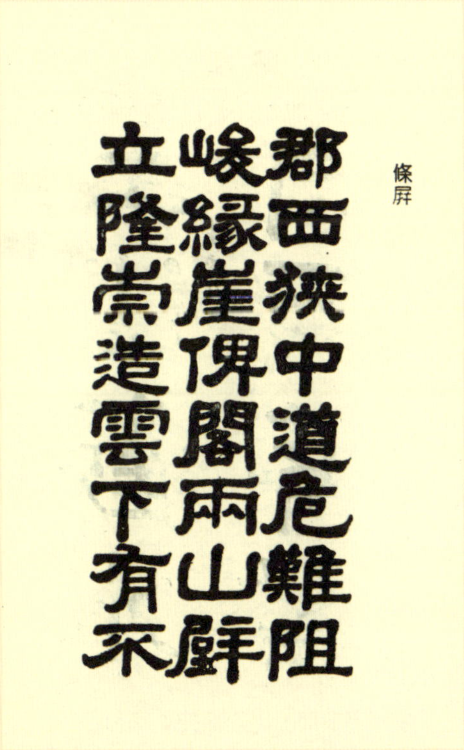

《朱仲夔遗墨》内页之二：条屏

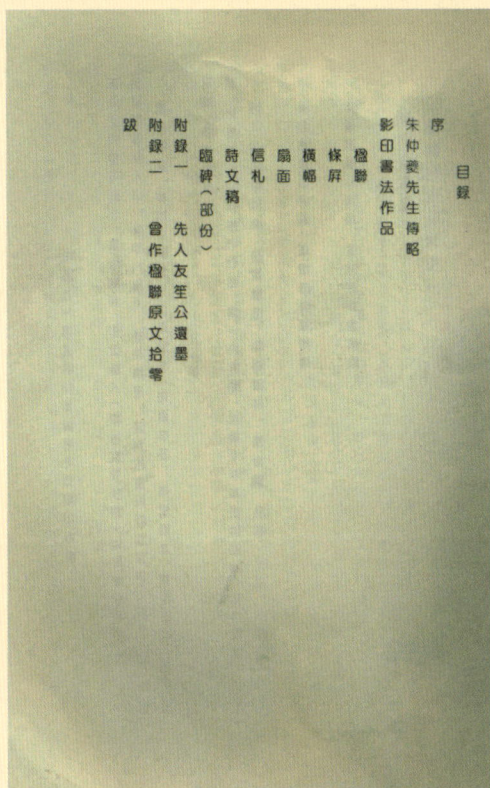

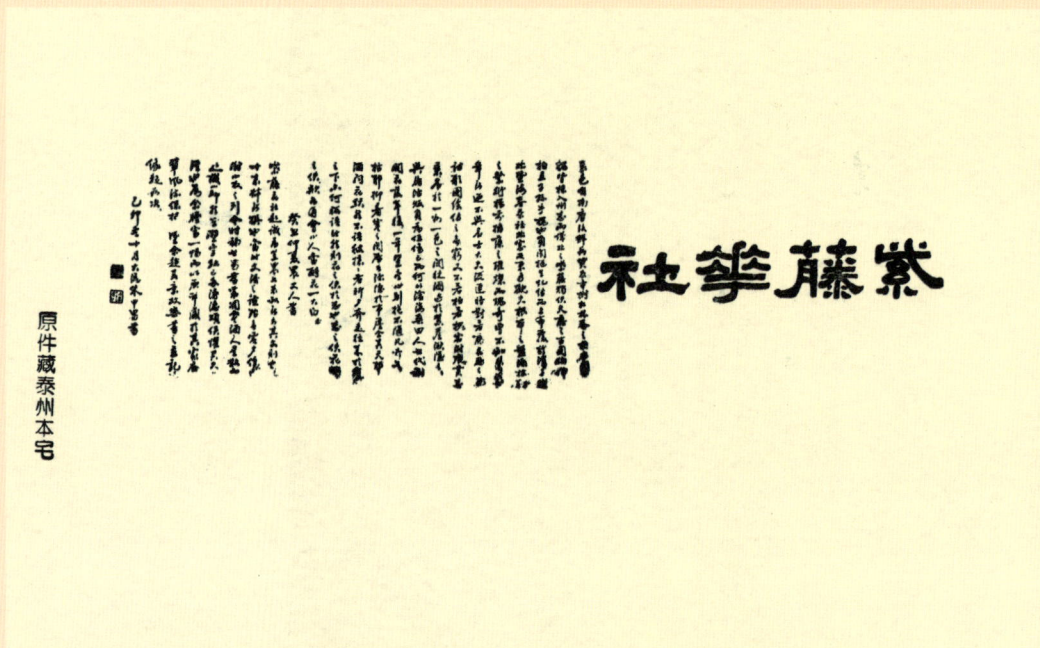

《朱仲夔遗墨》内页之三：横幅

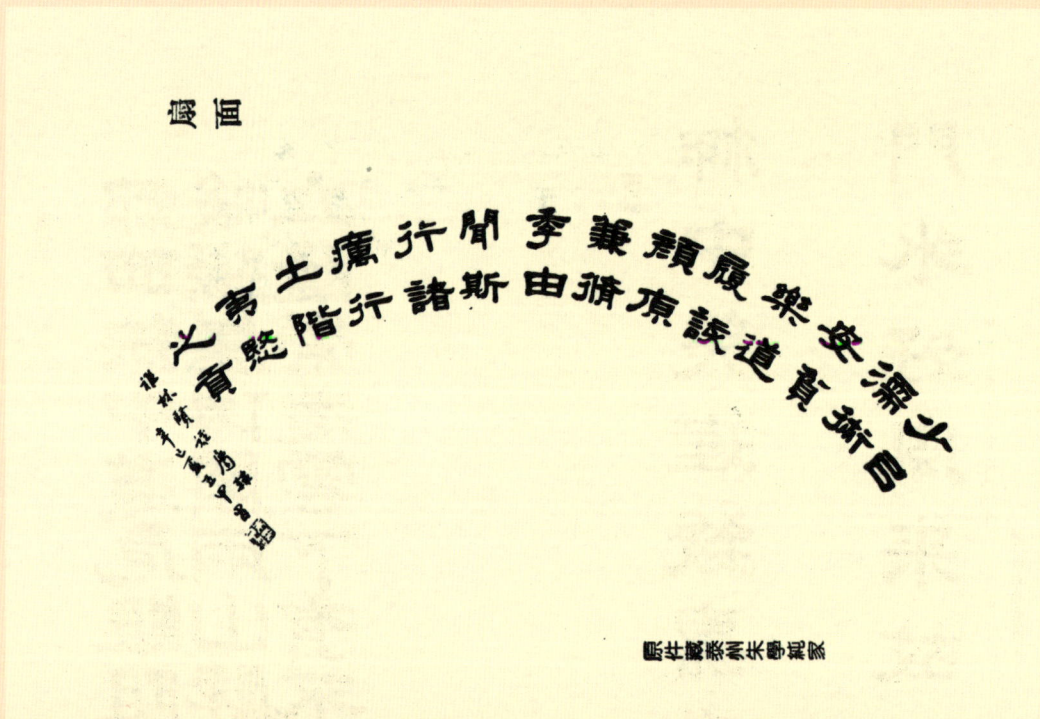

《朱仲夔遗墨》内页之四：扇面

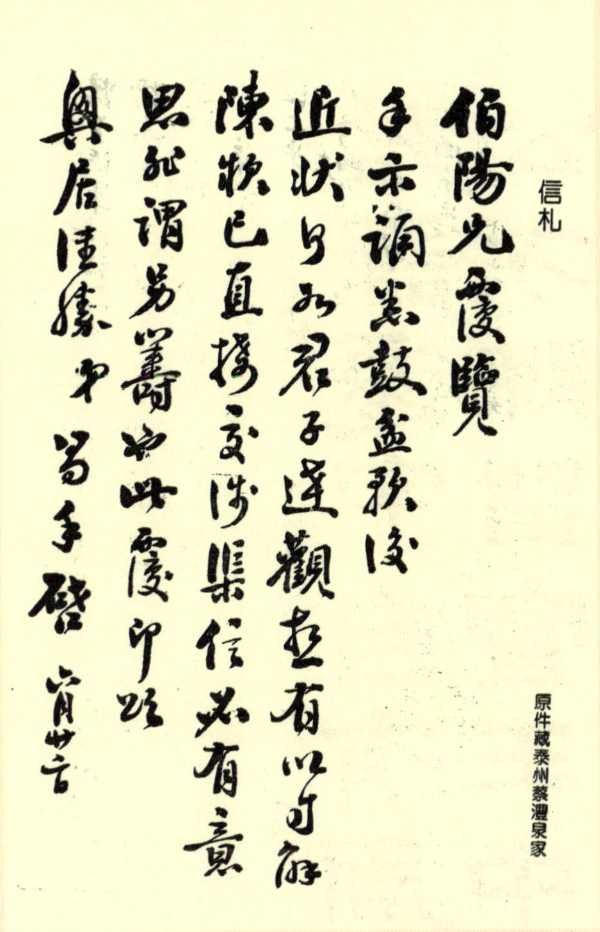

《朱仲夔遗墨》内页之五：信札

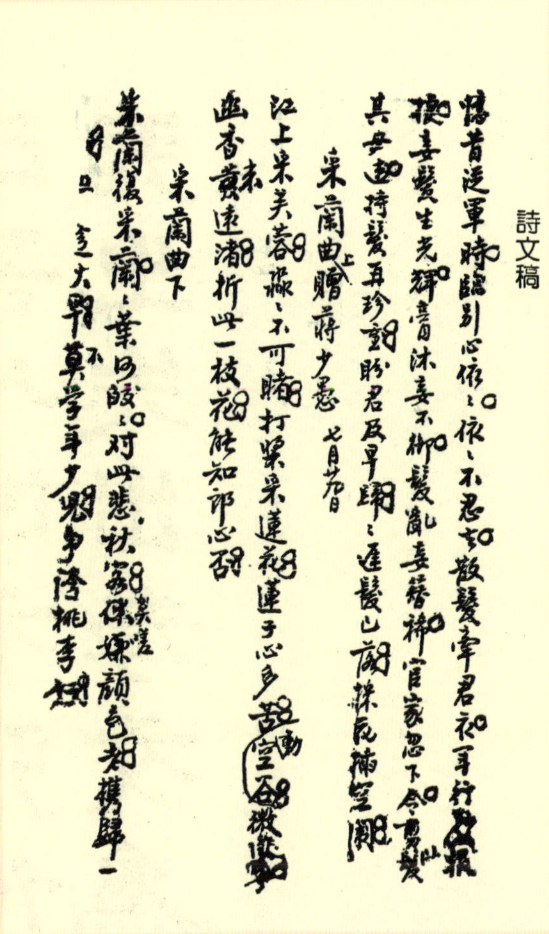

《朱仲夔遗墨》内页之六：诗文稿

臨碑

君謙遷字自有周周
公方陳留宣王中興
己吾人也有張仲以
君坐先出孝友為行

原件藏泰州本宅

《朱仲夔遗墨》内页之七：临碑

梅兰芳《观音像轴》

保管单位：泰州市梅兰芳纪念馆

内容及评价：

梅兰芳（1894~1961），名澜，又名鹤鸣，乳名裙姊，字畹华，别署缀玉轩主人，艺名兰芳。梅兰芳不仅是著名的京剧表演艺术家，在绘画上也有很深的造诣。上世纪初，他先后师承王梦白、陈师曾、金拱北、汪蔼士、陈半丁、齐白石、姚茫父等名画家为师，"画花画佛画美人"，尤其擅长梅花和佛像。抗战期间，他蓄须明志，有一段时间曾靠卖画度日，虽身处劣境，却矢志不渝，表现了一个民族艺术家高贵的精神品质和爱国情操。

《观音像轴》长82厘米，宽27厘米。该画由梅兰芳子女赠与。《观音像轴》作于1923年中秋，画右落款"癸亥中秋阿兰那室晚窗梅兰芳写"。画面中观音菩萨足踏莲花，手持净瓶，微微颔首，双目凝视下方大千世界，似正欲作普度众生之巡航。观音像面部刻画细腻，表情平静凝重，颇有高古之风，与情境十分吻合。线条虚实处理极为见工，圆转、刚劲兼而有之。人物绘画的功力十分深厚。

梅兰芳《观音像轴》

周恩来致梅兰芳信札

保管单位： 泰州市梅兰芳纪念馆

内容及评价：

1949年9月下旬，梅兰芳应邀出席第一届中国人民政治协商会议。会议期间，周恩来告知梅兰芳，希望他能担任即将成立的中国戏曲研究院、中国京剧院院长。1951年3月，梅兰芳奉命到北京筹建中国戏曲研究院。1951年4月3日，中国戏曲研究院成立，梅兰芳被任命为院长，程砚秋、罗合如、马少波为副院长。在此期间，梅兰芳曾请毛泽东、周恩来为研究院成立专刊题词，而周总理因公务繁忙，未能及时履约，后在当年5月18日题词："重视与改进，团结与教育，二者不可缺一。"同时手书一札，一并寄给梅兰芳先生。

该信札长28厘米，宽20厘米，2007年11月由梅绍武夫人屠珍代其子梅卫东捐赠给泰州市梅兰芳纪念馆收藏。书信是周恩来总理答复梅兰芳要求题词的信函。周恩来的书法端庄厚重，遒丽劲健，隐隐有欧字风范，亦有北碑之厚味。

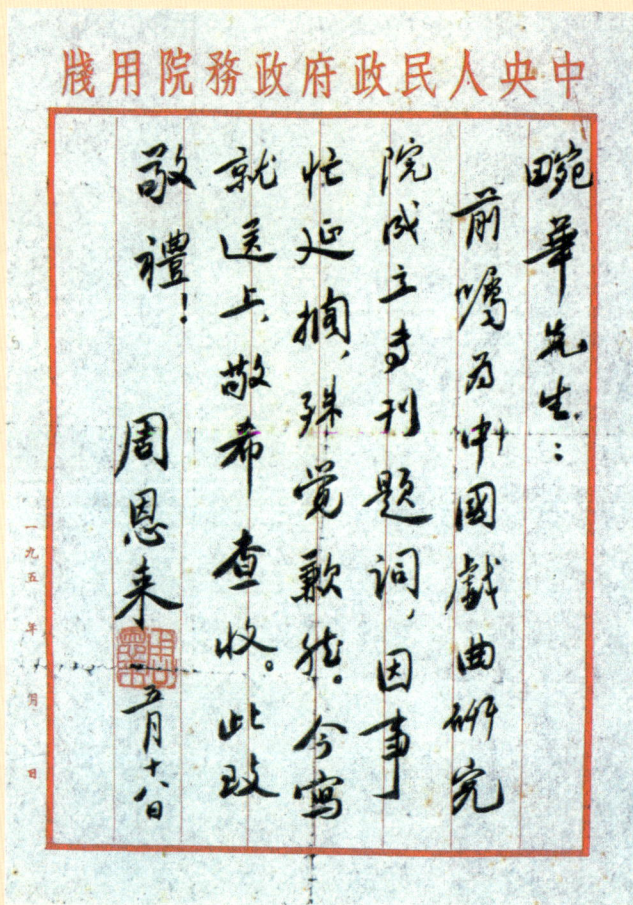

周恩来致梅兰芳信札

张大千《岚翠图轴》

保管单位：泰州市博物馆

内容及评价：

张大千（1899~1983），原名张正权，又名爰，字季爰，号大千，别号大千居士，四川省内江市人。一度出家为僧，法号大千，所以世人也称其为"大千居士"。曾留学日本，后从师曾熙、李瑞清学书画，早期专心研习古人书画及敦煌壁画。张大千是20世纪中国画坛最具传奇色彩的国画大师，无论绘画、书法、篆刻、诗词，无所不通，特别在山水画方面卓有成就。后旅居海外，画风工写结合，重彩、水墨融为一体，尤其是泼墨与泼彩，开创了新的艺术风格。

《岚翠图轴》长148.5厘米，宽79厘米，属张大千早年山水画作品。画左题款"拟大涤子画法"，说明是仿石涛山水画。画面上，一老者携一童子在深山巨石上观看山间跌宕奔腾的瀑布，瀑布气势磅礴；老者居高俯视，神情专注，一副流连忘返的样子。与题款诗中所说"看到斜阳勿归去"意思正相一致。老人身后，巉岩凌空，山花点点，古松横斜；树枝叶或圈或点，泅然湿润；山石皴法多用湿笔，少见干笔；山水用小青绿法染色，间施赭石，增加了色彩对比和明度，有新安画派清新之风。这幅画在色彩的运用上，可以看出画家重视色彩对比以增加浓烈效果的一种倾向。

张大千《岚翠图轴》

赵朴初《踏莎行书法横卷》

保管单位：泰州市博物馆

内容及评价：

赵朴初（1907~2000），安徽省安庆市太湖县人，著名作家、诗人、书法家和佛教人士。幼承家学，于文史哲和佛学均有研究，早年从事佛教和社会工作，解放后任中国佛教协会副会长、会长，中国书法家协会副主席，全国政协副主席等职。精通佛学，兼工诗词书法，书法直取唐人楷法，早年以欧阳询书法入门，再以晋人王羲之等人书法为师，中年以后，转喜苏东坡、米南宫书法；书法上倾侧之势加强，横画向右上斜挑。晚年复归唐法，多写颜真卿、褚遂良、李北海等法帖，故其字增加了厚重淳和之气，但又不失劲峻潇洒清秀。《踏莎行》是赵朴初1993年亲临泰州时所作。全文不仅点明了泰州建州于南唐、文化昌盛于北宋的辉煌历史，而且描写了名臣名儒范仲淹、晏殊、陆游及其名作，京剧表演艺术家梅兰芳的风采以及修复千年宝刹光孝寺的心愿。

《踏莎行书法横卷》长67厘米，宽136.5厘米，全篇用工楷写出，正文八行，另有记叙文和落款字六行。字字工整，清新秀丽，充满着醇和敦厚之气。本篇书法对比一些书于20世纪80年代的书法作品，倾侧之势已然减弱，平和雍容的感觉大为增强，劲健而不张扬，秀气而不软弱，中正平和，淳朴流丽，达到了一个新境界。

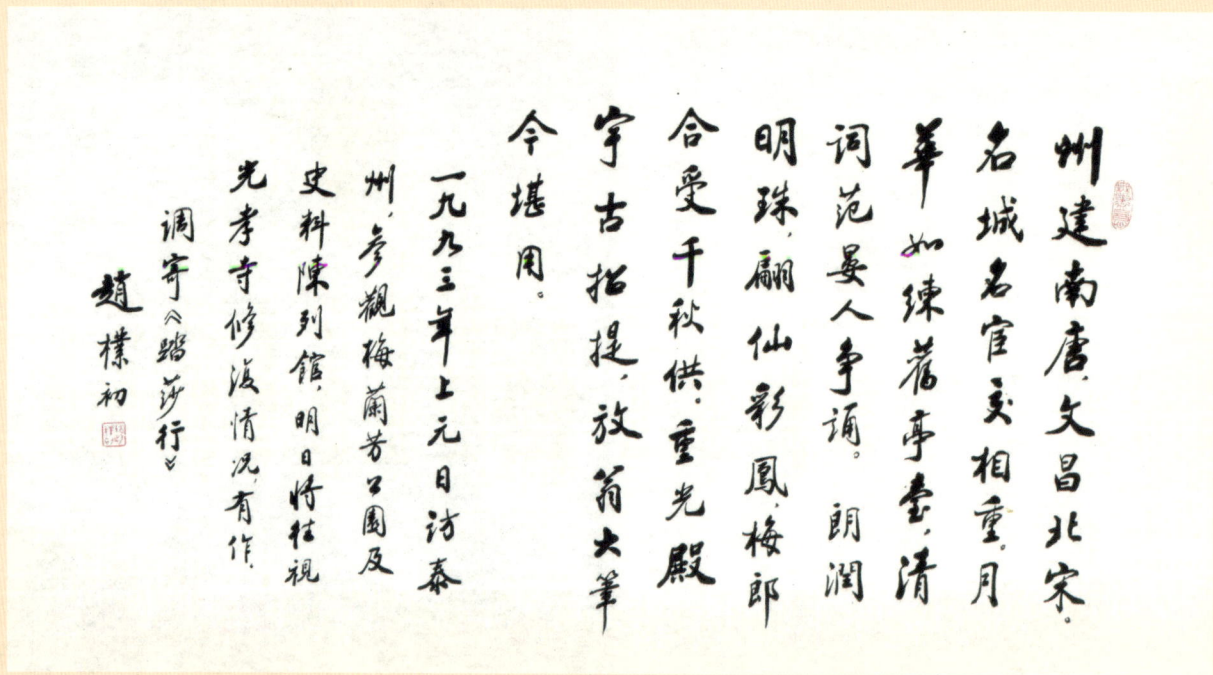

赵朴初《踏莎行书法横卷》

书报典籍

国立北京大学20周年纪念册

保管单位：泰兴市档案馆

内容及评价：

北京大学创办于1898年，初名京师大学堂，是中国第一所国立综合性大学，也是当时中国最高教育行政机关。辛亥革命后，于1912年改为现名。

《国立北京大学20周年纪念册》形成于1918年，外观简洁，内容详实，图文并茂，囊括了北大建校20周年体制和教学中的重要内容，收录有校长及知名教授演说词、学校沿革一览、规程一览、集会一览、刊物一览及学校历任教授、教员、学员统计等。对于研究北大的发展史和学科建设、人才培养、师资队伍建设、教学科研等有着重要的价值。

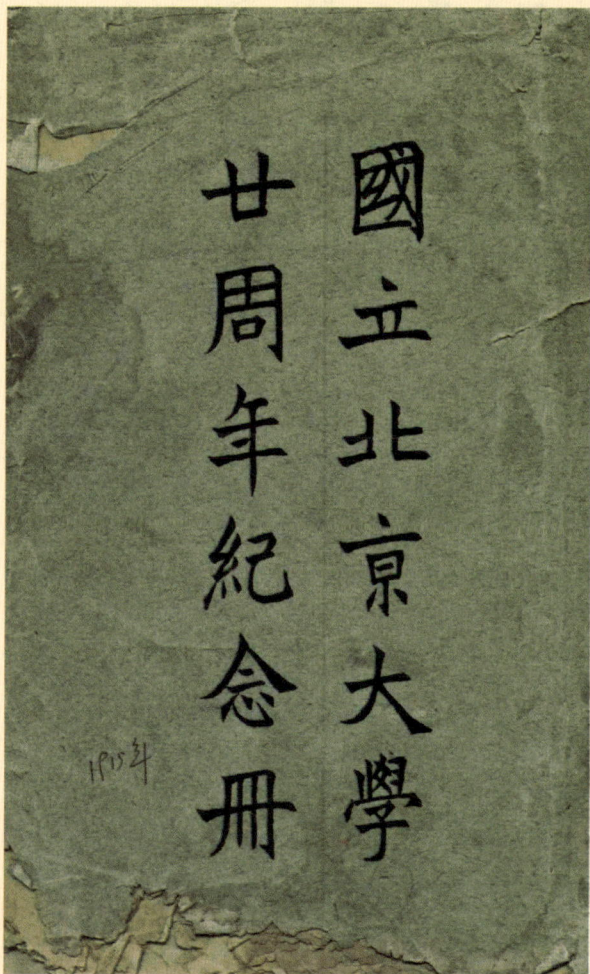

国立北京大学20周年纪念册封面

在校同學錄　十二

姓名	字	年齡	籍貫	學歷	科目	住址
顧德珍			浙江上虞	本校理科化學門畢業	化學	
李續祖	曉宇	二十八	京兆筑平	本校理科化學門畢業	化學	椿樹下頭條四號
許世璟	詩荃	二十四	浙江紹興	本校理科化學門畢業	化學	打磨廠中間路北綢宅
陳兆旺	君曉	二十二	廣東新會	本校理科化學門二年級	化學	潘家河沿三十五號
龔開平	憲初	二十四	福建管江	生本校理科化學門二年級	化學	本校
譚聲傳	教曾	二十三	安徽合肥	生本校理科化學門二年級	化學	本校
李冰	振彬	二十四	安徽合肥	仝上	化學	本校
俞九垣	重威	二十四	浙江甯海	本校工科土木工門畢業	數學	本校

以上均研究員

姓名	字	年齡	籍貫	學歷	科目	住址
王守政			浙江海甯	本校工科土木工門畢業	全上	杭州浙學署步兵第八團務所
張輔忠			山東文登		數學	山東聊城省立第三師範學校
何永馨			浙江義烏	本校理科化學門畢業	全上	浙江金華府第七中學校

在校同学录

北京大学雄辩会现任职员合影

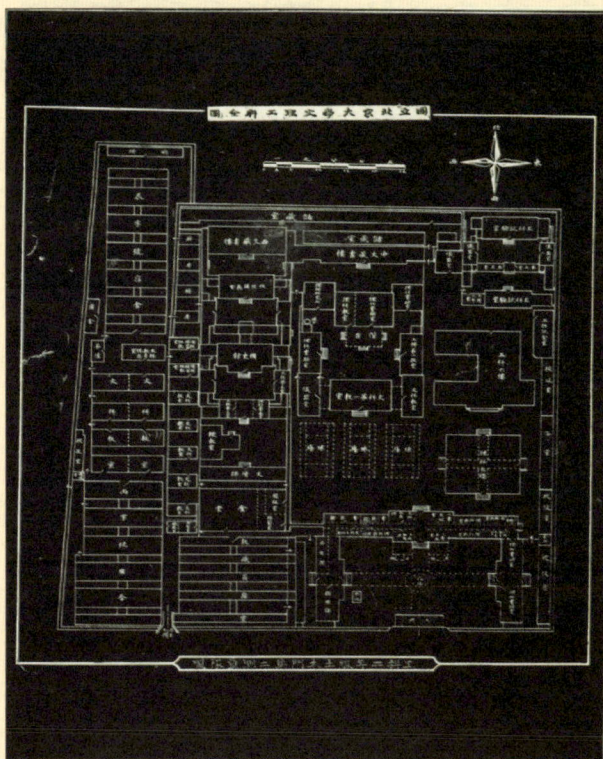

北京大学文理工科全图

有关学科学长及职员：文科学长陈独秀，理科学长夏元瑮，法科学长王建祖，工科学长温宗禹，图书馆主任李大钊，庶务主任李辛白。

《姜声报》

保管单位： 泰州市姜堰区档案馆

内容及评价：

《姜声报》创刊于1933年8月。社址为姜堰镇坝口龙王庙。馆藏泰县姜堰《姜声报》起于1933年9月18日，迄于1937年11月14日（中有间隔），总计79份，主要反映民国时期姜堰的社会风情。《姜声报》对研究民国时期姜堰的社会、政治、经济、科技、文化等方面情况，具有重要的佐证作用，是不可多得的地方报纸精品。

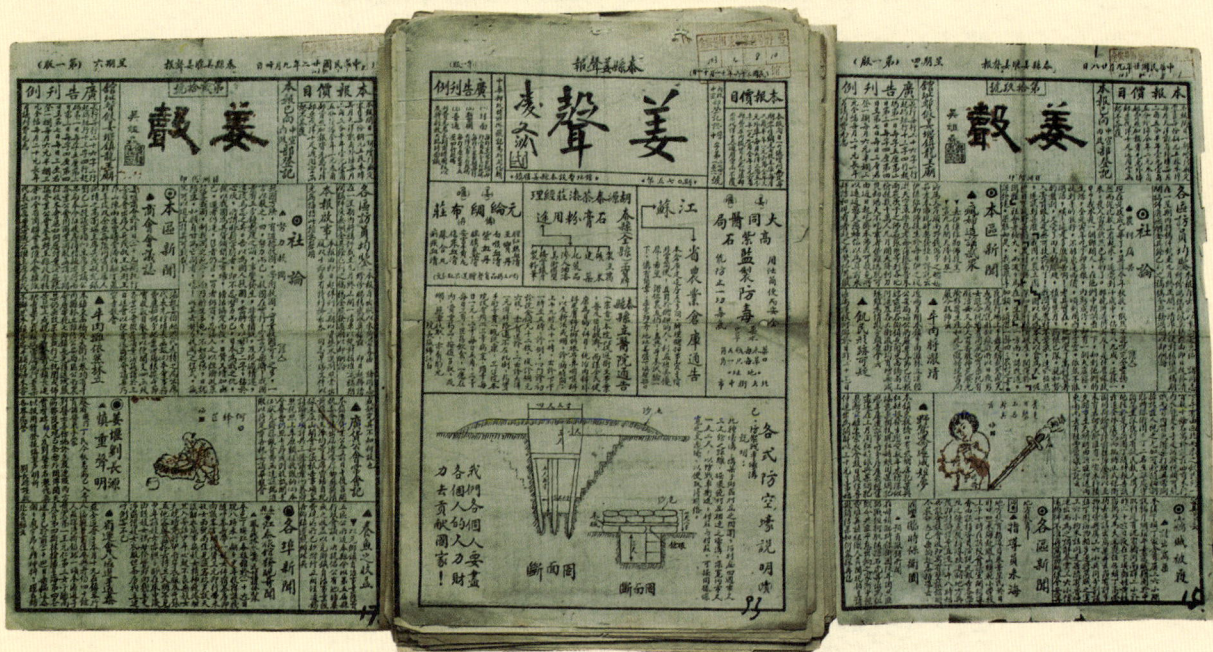

泰县姜堰《姜声报》

1934年7月7日《姜声报》第一版

朱铭盘《桂之华轩遗集》

保管单位：泰兴市档案馆

内容及评价：

朱铭盘（1852～1893），字曼君，江苏泰兴人。光绪八年（1882）举人。曾与周彦升、张季直诸人从军朝鲜。朱铭盘工骈体文，沉博绝丽，著有《桂之华轩诗集》，传于世。其诗天骨开张，风格隽上，被评家评为"辞采研妙，弥近元、白"。朱铭盘亦被誉为"晚清史家兼诗人"。他的书法甚为著名，除善篆、隶书外，其魏体的气魄更为雄厚，所临摹的张猛龙碑与张黑女墓碑尤称精妙，勒石后，远近皆以为宝。

《桂之华轩遗集》系1934年泰兴郑余庆堂刊印，其中还收录了章太炎题诗——《朱曼君先生像赞》，不论在版本还是在清诗研究上，都有较高的价值。

《桂之华轩遗集》（上、下册）封面

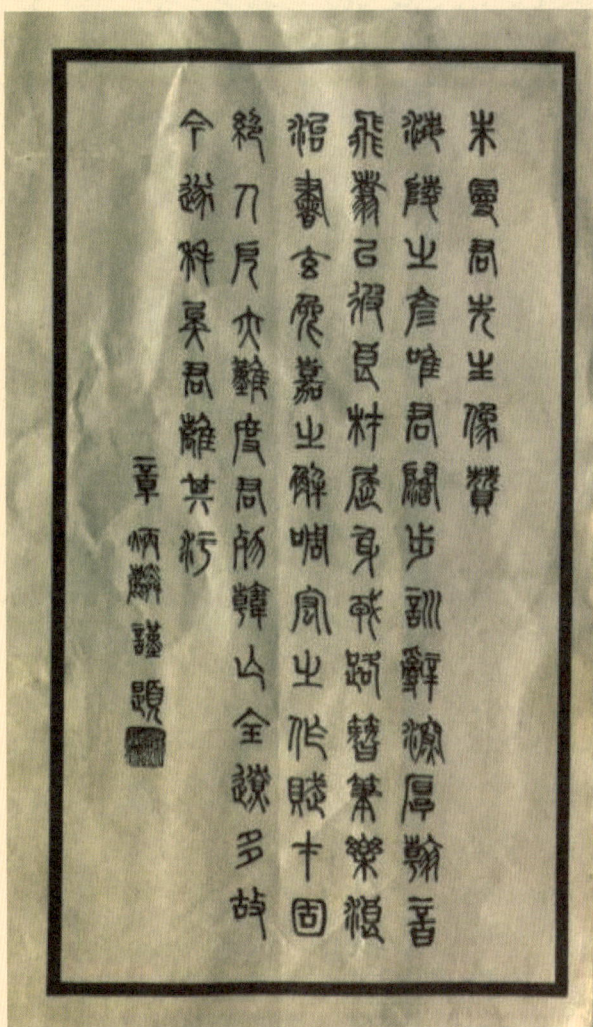

章太炎为《桂之华轩遗集》题诗

全文：

朱曼君先生像赞

海陵之彦，唯君阔步。训辞深厚，翰音飞蓍。
以彼良材，屈身戎路。簪笔乐浪，治书玄兔。
嘉之解唰，宏之作幅。才固绝人，厄亦难度。
君殉韩亡，全辽多故。今遂耗矣，君离其污。

章炳麟谨题

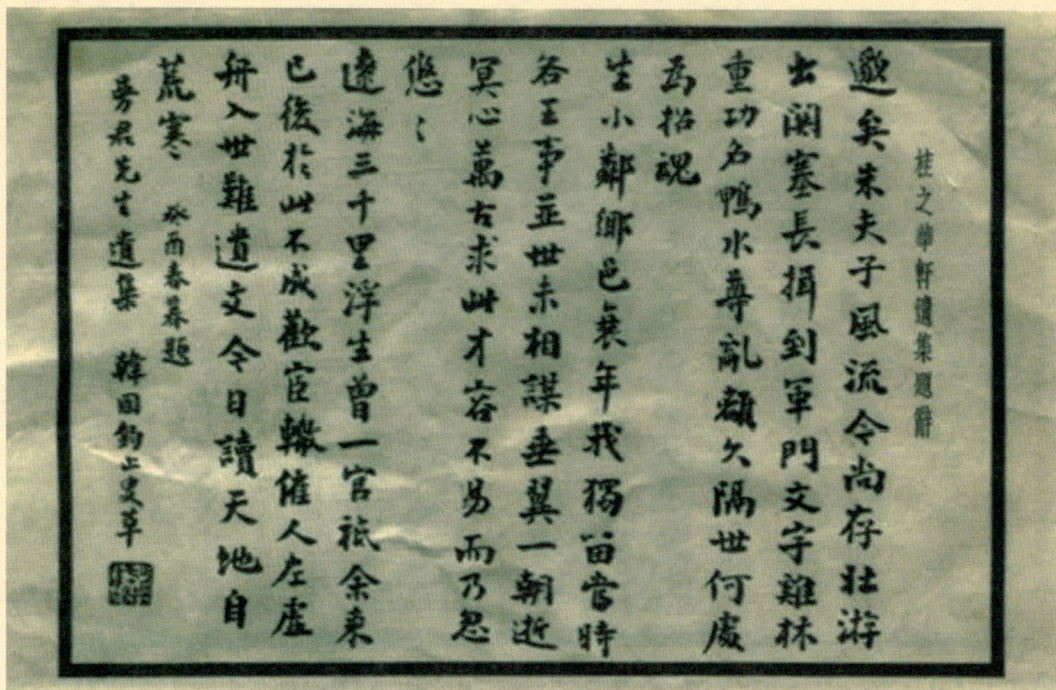

韩国钧为《桂之华轩遗集》题词

全文:

桂之华轩遗集题辞

邈矣朱夫子，风流今尚存。壮游出关塞，长揖到军门。

文字杂林重，功名鸭水尊。乱甋久隔世，何处为招魂。

生小邻乡邑，衰年我独留。当时各王事，并世未相谋。

垂翼一朝逝，冥心万古求。此才容不易，而乃忽悠悠。

辽海三千里，浮生曾一官。只余来已后，于此不成欢。

宦辙催人左，虚舟入世难。遗文今日读，天地自荒寒。

癸酉春暮题

曼君先生遗集 韩国钧止叟草

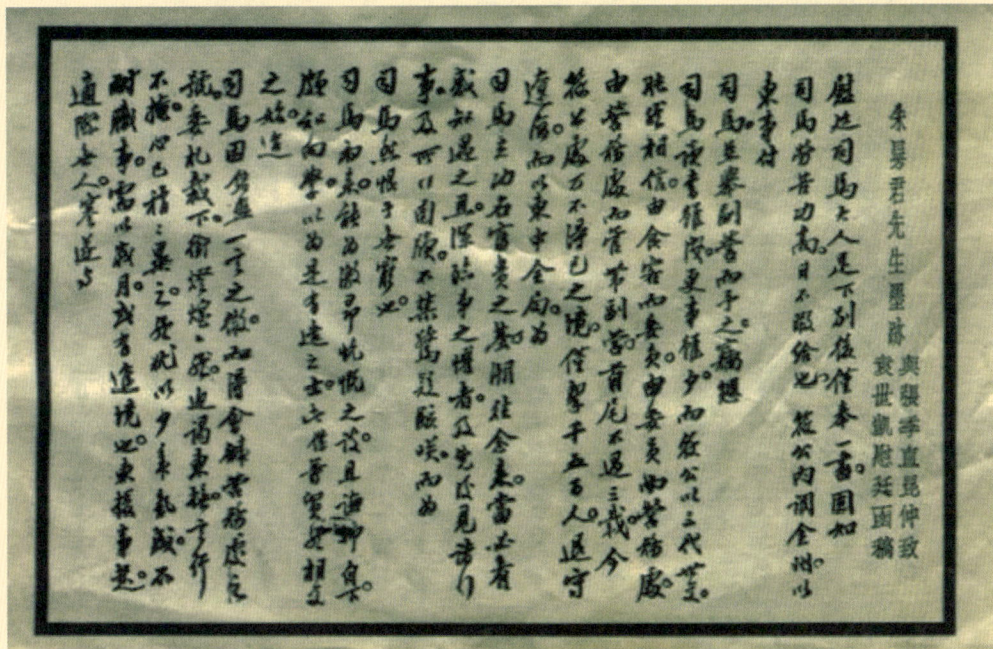

朱曼君先生墨迹——与张季直昆仲致袁世凯慰廷函稿

全文（节选）：

朱曼君先生墨迹
与张季直昆仲致袁世凯慰廷函稿

慰廷司马大人足下：

别后仅奉一书，因知司马劳苦功高，目不暇给也。筱公内调金州，以东事付司马，并举副营而予之。窃想司马读书虽浅，更事虽少，而筱公以三代世交，胀然相信。由食客而委员，由委员而营务处，由营务处而管带副营，首尾不过三载。今筱公处万不得已之境，仅挈千五百人，退守辽海。而以东中全局，为司马立功名富贵之基。溯往念来，当必有感知遇之恩。深临事之惧者，及先后见诸行事，及所行函牍，不禁惊疑骇叹，而为司马然恨于无穷也。司马初来，能为激昂慷慨之谈，且诲抑自下，颇知向学，以为是有造之士，此仆等贸然相交之始。适司马因铭盘一言之微，而得会办营务处之号。委札裁下，衔灯惶惶然。近调东抚，言行不掩，心已稍稍异之，然尤以少年气盛，不耐职事，需以岁月，或有进境也。东援事迟，适际无人，謇遂与司马偕行，彼时，司马意气益张，所遇事尚能奋属，不顾情面，节而取之，兹尤足多，曾不意一旦反复夸诞谬戾，至如今日，所闻见者也。凡诸无据如自上申报以弋虚名。诸设图文馆以秽物听等事，尚不足以折司马之心。……

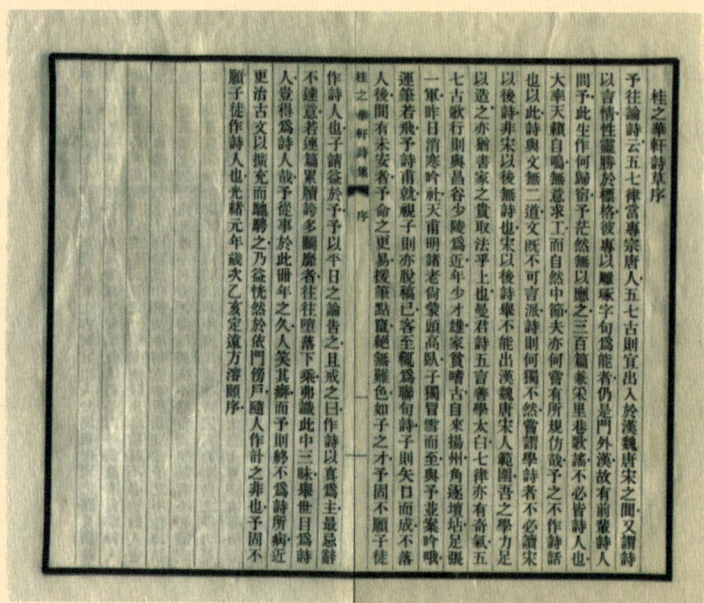

方濬颐作《桂之华轩诗草序》

全文：

桂之华轩诗草序

予往论诗，云五七律当专宗唐人。五七古则宜出入于汉魏唐宋之间，又谓诗以言情，性灵胜于标格，彼专以雕琢自句为能者，仍是门外汉，故有前辈诗人问予，此生作何归宿，予茫然无以应之，三百篇兼采里巷歌谣，不必皆诗人也。大率天籁自鸣，无意求工，而自然中节，夫亦何尝有所规仿哉，予之不作诗话也以此，诗与文无二道，文既不可言派，诗则何独不然，尝谓学诗者不必读宋以后诗，非宋以后无诗也，宋以后诗举不能出汉魏唐宋人范围，吾之学力足以造之，亦犹书家之贵取法乎上也，曼君诗五言善学太白，七律亦有奇气，五七古歌行则与昌谷少陵为近，年少才雄，家贫嗜古。自来扬州角逐坛坫，足张一军，昨日消寒吟社，天甫明诸老尚蒙头高卧，子独冒雪而至，与予并案吟哦，运笔若飞，予诗甫就，视子则亦脱稿已，客至辄为聊句诗，子则失口而成，不落人后，间有未安者，予命之更易，援笔点鼠，绝无难色，如子之才，予固不愿子徒作诗人也，子请益与予，予以平日之论告知，且戒之曰，作诗以真为主，最忌辞不达意，若连篇累牍夸多奢靡者，往往堕落下乘，弗识此中三昧，举世目为诗人，岂得为诗人哉，予从事于此四十年之久，人笑其癖，而予则终不为诗所病，近更治古文以扩充而驰骋之，乃益恍然于依门傍户，随人作计之非也，予固不愿子徒作诗人也。光绪元年岁次乙亥定远方濬颐序。

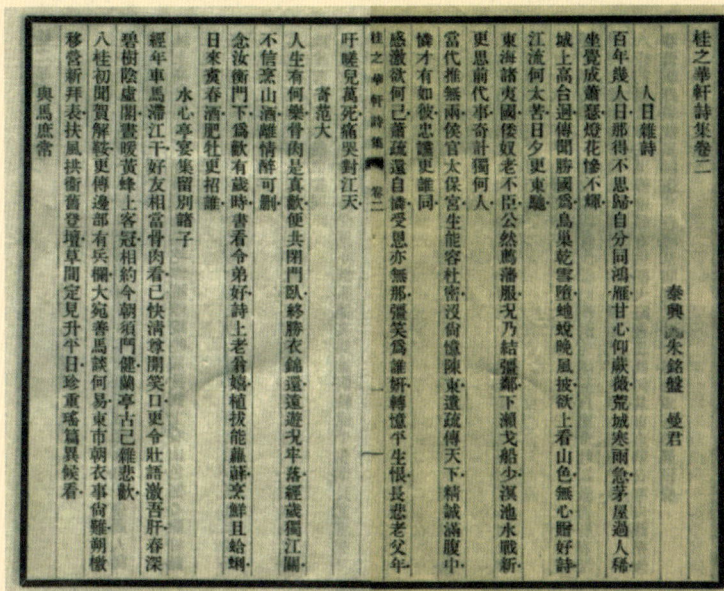

《桂之华轩诗集》卷二之《人日杂诗》

全文:

人日杂诗

百年几人日，那得不思归，自分同鸿雁，甘心仰蕨薇，
荒城寒雨急，茅屋过人稀，坐觉成萧瑟，灯花惨不辉。
城上高台迥，传闻胜国为，鸟巢乾雪堕，蚁蜕晚风披，
欲上看山色，无心赠好诗，江流何太苦，日夕更东驰。
东海诸夷国，倭奴老不臣，公然荐藩服，况乃结强邻，
下濑戈船少，滇池水战新，更思前代事，奇计独何人。
当代推无两，侯官太保宫，生能容杜密，没尚忆陈东，
遗疏传天下，精诚满腹中，怜才有如彼，忠说更谁同。
感激欲何已，萧疏还自怜，受恩亦无那，强笑为谁妍，
转忆平生恨，长悲老父年，吁嗟儿万死，痛哭对江天。

《王氏族谱》

保管单位：姜堰区档案馆

内容及评价：

　　《王氏族谱》计10卷约30万字，系1983年12月在泰县白马公社增荣大队王俊明处征集所得。该族谱完整地记载了由东周列国时期至1939年王氏家族的变迁情况，其中包括东晋书法家王羲之官至右军将军、会稽内史及子孙后代的情况。《王氏族谱》由康熙二十五年（1686）至1939年王氏家族十一世至二十三世子孙陆续修订形成，全谱主要记述王氏第一世至二十四世历代年表，是研究王氏一族繁衍、变迁不可多得的重要资料，具有较高的收藏和研究价值。

《王氏族谱》（卷之一至卷之八）

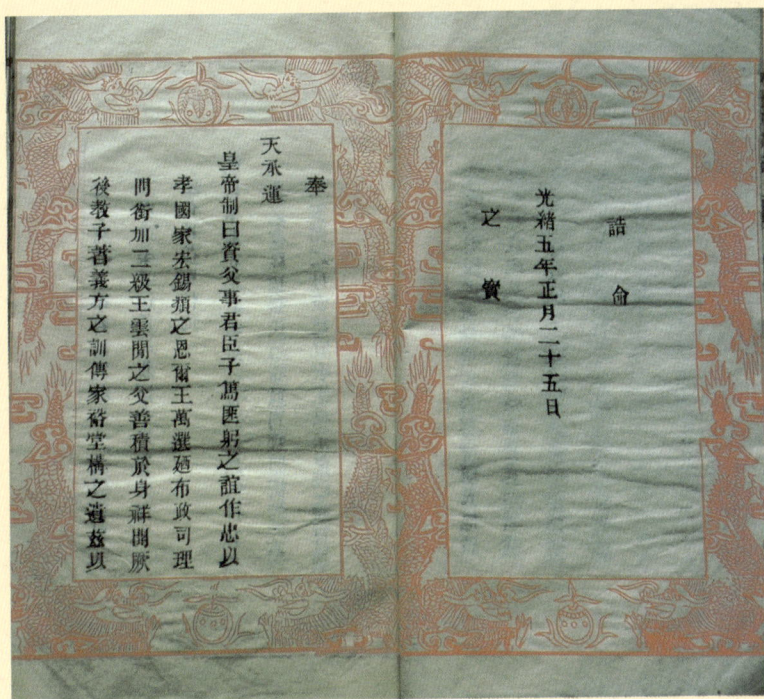

奉
天承運
皇帝制曰資父事君臣子篤匪躬之誼作忠以
孝國家宏錫類之恩衛王萬選廼布政司理
問衛加三級王雲閣之父善積於身祥開厥
後教子著義方之訓傳家裕堂構之道茲以

誥命
光緒五年正月二十五日
之寶

《王氏族谱》内页

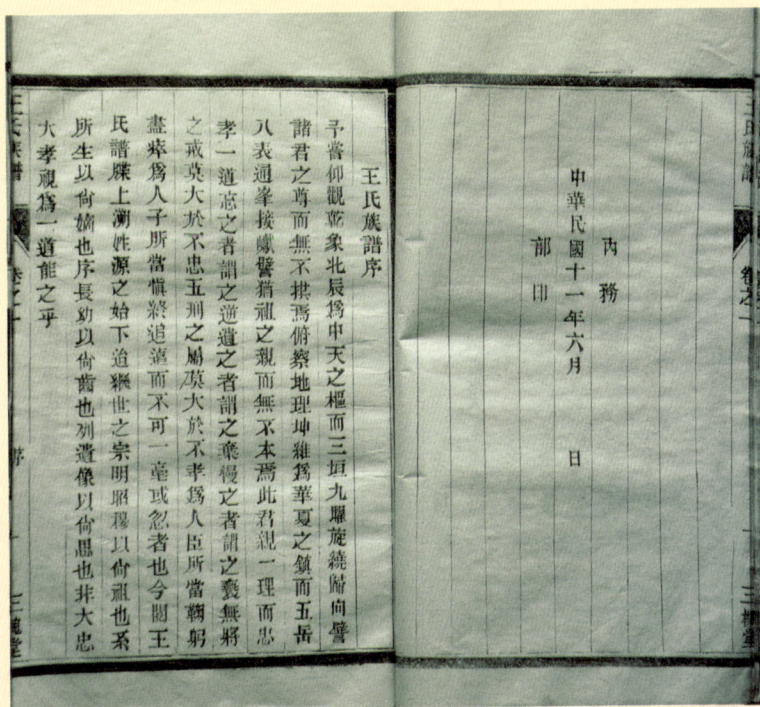

王氏族譜序
予嘗仰觀藍象北辰擧為中天之樞而三垣九曜旋繞附向彎
諸君之尊而無不拱焉俯察地理坤維爲華夏之鎮而五岳
八表過峰拔嶂瞥撟擁祖之親而無不本焉此君選一理而忠
孝一道忘之者謂之逆遺之者謂之棄慢之者謂人臣所當鞠躬
之藏克大於不忠五州之勵莫大於不孝爲人臣者也今闕王
盡瘁爲人子所當懷懃終追遠而不可一毫或忽者也俯祖也系
氏譜牒上溯姓源之始下道猶世之宗明昭穆以俯祖也非
所生以俯嬌也序長幼以俯齒尚也列遺像只俯愚也非大忠
大孝覯爲一道能之乎

中華民國十一年六月　日
內務
部印

《王氏族谱》序（部分）

后记

　　历经近两年时间的努力，终于完成《江苏省明清以来档案精品选·泰州卷》（以下简称《泰州卷》）的编纂，尽管远未达到省档案局确定的目标要求，与其他兄弟市比也有差距，我们还是感到如释重负。

　　为了使《泰州卷》能全面、系统地反映泰州档案的特色，我们突破明、清时限，适当地收录了宋、元时期的部分档案。为了使《泰州卷》能有比较高的质量，我们先后三次组织编委对稿件进行集体审稿。可以说，《泰州卷》是集体智慧的结晶。全体编委同仁，泰州市暨三市三区有关档案馆、博物馆、纪念馆都在其中付出了劳动、作出了贡献，谨向他们表示衷心的感谢。

　　由于我们水平有限，《泰州卷》的错漏之处在所难免，敬请读者批评指正。

编　者

2013年10月

图书在版编目（CIP）数据

江苏省明清以来档案精品选·泰州卷 / 江苏档案精
品选编纂委员会编. --南京：江苏人民出版社，2013.10
　ISBN 978-7-214-10840-1

　Ⅰ.①江… Ⅱ.①江… Ⅲ.①档案资料—汇编—泰州
市 Ⅳ.①K295.3

中国版本图书馆CIP数据核字（2013）第240110号

书　　　名	江苏省明清以来档案精品选·泰州卷
编　　　者	江苏档案精品选编纂委员会
责 任 编 辑	韩鑫　朱超　石路
责 任 监 制	王列丹
出 版 发 行	凤凰出版传媒股份有限公司
	江苏人民出版社
出版社地址	南京市湖南路1号A楼，邮编：210009
出版社网址	http://www.jspph.com
	http://jspph.taobao.com
经　　　销	凤凰出版传媒股份有限公司
照　　　排	江苏凤凰制版有限公司
印　　　刷	江苏凤凰新华印务有限公司
开　　　本	880毫米 × 1230毫米　1/16
总 印 张	227.5　插页56
总 字 数	1800千字
版　　　次	2013年10月第1版　2013年10月第1次印刷
标 准 书 号	ISBN 978-7-214-10840-1
总 定 价	1500.00元（全14卷）